MINERVA現代経営学叢書㊳

価値共創時代における
マーケティングの可能性

― 消費と生産の新たな関係 ―

川口 高弘 著

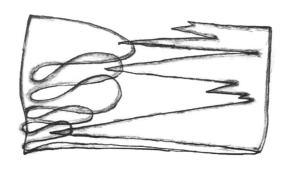

ミネルヴァ書房

はしがき

　今日，マーケティングは企業や組織の興廃を左右するほどの重要な役割を担うようになり，多彩な戦略が展開されているが，これと並行して，マーケティングやマーケティング研究が生み出してきたように見える現代消費社会に対する批判的な議論もまた，精力的に行われるようになってきている。こうした議論は，現代のマーケティングや消費社会のあり方を問う，あるいは再考する際にさまざまな示唆を提供しているが，問題は，こうした批判的な議論において価値や価値観といった概念が半ば自明とされていることである。すなわち，マーケティングないし消費社会への批判は，こうした「自明な」価値概念に基づいて展開されているため，いずれの場合も，その批判はマーケティングに内在的なものとは言い難い点にある。

　このようななか，マーケティングや消費社会に対するこれまでの批判を踏まえつつ，こうした議論をマーケティング研究により内在的なものとして理解し，マーケティングや消費社会のあり方をマーケティング研究の内部から論じることができるようにするためには，これまでマーケティング研究においてさまざまに論じられ提起されてきた「価値」の概念を再検討し，その内容を明確にする必要があるものと考える。

　マーケティングには，伝統的な価値概念の使用価値のほかに，近年，研究者の関心を集めている文脈価値や，80年代以降に脚光を浴びた快楽価値，その快楽価値を概念拡張したと考えられている経験価値，消費者との価値共創において創発すると考えられている文化的使用価値などユニークな概念が存在する。だが，これまで，こうした価値の概念をめぐって活発な議論が展開されてきたものの，今日においてもなおこうした価値の概念に共通した理解を得られているとは言えない状況が存在している。

本書では，マーケティングにおける価値の概念を不鮮明にしている問題は，人間の認知を主に表象プロセス，すなわち頭のなかにおける情報処理プロセスの産物とみなす認知科学・認知心理学に依拠して展開されてきた従来の研究アプローチに起因すると考える。これに対して，本書では，認知のための資源は環境に分散していることを強調する分散認知の認識論を基礎に，語用論の新しい理論である関連性理論を補足的に用いることで，現代マーケティングを代表する文脈価値，使用価値，快楽価値，経験価値の明確化を試み，そのうえで消費者との価値共創において文化的使用価値が顕在化する仕組みを紐解く。

　マーケティングにおける「価値」は状況依存的であることを標榜する本書は，消費者が知覚する「価値」を，従来の認知主義的な立場から解明しようとするのではなく，いわば状況に埋め込まれた価値として主体と周辺環境との相互作用に焦点を当てて分析する。こうしたアプローチによって示されたことが，マーケティングにおける価値や価値共創といったテーマに関心を寄せる研究者，大学院生，志の高い実務家の研究活動にインスピレーションを与えることができれば幸いである。

価値共創時代におけるマーケティングの可能性

──消費と生産の新たな関係──

目　　次

はしがき

初出一覧

序　章　認知主義を越えて ………………………………………………… 1

 1　消費社会の批判的議論に見られる問題 ……………………………… 1

 2　「価値」の概念に関する問題 ………………………………………… 3

 3　マーケティングにおける価値と消費者行動研究 ………………… 5

 4　包括的モデルから情報処理モデルへ ……………………………… 7

 5　情報処理モデルの発展 ……………………………………………… 9

 6　分散認知の認識論 …………………………………………………… 12

 7　周辺領域における研究 ……………………………………………… 14

 8　本書の構成 …………………………………………………………… 17

第Ⅰ部　文脈価値を形成するコンテクストの検討

第1章　文脈価値の可能性とコンテクスト ……………………………… 25

 1　新たなマーケティング・パラダイムへの期待 …………………… 26

 2　S-Dロジックとは …………………………………………………… 27

 3　S-Dロジックの基本的前提 ………………………………………… 28

 4　S-Dロジックの資源論 ……………………………………………… 30

 5　文脈価値とその問題点 ……………………………………………… 32

 6　既存研究が残した課題 ……………………………………………… 33

第2章　認知のための資源と関連性理論 ………………………………… 39

 1　認知のための資源はどこに存在するのか ………………………… 39

 2　コードモデルの限界 ………………………………………………… 41

 3　コードモデルを超えて ……………………………………………… 42

 4　推論モデルと関連性理論 …………………………………………… 43

目　次

第**3**章　コンテクストを規定する要素 ……………………………… 51

1　関連性理論と文脈価値 ………………………………………… 51

2　ネスレの「キットカット」と文脈価値 ……………………… 52

3　マーケティングにおける分散認知論と関連性理論の可能性 ………… 55

第Ⅱ部　マーケティングにおける使用価値の再検討

第**4**章　使用価値とその可能性 ………………………………… 61

1　マーケティングにおける使用価値 …………………………… 61

2　使用価値の可能性とコンテクスト …………………………… 62

3　消費の恣意的性格 ……………………………………………… 64

第**5**章　消費者は使用価値をどのように理解するのか ……………… 69

1　テクストの意味形成と受容・理解の仕組み ………………… 69

2　「テクストの意味形成と受容・理解の仕組み」から見た石原説 ……… 71

3　「テクストの意味形成と受容・理解の仕組み」から見た石井説 ……… 72

4　消費者が使用価値を理解する仕組み ………………………… 73

第**6**章　製品の物的可能性を規定する要素 ……………………… 77

1　「アフォーダンス」とは ……………………………………… 77

2　行為を可能とするアフォーダンス …………………………… 79

3　アフォーダンスと製品の物的可能性 ………………………… 80

4　多目的製品と使用価値 ………………………………………… 81

5　プロダクト戦略におけるアフォーダンスの可能性 ………… 84

v

第Ⅲ部　快楽価値概念の再検討

第7章　快楽的消費の意義と課題……91

1　快楽消費研究の台頭……92
2　消費経験論と快楽の消費……93
3　「快楽」と価値概念……96
4　マーケティングにおける解釈主義的アプローチ……98
5　ポストモダンと解釈主義的アプローチ……99

第8章　快楽的消費の可能性……105

1　ポストモダンの消費文化と即時的満足……105
2　経験的消費と経験価値……109
3　既存研究の批判的検討から生まれた独自の快楽論……115
4　感情心理学における「快楽」……117
5　既存研究のレビューにおいて示されたこと……121
6　共通理解を得るための要件整理……123

第9章　プロテスタント的満足を梃子にして顕在化する快楽……127

1　資本主義の精神と世俗内的禁欲……127
2　天職と行動的禁欲……129
3　禁欲と快楽……131

第10章　社会的視点に媒介された認知によって理解する快楽……137

1　プロテスタントの倫理の終焉と快楽的社会の台頭……137
2　即時的な満足を容認する社会……138
3　「快楽」とは何か……140

第**11**章　マーケティングにおける快楽 ……………………………… 143

1　消費における快楽的満足 ……………………………………………… 143

2　異なる種類の満足を組み合わせたプロダクト戦略 ……………… 145

3　快楽的消費と快楽価値 ……………………………………………… 148

4　快楽の文学的・哲学的考察 ………………………………………… 150

第Ⅳ部　文化的使用価値が顕在化する仕組みの検討

第**12**章　文化的使用価値が顕在化する仕組み ……………………… 159

1　文化的使用価値と価値共創 ………………………………………… 160

2　「意味のズレ」で説明する文化的使用価値の顕在化 …………… 161

3　文化的使用価値は顕在化するのか ………………………………… 163

第**13**章　文化的使用価値が顕在化する仕組みにおけるコンテクストの役割 ……………………………………………………………… 167

1　発話（テクスト）の意味形成と受容・理解の仕組み …………… 167

2　テクストの意味はどのように形成されるのか …………………… 169

3　「意味の交渉」のプロセスと石井説 ……………………………… 171

4　マーケティングにおける「意味の交渉」………………………… 173

第**14**章　文化的使用価値の顕在化を規定する要素 ………………… 177

1　文化的透明性と文化的使用価値の顕在化 ………………………… 177

2　カスタム・ハーレーの意味をめぐる交渉のなかで創発する文化的使用価値 ……………………………………………………… 179

3　文化的使用価値の顕在化におけるコンテクストの意義 ………… 183

4　経営情報学における「創発」……………………………………… 184

終　章　価値共創時代の新地平 ……………………………………… 187

　1　価値共創時代における価値 ………………………………… 187

　2　価値共創時代のプロダクト戦略 …………………………… 193

参考文献　205

あとがき　227

謝　　辞　229

索　　引　231

初出一覧

　本書は，2013年1月に埼玉大学大学院に提出・受理された博士論文『マーケティング
における「価値」の概念に関する研究——文脈価値，使用価値，快楽価値を中心に』に，
文化的使用価値が顕在化する仕組みについて論じた第Ⅳ部を新たに加え，大幅に加筆・
修正したものである。第Ⅲ部（第7〜11章），Ⅳ部（第12〜14章），終章は書き下ろし，
その他の初出は以下のとおりである。なお，本書の出版にあたり，日本マーケティング
学会の許諾を得ている。

序章
（論文）
「S-Dロジックの文脈価値に関する一考察——認知心理学の新視点から」『社会科学論
集』埼玉大学経済学会，第135号，1-16頁，2012年。
「使用価値を形成するコンテクストの再考——分散認知論と関連性理論を手がかりとし
て」『Conference Proceedings 2015』日本マーケティング学会，369-379頁，2015年。
（学会報告）
「マーケティングにおける『価値』の概念に関する研究」マーケティング史研究会「第
53回研究会」専修大学，2014年5月。
「使用価値を形成するコンテクストの再考——分散認知論と関連性理論を手がかりとし
て」日本マーケティング学会「マーケティングカンファレンス2015」早稲田大学，2015
年11月。

第Ⅰ部

第1章
（論文）
「S-Dロジックの文脈価値に関する一考察——認知心理学の新視点から」『社会科学論
集』埼玉大学経済学会，第135号，1-16頁，2012年。

第 2 章

（論文）

「S-D ロジックの文脈価値に関する一考察——認知心理学の新視点から」『社会科学論集』埼玉大学経済学会，第135号，1 -16頁，2012年。

「使用価値を形成するコンテクストの再考——分散認知論と関連性理論を手がかりとして」『Conference Proceedings 2015』日本マーケティング学会，369-379頁，2015年。

（学会報告）

「使用価値を形成するコンテクストの再考——分散認知論と関連性理論を手がかりとして」日本マーケティング学会「マーケティングカンファレンス2015」早稲田大学，2015年11月。

第 3 章

（論文）

「S-D ロジックの文脈価値に関する一考察——認知心理学の新視点から」『社会科学論集』埼玉大学経済学会，第135号，1 -16頁，2012年。

「使用価値を形成するコンテクストの再考——分散認知論と関連性理論を手がかりとして」『Conference Proceedings 2015』日本マーケティング学会，369-379頁，2015年。

第Ⅱ部

第 4 章

（論文）

「使用価値概念の再検討——コミュニケーション・プロセスと直接知覚モデルを手がかりとして」『Conference Proceedings 2014』日本マーケティング学会，65-78頁，2014年。

（学会報告）

「マーケティングにおける『価値』の概念に関する研究——分散認知論の視点から」日本商業学会「第 2 回マーケティング夏の学校」マホロバ・マインズ三浦，2013年 9 月。

「使用価値概念の再検討——コミュニケーション・プロセスと直接知覚モデルを手がかりとして」日本マーケティング学会「マーケティングカンファレンス2014」早稲田大学，2014年11月。

第 5 章

（論文）

「使用価値概念の再検討——コミュニケーション・プロセスと直接知覚モデルを手がか

初出一覧

りとして」『Conference Proceedings 2014』日本マーケティング学会，65-78頁，2014年。
（学会報告）
「マーケティングにおける『価値』の概念に関する研究——分散認知論の視点から」日本商業学会「第2回マーケティング夏の学校」マホロバ・マインズ三浦，2013年9月。
「使用価値概念の再検討——コミュニケーション・プロセスと直接知覚モデルを手がかりとして」日本マーケティング学会「マーケティングカンファレンス2014」早稲田大学，2014年11月。

第6章

（論文）
「使用価値概念の再検討——コミュニケーション・プロセスと直接知覚モデルを手がかりとして」『Conference Proceedings 2014』日本マーケティング学会，65-78頁，2014年。
（学会報告）
「マーケティングにおける『価値』の概念に関する研究——分散認知論の視点から」日本商業学会「第2回マーケティング夏の学校」マホロバ・マインズ三浦，2013年9月。
「使用価値概念の再検討——コミュニケーション・プロセスと直接知覚モデルを手がかりとして」日本マーケティング学会「マーケティングカンファレンス2014」早稲田大学，2014年11月。

第IV部

第12章

（学会報告）
「物理的属性に還元できない使用価値が顕在化するプロセスの再検討 —— E. ウェンガーの『意味の交渉』と文化的透明性の概念を手がかりとして」マーケティング史研究会「第58回研究会」近畿大学，2016年12月。
「文化的使用価値が顕在化するプロセスの再検討——E. Wenger の『意味の交渉』と文化的透明性の概念を手がかりとして」日本商業学会関東部会，専修大学，2017年6月。
「文化的使用価値が顕在化する仕組みの検討——E. Wenger の『意味の交渉』と文化的透明性の概念を手がかりとして」日本流通学会「第31回全国大会」京都大学，2017年10月。

第13章

（学会報告）

「物理的属性に還元できない使用価値が顕在化するプロセスの再検討——E. ウェンガーの『意味の交渉』と文化的透明性の概念を手がかりとして」マーケティング史研究会「第58回研究会」近畿大学，2016年12月。

「文化的使用価値が顕在化するプロセスの再検討——E. Wenger の『意味の交渉』と文化的透明性の概念を手がかりとして」日本商業学会関東部会，専修大学，2017年6月。

「文化的使用価値が顕在化する仕組みの検討——E. Wenger の『意味の交渉』と文化的透明性の概念を手がかりとして」日本流通学会「第31回全国大会」京都大学，2017年10月。

第14章

（学会報告）

「物理的属性に還元できない使用価値が顕在化するプロセスの再検討——E. ウェンガーの『意味の交渉』と文化的透明性の概念を手がかりとして」マーケティング史研究会「第58回研究会」近畿大学，2016年12月。

「文化的使用価値が顕在化するプロセスの再検討——E. Wenger の『意味の交渉』と文化的透明性の概念を手がかりとして」日本商業学会関東部会，専修大学，2017年6月。

「文化的使用価値が顕在化する仕組みの検討——E. Wenger の『意味の交渉』と文化的透明性の概念を手がかりとして」日本流通学会「第31回全国大会」京都大学，2017年10月。

序　章

認知主義を越えて

1　消費社会の批判的議論に見られる問題

　今日，マーケティングは企業や組織の死命を制するほどの重要性を持つようになり，市場では従来に増して多彩なマーケティング戦略が展開されるようになっているが，これと平行して，マーケティングまたはマーケティング研究が生み出してきたように見える現代消費社会に対する批判的な議論もまた，活発に行われるようになってきている。たとえば，Klein（2009, 邦訳 2009年）は，自社プロダクトへのブランド付与が，こうした企業の製造部門を移入した第三世界における搾取と公共空間の解体を促しているとしてこれを問題視している。また，Durning（1992, 邦訳 1996年）は，人生の豊かさを消費に求め続けることは，地球規模の環境破壊のみならず，共同体，家族，秩序の解体を指向するとして警鐘を鳴らしている。さらに，加藤（2010）は，これからの地方は，公共投資や補助金を引き出すために中央政府を最大の顧客とみなしてきた従来の考え方を改め，生活者（市場）を新たな顧客としなければならないことについて論じている。一方，間々田（2005）は，1980～90年代に当時の研究者，ジャーナリスト，マーケティングの専門家によって提示された消費社会の見通し[1]を批判的に論じている。

　マーケティングや消費社会をクリティカルに論じるこうした論稿または書物には，モノやブランドから離れつつある消費者の関心は心や精神の充足を志向するという見通し，あるいはそうした方向に向かうべきであるという主張が散

見される。そこでは，消費社会がよりよい方向へ発展するためには，消費社会のあり方を規定する消費者の「価値」や「価値観」を見直すことの必要性が説かれている。たとえば，Klein（2009，邦訳 2009年）は，製造部門を人件費の安い第三世界に移すことで莫大な利益を上げるだけでなく，自由貿易を踏み台にしてこうした国々の公共空間や学校に広告を展開し，教育までも支配しようとする企業のブランド戦略を抑制するためには，反ブランド志向の価値観を共有する国境を越えた組織的活動によって，企業のグローバル化政策を自粛させる必要があるとしている。また，Durning（1992）は，グローバル規模の環境破壊や，共同体，家族，秩序の解体に歯止めをかけるには，「少なく消費する生き方」を倫理的な基礎に据える必要があり，そのためには，集団として共有する記憶，英知，しきたりといった文化のなかに眠る，倹約や禁欲による必要最低限の非消費の価値観を掘り起し，これを「永続のための文化」の礎としなければならないとしている（p. 146. 邦訳 1996年，161頁）。さらに，加藤（2010）は，地方が生活者（市場）を新たな顧客とするためには，経営技術としてのマーケティングを身につけ，地域や地域の特産品にブランドを付与することでそれらの価値を向上させる必要があるとし，間々田（2005）は，独自の分析を拠り所として，消費社会はモノへの執着から心の充足にシフトしつつある消費者の価値観を反映して脱物質主義を指向すると結論づけている。

　こうした提言は，現代のマーケティングや消費社会のあり方を問う，または再考する際にさまざまな示唆を含んでいる。だが，こうしたクリティカルな議論では，価値や価値観といった概念は半ば自明とされているため，マーケティングないし消費社会への批判は，マーケティングに内在的なものとは言いがたい。このため，マーケティング研究者と批判者との対話は成り立たず，互いに相手を傍観し続けているというのが実情であるように思われる。本書は，マーケティングや消費社会に対する批判的な議論をマーケティング研究により内在的なものとして理解し，マーケティングや消費社会のあり方を，マーケティング研究の内部から論じることができるようにするために，マーケティング研究においてこれまで提唱されてきた「価値」の概念を再検討したうえで，その明

確化を試みる。

2　「価値」の概念に関する問題

　価値は，人間社会に広く共有されている概念であり，○○価値あるいは○○的価値と呼ばれる言い方も，世の中には数多く存在している。このことは，人間行動における無数の意思決定（判断）が価値や価値観に依存していることを考えれば当然であると思われる。一方，消費社会に対する批判的議論において想定されている「価値」とは，マーケティングまたはマーケティング研究における，一般に，消費者が製品またはサービスの消費において認知する価値として理解されている。このようななか，本書では，こうした理解を一歩進めて，消費者が自身の文脈——以下，「コンテクスト」で統一する——に依拠して独自に認知する価値である点を強調する。

　ここで，論旨の展開に関してあり得る混乱を回避するために，"value"と"values"の区別と関連について整理を行っておく。2007年に米国マーケティング協会（AMA: American Marketing Association）によって改訂された「マーケティング（marketing）」の定義について，以下の説明が付されている。

　　"Marketing is the activity, set of institutions, and processes for creating, communicating, delivering, and exchanging offerings that have value for customers, clients, partners, and society at large."
　　「マーケティングとは，顧客，得意先，取引先，社会全体にとって価値ある提供物を，創造し，伝達し，引き渡し，交換するための活動または一連の制度，もしくはプロセスである。」

　この定義によれば，価値は，顧客または得意先，もしくは社会全体によって判断される点が強調されているが，そこには，企業活動とマーケティングが社会的不祥事を多発させてきたことへの反省が見られる。本書では，価値の認識

主体に伝統的な顧客あるいは消費者を想定しているが，これは従来のさまざまな価値概念が，なによりも顧客あるいは消費者を中心に議論されてきたためである。

　また，本書における "values" の訳語について，予め以下の点を指摘しておく。*The Oxford English Dictionary* では，「価値（values）」は "principles or standards of behavior"（行動基準ないし判断基準）とされており（Simpson and Weiner 1989b, p. 416），しばしば「価値観」と訳される。だが，コンテクストによっては "values" を「価値観」としないほうがよい場合もある。たとえば，P. コトラーの「マーケティングの包括概念」において，「マーケティングの中心的概念は，取引である。取引とは，2当事者間での価値あるものの交換を意味する。ここで言う価値あるもの（values）とは，財，サービス，貨幣に限らず，時間，エネルギー，感情などを含む」（Kotler 1972, p. 48，傍点とカッコ内は筆者追記）とされ，その価値あるものに実際に価値があるか否かは「市場の観点から主観的に判断される」（p. 50）。そのうえで，「マーケティングとは，市場にとって価値あるものを創造し，提供することで，望ましい反応を得ようとする試みである」（p. 50，傍点は筆者追記）とされる。この場合，"values" は「価値観」ではなく，「価値あるもの」あるいは「価値」という訳語を充てるのが妥当であると思われる。本書では，こうした意味での価値（values）を扱う。

　さて，マーケティングには，経済学を起源とする伝統的な価値概念の使用価値のほかに，近年，マーケティング研究者の関心を集めている消費者自身のコンテクストに依拠して認知されるとする文脈価値，80年代初頭にポストモダン消費者研究で知られる M. ホルブルックと E. ハーシュマンによって提唱された快楽価値，その快楽価値を概念拡張したと考えられている経験価値，近年，価値共創をめぐる議論において注目されるようになった文化的使用価値などさまざまな概念が存在する。こうした価値の概念は，提唱されてから間もない文脈価値，文化的使用価値を除けば，すでにその誕生からそれなりの年月を経ているが，こうした価値概念の意味は必ずしも明確にされているとは言えないようである。このため，これまでにも一部の研究者の間で価値概念をめぐり活発

序　章　認知主義を越えて

な議論が展開されてきたものの，今日においてもなおこうした価値概念に共通した理解を得られているとは言えない状況が存在している。マーケティングにおける価値概念は，極端に言うならば，研究者の数だけ解釈があるとさえ言うことができるであろう。

このような概念の混乱は，マーケティング論全体の理解を曖昧なものとし，ともすれば学問としてのマーケティング論の健全な発展を危うくするといっても言い過ぎではないように思われる。このことは，AMA によって制定・改訂されてきた歴代の「マーケティング（marketing）」の定義において，「価値（value）」は中核となる概念とみなされてきたことを考えれば当然のことと思われる。こうした所見の背景には，マーケティングにおいて価値の問題を扱う理論的研究が以前ほど注目されなくなったという状況が存在する。

このようななか，本書における議論は，マーケティング研究のこうした現状を多少とも改善することで，消費社会の批判的議論をマーケティング研究により内在的なものとして理解し，マーケティングや消費社会のあり方をマーケティング研究の内部から論じることができるようにすることを見据えて行われる。

3　マーケティングにおける価値と消費者行動研究

本書では，マーケティング研究において価値概念に共通した理解が得られていないという問題は，マーケティングの主流的研究が，第二次世界大戦（1939-1945）の後に台頭した，人間の認知活動を考えるうえで表象プロセスまたは頭のなかにおける情報処理プロセスを重視する認知科学・認知心理学に依拠して展開されてきたことに起因すると見ている。このことを理解するために，本論の展開に先立ち，戦前の行動主義から，戦後の認知革命を経て認知科学・認知心理学が台頭し，以後の消費者行動研究のあり方，または方向性を規定するようになった情報処理モデルへといたる消費者行動研究の変遷を概観し，その問題点と課題を予め提示しておくことにする。

5

よく知られているように，従来のマーケティング研究において，とりわけ膨大な労力が投入されてきたのが消費者行動研究である。消費者行動研究は，マーケティングが働きかける中心的対象としての消費者について，その行動プロセスを明らかにしようとする分野であるが，その性格と研究方法は，研究対象の複雑さに応じて多様である。現代の消費者行動研究は「主体の内部要因と，その主体を取り巻く外的要因を把握し，かつ，それらの相互作用を考えていく学問であり，その研究主体（消費者の種類），研究目的（消費の概念），研究対象（財の種類）は広範にわたる。そしてその解明には，さまざまな学問領域からの，学際的研究が不可欠である」とされている（清水 1999, 6頁，脚注番号は筆者追記）[3][4]。

　こうした消費者行動研究の基礎となる人間行動に関する科学的研究は，1920年代に脚光を浴びた，内的な心理状態を除外してもっぱら生体（人間）の反応と条件づけを研究対象とした行動主義に端を発するとされる（Gardner 1987, pp. 11-12. 邦訳 1991年，11-12頁）。ここに「行動主義（behaviorism）」とは，一般に，人類学，心理学，社会学，社会心理学等から借用した諸理論（Bennett and Kassarjian 1972, p. 4. 邦訳 1979年，10頁）を基礎とする科学的な観察によって人間行動を説明し予測する研究上の立場を指す（清水 1999, 20頁）。

　その理論的基礎とされるS–Rモデル（Stimulus-Response Model：刺激—反応型モデル）は，予測の難しい生体（organism）をブラックボックス化することで，刺激（stimulus）に対する反応（response）というシンプルなモデルで人間行動を説明した。Gardner（1987）によれば，S–Rモデルの最大の特徴は，意思決定において環境（environment）はなによりも優れて決定的な力になるというコンセプトにある（p. 11. 邦訳 1991年，11頁）[5]。

　当時の消費者行動研究では，予算制約のもとで効用の最大化を指向する経済人，またはある時点において意思決定に必要な情報をすべて与えられた（完全情報の）消費者が仮定されていた。消費者を同質的なものとして捉えるこうした研究は，「集団としての消費者行動」という単位による集計レベルの分析を可能とした。行動主義は，一般に，経験を積んだ観察者が被験者の心的イメージを観察する手法として理解されている内観法（introspection）に対して，科学

6

序　章　認知主義を越えて

的知識の蓄積が難しいという理由で懐疑心を抱いていた当時の研究者の不満に[6]応えるものであった。だが，一方において行動主義は，人間の精神（mind）・思考（thinking）・想像力（imagination）といった題目，計画（plans）・欲求（desires）・意図（intentions）といった概念，象徴（symbols）・アイデア（ideas）・図式／スキーマ（schemas）[7]といった心的表象など，おおむね人間精神にかかわる科学的探究の発展を以後30年近くにわたり停滞させ（Gardner 1987, pp. 11-12.[8]邦訳1991年，11-12頁），このことに対する反動は，50年代の米国心理学会（APA: American Psychological Association）における新行動主義への関心の高まりと，60年代初頭の認知革命として帰着する（清水 1999, 23頁）。

4　包括的モデルから情報処理モデルへ

C. ハルによって提唱された「新行動主義（neo-behaviorism）」とは，S-Rモデルにおいてブラックボックス化されていた領域，すなわち観察可能な「刺激」と「反応」の間にある，それまで観察不可能と考えられていた生体を加えた枠組みによって，人間行動を説明する研究上の立場を指す。「生体」は，行動主義以来ながらく予測不可能な変数の集合として人間行動の説明において除外されていたが，60年代初頭のいわゆる「認知革命（Cognitive Revolution）」によって，認知行為の分析対象を表象にすべきであるという考え方が，こうした領域の問題に関心を寄せる研究者の間で広く共有された。これにより，人間の内面，すなわち「生体」の解明が進み，新行動主義の中核とされるS-O-Rモデル（Stimulus Organism Response Model）の確立に寄与したとされる（清水 1999, 23頁）。「表象（representation）」とは，外界からの情報と記憶に格納されている知識を手がかりとして心のなかに構成された人間の推論または思考，もしくは行動基準となるモデルを指し（安西 1986, 82頁），それらが構成される一連の過程を，一般に「表象プロセス」[9]と言う。

このようななか，60年代はじめの「認知革命」と新行動主義の確立がもたらした研究領域を超えた人材交流によって，それまで個別に研究されてきた消費

7

者行動研究の成果を，S-O-Rモデルを基礎としてニーズの顕在化から購買にいたるプロセスのもとに体系的に説明する「包括的モデル（comprehensive model）」が60年代中盤から70年代にかけて複数提起された（清水 1999，2，23-24，75頁[10]）。その完成形として知られるハワード＝シェス・モデル（Howard-Sheth Model raised in Howard and Sheth 1969）の特徴は，主体の意思決定は，状況（外的要因）に応じて異なるように設計されていることにも明らかなとおり（清水 1999，74-75頁；渡邊 2004，72頁），主体の内面と外部状況の相互作用が考慮されていることである（清水 1999，13頁）。

　生体内の情報処理過程を紐解くための有力な枠組みを提供したハワード＝シェス・モデルは，主体の表象と外部要因の関係に焦点を当てることで，両者間の相互作用のメカニズムを説明した。その基本的な枠組みは，消費者行動を，「刺激」（価格，広告，口コミ等）に対する「顕示的反応」（銘柄や店舗の選択・購買等）を媒介する「生体」の3つの関数で捉えるというものである（高橋 2010，4-5頁）。消費者行動研究は，このハワード＝シェス・モデルによって，消費者が状況に応じて意思決定プロセスを簡略化する——たとえば，広告や価格によって刺激された消費者は，自ら情報を収集し処理することで意思決定を行う——現象を説明できるようになったとされる（清水 1999，75頁）。だが，70年代半ばには，消費者は必ずしも「刺激に対する反応」という形で意思決定していない——つまり，S-O-Rモデルが仮定する刺激→情報収集→処理→選好→購買の段階を踏まない場合もある——ことがFarley and Ring（1970 and 1974）の実証研究によって明らかにされ，かつ消費者の意思決定に表象における情報処理が大きくかかわっていることが指摘された（Lehmann et al. 1974）。

　これにより，研究者の関心は，刺激に対して反応する受動的な消費者を仮定したS-O-Rモデルに代わって，自ら目標（課題）を設定しそれを達成（解決）する能動的な消費者を仮定した情報処理理論へ移行する[12]。こうして誕生したのが，企業によって与えられる刺激に関係なく（清水 1999，24頁），自ら目的を設定し，それに向けて情報を収集・検討し，選択する消費者を仮定した「消費者情報処理理論（consumer information processing）」（81頁；see Bettman 1979, pp. 4-

10）であり，一般に，その完成形として知られるベットマン・モデル（Bettman Model）は，その後の消費者行動研究のあり方を規定した情報処理モデルとして位置づけられている（清水 1999, 24-25, 78-79頁；堀越 2006, 239頁）。

5　情報処理モデルの発展

　情報処理モデルでは，主体を取りまく環境が主体に与える影響よりも主体の表象プロセスが重視され，外部要因の影響は（表象プロセスほど）積極的に考えられていないと清水（1999）は指摘する（24, 81頁）。外部要因の影響よりも表象プロセスが重視されるようになった理由には諸説あるが，一つは情報処理理論が仮定した認知メカニズムの特性によるものと考えられる。すなわち，主体はまず，表象内の長期記憶に格納された情報を短期記憶に取りだし，それを情報処理することで対象を認知する内部情報探索がベースとなり，長期記憶内の情報が不足，あるいは欠如している場合にはじめて外部情報探索を行うとされているが（100, 121-122頁），このことは認知対象についての情報量が蓄積されるに連れて内部情報探索に偏重することを示している。たとえば，Reilly and Conover（1983）は，ある製品カテゴリーの知識が蓄積されると，それだけ外部情報探索が減ることを指摘している。同様の指摘は，事前知識と外部情報探索量の関係について検討した Kiel and Layton（1981），Punj and Staelin（1983），Howard and Sheth（1969）にも見られる。このように，事前知識の増加にともない，外部情報よりも内部情報を重視した意思決定が行われる（Meyer 1981），消費者による情報探索の効率が高まる（Brucks 1985）ことは，経験や知識が増すにつれて表象プロセスへの依存度が高まることを示していると言えよう。[13]

　外部要因（環境）が認知に与える影響が重視されるようになったいま一つの理由として，「心的過程は究極的に中枢神経システム内に表象される」（Gardner 1987, p. 40. 邦訳1991年，36頁）という考え方が，表象プロセスのメカニズムに関心を向ける認知心理学（上野 1999, 1頁）で広く共有されたという事実を挙げることができる。このことにさほど違和感を覚えないのは，表象のレベル（level of representation）という独立した分析領域を仮定し，事実それが必要であることを標榜する認知科学の研究性向による（Gardner 1987, p. 38. 邦訳 1991年，35頁）ものと思われる。こうした背景には，認知科学は，必ずしも感情が支配する領域，活動，思考をとりまくコンテクスト，あるいは歴史的・文化的分析に対して敵意を持っているわけではないが，実際にはこれらの要素をできるだけ排除しようとする向きがあるとガードナー（Gardner 1987, pp. 41-42. 邦訳 1991年，37-38頁）は指摘している。これは，「なにもかも説明しようとすると，結局なにも説明することができない」という隘路に陥ることから，曖昧な観察対象をできる限り排除することで科学的であろうとする認知心理学の性質によるものとされた（pp. 41-42. 邦訳 37-38頁）。

　Bettman（1979）に続くモデルは，S−Rモデルに情報処理機能を組み込む形で発展しはじめた。こうしたモデルには，たとえば，包括モデルで仮定された意思決定プロセスの背後にある情報処理能力の効率的配分を「関与（involvement）」と呼ばれる概念で説明しようとしたミッチェルのモデル（Mitchell 1981, p. 25[14]），従来のS−R型にみられる刺激（情報）からダイレクトに購買意図に向かうルートのほかに，刺激・ブランド認識・確信・態度のそれぞれのポイントを経由して購買意図までたどり着くという，いわゆる熟考する主体を仮定した情報処理ルートが設定されている CDM（Consumer Decision Model）（Howard et al. 1988, p. 7）がある。

　近年では，本格的な情報処理型モデルとして開発された R. ペティと J. カシオッポの精緻化見込みモデル（Elaboration Likelihood Model: ELM; see Petty and Cacioppo 1983 and 1986[15]）やそれを拡張した D. マキニスと B. ジョワルスキーの研究（MacInnis and Jaworski 1989, p. 3 ; MacInnis et al. 1991）など，包括的モデルの要素を組み込んだモデルも登場しているが，こうしたモデルでは必ずしも外的要因を積極的に考慮しているとは言えないようである（清水 1999, 14頁）。このように，情報処理モデルの台頭以来，認知心理学に依拠した消費者の内面に関する研究に関心が集まり，意思決定プロセスと外部要因の関係や，外部要因そのものの研究は必ずしも積極的に行われているとは言えないと清水（1999, 13

序　章　認知主義を越えて

頁），渡邊（2004, 72-74頁）は述べている。

　80年代以降，消費者の表象プロセスの解明に力点を置いて展開されてきた消費者行動論について，清水（1999）は，消費者行動を正確に把握するためには，外部環境に関する諸理論と関連づけて研究することの重要性を強調している（6頁）。また，意図と行動の因果関係の視点から，心的状況に偏重した分析は往々にして「行動したいから行動した」というトートロジー的な説明の隘路に陥ることを問題視した堀越（2006）は，消費者行動研究にとって有益なのは，ある心的状況よりもむしろそれを生み出した外的要因（環境）であるとしている（244頁）。

　他方，80年代には，ベットマンらを中心に展開されたコンティンジェンシー・アプローチと呼ばれるコンテクストまたはタスク等を考慮した消費者情報処理研究や現在の行動経済学へと結びつく文脈効果の研究が盛んに行われた。だが，こうした研究においてもなお情報処理が重視されていることは否めないのは，認知の問題に造詣が深いH. ガードナーによれば，既述のとおり，認知心理学では心的過程は最終的に中枢神経システム内に表象される（Gardner 1987, p. 40. 邦訳1991年，36頁）のだから，焦点を当てるのはむしろ表象プロセスであると考えられているためである。この点について，「認知科学的研究」の特徴の一つとしてGardner（1987）において示された次の指摘は重要になると思われるので，原典の表記とあわせて下記に引用しておく（p. 6. 邦訳1991年，6頁）。

　　"…the deliberate decision to de-emphasize certain factors which may be important for cognitive functioning but whose inclusion at this point would unnecessarily complicate the cognitive-scientific enterprise. These factors include the influence of affective factors or emotions, the contribution of historical and cultural factors, and the role of the background context in which particular actions or thoughts occur."

　　「認知的機能には重要かもしれないが現時点では認知科学の展開にとっ

て不必要な混乱を引き起こしかねないという理由で慎重に重点項目から外してあるものである。それらは，感情ないしは情動の要因，歴史的ないしは文化的な要因の影響，さらには特定の行為ないしは思考が発見するときの背景となる文脈の役割である。」

　認知科学ないしは認知心理学に見られるこうした特徴は，外的状況が認知に与える影響に着目する研究者の関心を，表象プロセスにおいて外的状況はどの程度考慮されているのかという点から，主体と環境はどのように相互作用しているのかという点に移行させた。次節では，このことに焦点を絞って検討することとしたい。

6　分散認知の認識論

　近年，認知のための資源は頭のなかに存在しているのではなく，主体を取りまく状況のなかに，すなわち人間を取りまくさまざまな自然，人工物，他人，社会，およびそれらの相互作用のなかに分散して存在しているという考え方に関心が寄せられている（松田 2004, 328頁）。こうした認知の捉え方は「分散認知（distributed cognitions）」，こうした議論は，一般に「分散認知論」または「分散認知の認識論」と呼ばれている。

　このことに関心を示す現代の研究者は，かつて心理学者の W. ヴント（Wilhelm M. Wundt），H. ミュンスターベルク（Hugo Münsterberg），A. レオンチェフ（Alexis N. Leontiev），A. ルリア（Alexander R. Luria），L. ヴィゴツキー（Lev S. Vygotsky），それに人類学者の L. ホワイト（Leslie A. White）や C. ゲルツ（Clifford Geertz）らが，認知のための資源は，個人の頭のなかに独占されているのではなく，社会文化的環境，情報伝達のためのあらゆるメディア（媒体），ある人が他者や環境と相互作用するための言語といった道具，他人や時代を超えた歴史的遺産，労働の専門化と分業，我々が生活するための決まりのなかに（in the rules by which we live）あると考えていたことに着目し，このことを手が

序　章　認知主義を越えて

かりとして，認知が分散していることを概念化するための取り組みを展開している。認知はどこに，どのように分散しているのか，さまざまな状況や活動のなかで認知はどのように分散するのかを体系的に説明しようとする試みはその例である（Cole and Engeström 1993, pp. 1 -46. 邦訳 2004年，19-67頁）。

　近年では，認知のための資源が表象に存在することを所与とする楽観的な社会科学は，人間の経験や行動の本質を把握するのに適切ではないという考えが広く共有されており（Cole and Engeström 1993, pp. 42-43. 邦訳 2004年，61頁），とりわけ社会学では，知識についての認知的な説明，すなわち認知活動は主に表象プロセス内で完結するという考えに対する懐疑論はいまやありふれたものになりつつある（Latour and Woolgar 1986）。こうした状況は，「現在，認知心理学や教育心理学の主流において，認知の社会的，状況的，文化的側面に対する関心が少し前よりも大きくなっていることは明らかである」（Nickerson 1993, pp. 230-231. 邦訳 2004年，289頁），心理学者や人類学者が認知の社会的側面に関心を寄せはじめている（Thagard 1996, p. 162. 邦訳 1999, 179頁）という所見にもあるとおり，社会科学において一般的になりつつある。

　こうした変化の背景には，認知行為はそれが展開される特定の状況から切り離すことはできない（Collins, et al. 1989），表象プロセスだけではどうやっても世界を認知することはできない（Shanon 1993），文化が人間に及ぼす力——たとえば，学校に行くこと（Scribner and Cole 1981），育児における慣習（Le Vine 1979），言語による習俗（Heath 1983）といった文化的な力（cultural forces）——を考慮すると，認知のための資源を「人の頭のなかだけに存在する孤立した特性として概念化することは，もはやできない」（Hatch and Gardner 1993, p. 167. 邦訳 2004年，212頁），Barker and Wright（1954）や Bronfenbrenner（1979）のいう家庭，教室，職場といった「局的状況（local setting）」において人間は自身の活動を促すために各種の道具，人的資源，その他の資源に依存している（Hatch and Gardner 1993, p. 168. 邦訳 2004年，213頁）という命題が広く実証されているという状況が存在する（Thagard 1996, p. 162. 邦訳 1999, 179頁）。かくして，80年代中頃から，認知科学の成果を，認知発達研究，教育，インターフェース，

デザイン，仕事場における共同作業研究に適用することがますます難しくなり，このことが認知科学の諸前提に疑問を投げかけるきっかけになったとされている（上野 1999, i 頁）。

　外的要因が認知に与える影響を考慮するという点については，程度の差こそあれ，表象プロセスを重視してきた立場も，認知を状況のなかで捉えようとする立場も変わりはない。だが，両者には，次の点において明確な違いが見られる。すなわち，主体を環境から分離して捉える前者は，認知における外的要因の影響を認知へのインプットとして考慮しつつも，研究対象としての関心の多くを表象プロセスの解明に注いできた。これに対して，主体を環境の一部として捉える後者には，主体と環境の間に不断の《相互作用》が想定されており，この仕組みによって，主体は環境（道具や言語といった人工物，働きかける対象，規則，コミュニティ，分業など）に埋め込まれていると考えられ，主体が環境から「認知のための資源」を取得するメカニズムの解明に関心を向けている。

　「人間は，マーケティングにおける価値の概念をどのように理解しているのか」という問いに対する説明が不十分であったことの大きな理由は，認知革命以来の消費者行動に関するこれまでの議論が——外界からのインプット，外界へのアウトプット自体を軽視してきたわけではないが——多くの研究労力を表象プロセスの解明に当て，認知主体による対象の認知が，その周辺環境との不断の相互作用によって達成されていること，むしろその周辺環境のなかにこそ認知のためのさまざまな手がかりや素材が埋め込まれているという分散認知的な考察が不十分であったことにあると考えられる。このことのために，消費者が価値を認知する仕組みの解明が，かえって曖昧さを残す不十分なレベルに留まってきたと思われる。

7　周辺領域における研究

　近年では，こうした認識論に依拠したさまざまな理論が提示されるようになってきている。このような議論の一つに，人間の活動システム（activity sys-

序　章　認知主義を越えて

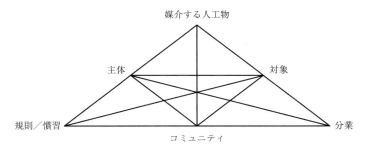

図序-1　活動システムの概念図
出所：Cole and Engeström (1993, p. 8. 邦訳 2004年, 27頁)。
※用語を一部修正。オリジナルの図は, Engeström (1987, 邦訳 1999年) を参照されたい。

tem) の文化的・歴史的発達に関する理論として知られる「文化・歴史的活動理論 (cultural-historical activity theory: CHAT)」——以下,「活動理論 (activity theory)」で統一する——がある。活動理論では, 学校, 科学, 技術, 文化, 芸術, 仕事, 組織, コミュニティなどが, 人間の多様な活動を分析するための基本的単位とされる（山住 2008, 2頁）。

その活動理論を図解した図序-1の「活動システムの概念図」では, 主体 (subject) による対象 (object) への働きかけは, 人工物 (mediating artifact) を媒介して行われることを基礎としている。そのうえで, 対象に働きかける行為は, 底部にある他の要素, すなわち規則 (rules), コミュニティ (community), 分業 (division of labor) との関係においてのみユニークな行為として存在する。ここに,「主体」は, 何らかの「コミュニティ」の一員である。その「コミュニティ」とは, 同じ「対象」を共有する人々の集まりである。「規則」とは, 活動システムのなかで行為を制限（規定）している顕在的な規範または慣習を意味する。また, 労働の「分業」は,「コミュニティ」の成員のなかで「対象」に向けられた活動の分担を指している。活動理論では, 活動システムを構成するそれぞれの要素は孤立して存在せず, 人間生活の結果や要因として恒常的に作り出され, 更新・変換されるとしている (Cole 1998, pp. 140-141. 邦訳 2002年, 194-195頁)。

15

Y. エンゲストロームは，集合的な実践こそが人間の活動を特徴づけている
という前提に立ち，行為主体が媒介手段（道具，言語等）によって対象に働き
かけるという「媒介された行為」のみならず，コミュニティ，規則，分業と
いった集合的な要素に支えられているという側面を含めて人間活動を捉えるこ
とを強調する（Engeström 1987, 邦訳 1999年）。

　その上で，社会的環境と身体の間の複雑な相互作用の一部に過ぎない認知を，
それだけ分離させて定式化することはできない（福島 1993, 150頁）とし，興味
深いことに，こうした考え方の概念的な枠組みを説明する活動システムの概念
図は，「人間の認知が主にどこに分散しているのかを表す概念地図となる」と
述べている（Cole and Engeström 1993, p. 7. 邦訳 2004年, 26頁）。すなわち，ここ
では，活動理論が分散認知の認識論に依拠していることが明瞭に示されている
のである。

　分散認知論に軸足を置く研究には，他にも状況的学習に関する研究がある。
「状況的学習（situated learning）」とは，一般に，さまざまな社会的活動への参
加をとおして学ぶ知識とスキルの実践的習得として理解されている（Lave and
Wenger 1991, 邦訳 1993年）。この状況的学習の中核となる概念は，「状況依存的
認知（situated cognition）」である。これは，知識を，誰が，どのような目的で，
どのような社会的制度のもとで利用するのかに注目する考え方である（茂呂
2005, 192-193頁）。たとえば，スーパーマーケットで買物する主婦に求められる
算術は，学校で学んだそれとは異なる。つまり，主婦の買物は時間に制約され
ており，筆記用具もない。お買い得品を見つけても，冷蔵庫のスペースを考え
なければならないし，食品のサイズ，重さ，賞味期限，栄養価，生鮮食料品の
場合は鮮度，それに料理にかかる手間も考慮しなければならない。実践的な合
理性は，やみくもに計算手続きに頼るのではなく，目的に合うか，総合的な労
力のうえで安上がりかどうかを判断する状況に埋め込まれた合理性である。

　活動理論や状況的学習等のいわゆる状況的アプローチでは，一見して個人が
単独で行っているように見える活動であっても，それはすべからく社会的，文
化的，歴史的なコンテクストに埋め込まれた行為として捉えるところに最大の

特徴がある。

　本書は，以上のような諸理論の発展を踏まえ，マーケティングにおける価値は，「状況依存的である（situated）」ということを重視する。言い換えれば，本研究では，消費者が認知する価値を，主に表象プロセスに焦点を当てるこれまでの認知主義的な立場から解明しようとするのではなく，いわば「状況に埋め込まれた価値（situated values）」として，主体と周辺環境の相互作用に焦点を当てて分析する。

8　本書の構成

　以下，本書の構成について解説する。

　マーケティング研究において価値をめぐる議論が本格化したのは，ポストモダン消費者研究者として知られる M. ホルブルックや E. ハーシュマンが，芸術鑑賞や娯楽といった文化的なプロダクトの消費をうまく説明することができない当時の消費者行動研究のあり方に疑問を投げかけ，それが注目されるようになった80年代初頭以降とするのが通説とされている。

　この時期までのマーケティング研究は，経済学で「使用価値（value-in-use）」と呼ばれてきた価値概念を想定していたが，80年代以降は，消費過程における「経験」に研究者の関心が寄せられ，いくつかのユニークな価値概念が提唱された。「快楽価値（hedonic value）」はその最初の存在であり，快楽価値を概念拡張したと考えられているのが「経験価値（experience value）」である。また，近年，研究者の注目を集めているのは，サービス・マーケティングをルーツとする「文脈価値（value-in-context）」である。本書では，こうした価値概念の明確化を試み，そのうえで，製品の物理的属性に還元して説明できない「文化的使用価値（cultural values-in-use）」が，企業と消費者の価値共創において顕在化する仕組みの解明を試行する。

　第Ⅰ部では，近年，サービス中心の視点でマーケティングを捉え直す議論として注目されているサービス・ドミナント・ロジックにおいて提起された，文

脈価値と呼ばれる概念の明確化を試みる。本書では，このために，分散認知の認識論と現代語用論として知られる関連性理論を導入する。

　第Ⅱ部では，使用価値を規定する要素をめぐって展開された石原・石井論争を議論の出発点として，使用価値概念の明確化を試みる。本書では，石原と石井の主張を，「テクストの意味形成と受容・理解の仕組み」の視点から検討し，そこで示されたことを手がかりとして，消費者が使用価値を理解する一般的な仕組みを提示する。そのうえで提起される，製品の物的可能性を規定する要素は何かという問題を検討するために，生体心理学の直接知覚理論を導入する。

　第Ⅲ部では，マーケティングにおける価値のなかでは，おそらくもっとも難解で捉えがたい概念とされる快楽的消費と，こうした消費において促される満足から得られるとされる快楽価値を取りあげ，その明確化を試みる。そのために，Popper（〔1945〕2013, 邦訳 1980 年）や堀越（2006）を手がかりとして M. ウェーバーや D. ベルの社会経済学的視点を持ち込む。

　第Ⅳ部では，消費者との価値共創において文化的使用価値が顕在化する仕組みにおけるコンテクストの役割と文化的使用価値の顕在化を規定する要素について明確化を試みる。本研究では，このために，マーケティング研究においてまだ十分に着目されているとは言えない E. ウェンガーの「意味の交渉」と文化的透明性の概念を導入する。

　最後に，第Ⅰ〜Ⅳ部の考察のまとめを行ったうえで，本書で示されたことがプロダクト戦略の検討に有用であることを「大地の芸術祭」のケースで示すことで，本書の意義を確認する。

注

(1)　同書において紹介された「消費社会の見通し」とは，①消費財の機能的改良の限界によって記号的な意味が重要となる，②消費者は画一的な大量消費に飽き足らなくなり消費の多様化と個性化が進む，③消費者は生産者を兼ねるプロシューマ（prosumer）に変化する，④消費者はスローライフに見合う消費を指向する，⑤私的消費への欲望が後退し社会的消費への関心が高まる，⑥モノに溢れた生活に満足できなくなった消費者は文化的消費を指向する，⑦情報技術の進歩によって便利で

快適な生活が送れるようになる，⑧自由主義的・競争促進的な政策によって消費財の価格が低下し，消費者はその恩恵を被るの8点である。詳細は，間々田（2005, 9-134頁）を参照されたい。

(2)　一般に，人工知能，心理学，言語学，哲学，神経科学，教育学における「知識表現」「言語」「学習」「思考」「知覚」の諸理論・概念を関連させながら認知の仕組みを解明する学問として理解されている「認知科学（cognitive science）」では，従来の哲学や心理学に見られる思弁的・合理的方法で認知の仕組みを説明するのではなく，観察・実験に基づく実証主義的アプローチによって認知のメカニズムをめぐるさまざまな仮説の証明を試みる。認知科学は，主に①人間が行う作業をコンピュータに代行させるためのプログラムの設計，②知覚・言語・記憶・思考などの内的処理過程の特定を目的とする情報処理心理学（information-processing psychology），③言語学における正成文法理論（theory of generative grammar）とそこから派生した諸理論の3領域の発展・融合によって確立したとされている（Eysenck 1991, pp. 66-70. 邦訳 1998年，325-332頁）。これに対して，「認知心理学（cognitive psychology）」とは，一般に，認知科学の一分野として，人間の「学ぶ」「知る」「理解する」という認識・知識にかかわる高次精神過程を，情報処理の視点から解明する実験心理学として理解されている。認知心理学は，認知の普遍的な仕組みに関心を示す一方で，「個人差」には関心を示さないという特徴を持つ。

　認知心理学では，心的表象（注8参照）は記号処理システムとみなされ，知的行為に含まれる処理システムの理解とシステム運用を可能とする表象の解明に関心が寄せられているが，近年では非記号論的なアプローチも盛んに行われている（中島他編 1999, 664-665頁）。上述した認知科学との間に借用される理論や仮説に多くの共通点を持つ認知心理学では実証作業により重きが置かれるのに対して，認知科学ではコンピュータを駆使した理論的研究が重視される（Eysenck 1991, pp. 61-71. 邦訳 1998年，325-332, 334-336頁）。なお，「認知心理学」という用語は，米国の心理学者である U. ナイサーが1967年に出版した Neisser, U. (1967), *Cognitive Psychology*, Appleton-Century-Crofts.（大羽蓁訳『認知心理学』誠信書房，1981年）によって一般化したというのが通説である。

(3)　消費者行動研究がその理論的な拠り所としている認知心理学では，この分野の発展に学際的なアプローチか欠かせないという理解が共有されている（Gardner 1987, p. 6. 邦訳 1991年，6頁）。他方，堀越（2006）によれば，消費者行動研究は，帰納主義，心理学主義，学際主義という方法論的特長によって多様な経験的事象に振り回される，このことが理論的研究を停滞させているとしている。

(4)　清水（1999）による消費者行動研究の解釈は，AMA（米国マーケティング協会）の「消費者行動」の定義——「消費者行動とは，人類が，生活の交換の局面に際し関係してくる，感動，認知，行動，環境のダイナミックな相互作用……」（Bennett 1989, p. 40）——を現代的，かつ具体的に解釈したものとされている（2-6頁）。なお，Bennett（1989）による「消費者行動」の定義の邦訳は，清水によるものである（清水 1999, 2-3頁）。

⑸　行動主義は，人間は自身の考えや意図に基づいて行動している，人間は認知的な装置になんらかの自律的・構造的な傾向があるから行為しているという考え方を慎重に避け，人間は環境にあるさまざまな力や要因によって受身の形で動かされているとする。こうした理解のもと，条件づけと強化の原則（principles of conditioning and reinforcement）に基づく精巧な体系がつくられ，特定の行動の学習や形成がどのように生じるのかを説明しようとした（Gardner 1987, pp. 11-12. 邦訳 1991年，11頁）。

⑹　内観法による研究成果は，思考過程について不完全で不安定な記憶痕跡（memory trace）を基にしているとして，その可能性を否定する研究者も少なからず存在した。内観による研究をめぐり活発な議論が繰り広げられるなかで，内観法に関心を持つ研究者たちは，理論的に偏っているとか内観訓練が不十分であるとして互いに非難しあい，こうした議論を収束に向かわせる広く受け入れられる研究方法を見つけるにはいたらなかった。これにより，内観によるデータの取得とそれを土台にした研究はしだいに信頼性を失い，衰退したとされている。このようななか，行動主義者の J. B. ワトソンは，直接観察できる行動だけが心理学で認められるデータであることを主張したとされる（Eysenck 1991, pp. 194-195. 邦訳 1998年，318-319頁）。

⑺　「構造化された一群の概念から成り立つもので，出来事，シナリオ，行為，事物などに関連して過去の経験から得た一般的な知識を表す」（Eysenck 1991, p. 316. 邦訳 1998年，227頁）。

⑻　「心的表象（mental representation）」とは，人間の心のなかにおける情報の表現形式とされている（安西 1986, 82-83頁；中條 2005, 88頁）。認知科学・認知心理学では，人間は，コンピュータのように，外界から情報（刺激）を受け取り，加工し，記憶し，必要なときにそれらを取り出すと考えられている。このように，人間を一つの情報処理システムとして捉える視点は，心のなかで情報がどのように表現されているのかという問題にとりわけ関心を示す。たとえば，植物の「木」を見て，それを「木」として認識するために主体が表象に思い浮かべるイメージが「木」の心的表象である。認知科学・認知心理学では，人間の心的表象のメカニズムを解明することが主要な課題とされている。詳細は，安西（1986, 81-102頁），中條（2005, 88-89頁）を参照されたい。

⑼　表象プロセスには，「注意（attention）」「知覚（perception）」「学習（learning）」「記憶（memory）」の各機能が組み込まれている（Eysenck 1991, p. 61. 邦訳 1998年，334-335頁）。

⑽　たとえば，Andreasen（1965），Nicosia（1966, 邦訳 1979年），Engel et al.（1968），Howard and Sheth（1969）がある。なお，消費者行動研究者の間では，一般に，包括的モデルが台頭した60年代中盤から70年代を，消費者行動研究が独立した研究領域として認められるようになった時期として見ることが通説とされている（Mowen 1987, pp. 13-16）。

⑾　このモデルは，基本的に「インプット」「知覚構成概念」「学習構成概念」「アウ

序　章　認知主義を越えて

トプット」で構成される。インプットは「刺激（S）」に，知覚構成概念と学習構成
概念は「生体（O）」に，アウトプットは「反応（R）」にそれぞれ対応する。「イン
プット」には，対象となるプロダクトのほかに，準拠集団や社会階層の影響も考慮
されている。このモデルでは，知覚構成概念は情報処理を，学習構成概念は前者に
基づく意思決定を司るとされる。詳細は，清水（1999, 74頁）を参照されたい。

⑿　刺激—反応は，現在でも，スーパーマーケットのチラシや店頭における安売り情
報（刺激）によって購入が促進される現象や，比較的に低価格で購買による機会損
失の少ない商品の購買行動をうまく説明することができるとされている（清水
2002, 19-20頁）。

⒀　事前知識と外部情報探索の関係は，土橋（2003）に詳しいのでそちらを参照され
たい。

⒁　消費者は広告という刺激に対してどのように態度・信念を形成するのかという問
題設定のもとで設計されたミッチェルのモデル（the Mitchell model）は，問題解
決に向けて能動的に情報を取得・処理する消費者を想定していない。こうした理由
により，Mitchell のモデルは，刺激—反応型の過渡期モデルとみなされている（清
水 1999, 84-85頁）。

⒂　情報処理から態度形成までのプロセスをモデル化した ELM には，「情報探索→選
択→選択評価のフィードバック」の過程は考慮されていない。

⒃　たとえば，D. アッシュ（Doris Ash），A. ブラウン（Ann L. Brown），J. キャン
ピオン（Joseph C. Campione），M. コール（Michael Cole），Y. エンゲストローム
（Yrjö Engeström），H. ガードナー（Howard Gardner），A. ゴードン（Ann Gor-
don），T. ハッチ（Thomas Hatch），L. モル（Louis C. Moll），K. ナカガワ（Kath-
ryn Nakagawa），R. ニッカーソン（Raymond S. Nickerson），R. ピー（Roy D.
Pea），D. パーキンス（D. N. Perkins），M. ラザフォード（Martha Rutherford），G.
ソロモン（Gavriel Salomon），J. タピア（Javier Tapia），K. ウィットモア（Kath-
ryn F. Whitmore）を挙げることができる。

⒄　福島（1993）によれば，こうした試みは，認知科学と社会科学（特に文化人類学，
社会学）が交差する領域に新たな学的方向を見出そうとする試みとみられる（125
頁）。

⒅　個人と環境は，後者が前者に影響を与えるといった一方向的な関係というよりは
むしろ互いに相手を創り出す関係にあると考えられている。認知活動を，表象を超
えた一つのシステムとして捉える視点では，主体 A にとって環境とは，他者（主
体 B，他）を含む「人工物」，規則，コミュニティ，分業であり，主体 B にとって
環境とは，他者（主体 A，他）を含む「人工物」，規則，コミュニティ，分業とさ
れている（上野 1999, 2頁）。詳細については，後述する。

⒆　活動理論は，次の文献に詳しいのでそちらを参照のこと。Engeström, Y. (1987),
*Learning by Expanding: An Activity-Theoretical Approach to Development Re-
search*, Orienta-Konsultit Oy.（山住勝広・百合草禎二・庄井良信・松下佳代・保坂
裕子・手取義宏・高橋登訳『拡張による学習——活動理論からのアプローチ』新曜

社，1999年）；Cole, M. (1998), *Cultural Psychology: A Once and Future Discipline*, Belknap Press of Harvard University Press.（天野清訳『文化心理学——発達・認知・活動への文化・歴史的アプローチ』新曜社，2002年）；山住勝広（1998）『教科学習の社会文化的構成——発達的教育研究のヴィゴツキー的アプローチ』勁草書房；山住勝広（2004）『活動理論と教育実践の創造——拡張的学習へ』関西大学出版部；Yamazumi, K., Y. Engeström and H. Daniels (2005), *New Learning Challenges: Going beyond the Industrial Age System of School and Work*, K. Yamazumi, Y. Engeström and H. Daniels (eds.), Kansai University Press.

第Ⅰ部

文脈価値を形成するコンテクストの検討

第1章

文脈価値の可能性とコンテクスト

　近年，マーケティング研究において注目を集めているトピックの一つに，S. バルゴと R. ラッシュによって提唱されたサービス・ドミナント・ロジックがある。これは，2004年に *Journal of Marketing* 誌に "Evolving to a new dominant logic for marketing" と題する論文として掲載されたものが最初であり（Vargo and Lusch 2004a），そこでは「サービス・ドミナント・ロジック」(Service Dominant Logic)」——以下，「S−Dロジック」で統一する——と呼ばれる新たなマーケティング・パラダイムについて論じられている。

　S−Dロジックとは，従来の有形財マーケティングと無形財マーケティングに分けてマーケティングを論じることへの限界から，サービスの視点からマーケティングを統一的に論じるというものであったため内外で大きな反響を引き起こし，わが国でもこの議論の紹介・検討がこれまで活発に行われてきた（e.g. 藤川 2008, 2010; 井上・村松 2010; 田口 2010; 南 2010; 高橋 2011; 村松 2015）。だが，マーケティングのパラダイム転換ともとれるS−Dロジックの議論は多岐にわたっており，議論が十分にし尽くされているとは言えない部分も少なくない。こうした問題の一つに，S−Dロジックの中核となる概念として Vargo et al. (2008) において提唱された文脈価値がある。ここに，「文脈価値（value-in-context)」とは，一般に，プロダクト（製品またはサービス）の消費において，消費者自身のコンテクストに依拠して認知される価値として理解されている。

　消費活動は，静的な実験室のなかでではなく，動的な環境のもとで行われる。したがって，消費主体を取りまくコンテクストに埋め込まれたさまざまな要素が，消費主体が認知する価値の形成に大きな影響を与えていることは，容易に

25

第Ⅰ部　文脈価値を形成するコンテクストの検討

是認しうるところである。だが，この場合，コンテクストはいかなるものとして理解されるべきであろうか。既存研究は，この点について必ずしも明らかにしているとは言えず，コンテクストの性質を説明する理論的根拠はこれまで示されていないようである。

　一見すると，消費者を取りまくコンテクストには，ありとあらゆる要素が含まれているように見える。したがって，文脈価値という概念は，あたかも無限に広がるコンテクストを前提としている感は否めない。だが，文脈価値にこのような無限の広がりを与えてしまうことは，文脈価値という概念の持つ意義と重要性に関する理解を妨げるように思われる。

　本書では，文脈価値という概念の持つこうした曖昧性を払拭するために，消費者が文脈価値を認知する際に拠り所にすると考えられている「文脈」――以下，文脈価値という一つの用語として使用する場合にのみ「文脈」の訳語を使用し，その他の場合は「コンテクスト」で統一する――を規定する要素は何かという問題を考察する。本書では，このことを検討するために，分散認知の認識論をベースに，現代語用論として著名な「関連性理論（relevance theory）」（Sperber and Wilson［1986］1995, 邦訳 1999年）を補足的に用いることによって文脈価値の概念の明確化を試みる。

1　新たなマーケティング・パラダイムへの期待

　経済のサービス化にともなうモノ中心のマーケティングからの開放（Shostack 1977）は，やがて従来のマーケティング・ミックスに基礎を置かないサービス・マーケティングとして実を結んだが，一方では，それを本格的に扱う理論の不在が指摘されていた（Dixon 1990）。90年代に入ると，今や 4 Ps モデルは便宜的な枠組みに過ぎず（Day and Montgomery 1999, p. 3 ），マーケティングのパラダイム転換はもはや時間の問題である（Achrol and Kotler 1999, p. 192）という声が囁かれるようになり，新たなマーケティング・パラダイムへの期待が高まった。このようななか，*Journal of Marketing* 誌に掲載された Vargo and

第**1**章　文脈価値の可能性とコンテクスト

Lusch（2004a）において，Constantin and Lusch（1994）の資源論とマーケティングを価値創造プロセスとして捉えるノルディック学派（Nordic School）のサービス・マーケティング[(2)]を基礎とする新たなパラダイム[(3)]の構想が提示された。

2　S-Dロジックとは

　S-Dロジックと呼ばれるそのパラダイムは，従来の有形財マーケティングと無形財マーケティングの二元的な枠組みでマーケティングを論じることへの限界から，サービス中心の視点からマーケティングを再構築しようとする，あるいは捉え直そうとする一つの試みとされている（Vargo and Lusch 2004a, 2008a）[(4)]。これに対して，有形財の諸理論を拠り所とする従来のマーケティング・パラダイムは，グッズ・ドミナント・ロジック（Goods Dominant Logic）——以下，「G-Dロジック」で統一する——と呼ばれる。

　S-Dロジックは，理論ではなく[(5)]，一つの哲学または観点であり，交換と価値創造を捉える際のマインドセット（mind-set）あるいはレンズ（lens）であるとも評される（Lusch et al. 2006, p. 267; Vargo and Lusch 2008a, p. 9 ; 2008c, p. 4 ）。バルゴらによるこうした構想の基底には，モノ中心の視点よりも，サービス中心の視点で交換プロセスや価値創造を説明するS-Dロジックの視点のほうが，今日の市場をより的確に捉えることができるという思惑があり（Vargo and Lusch 2004a），そのために，有形財（製品）と無形財（サービス）の共通項の「知識（knowledge）」と「スキル（skill）」によって，交換と価値創造を説明しようとしたのである（p. 8 ）[(6)]。

　S. バルゴとR. ラッシュによれば，交換の対象は知識とスキルであり（Vargo and Lusch 2008a, p. 6 ），製品は知識とスキルを移転する「入れ物（appliance）」とされている（Vargo and Lusch 2004a, p. 7 and 9 ; Vargo et al. 2006, p. 40）。S-Dロジックでは，知識とスキルを消費に適用することをサービスと呼ぶ。ここで言う「サービス」とは，「他者または自身のベネフィットのために，行為，プロセス，パフォーマンスをとおして専門化された能力を適用すること」（Vargo

27

第Ⅰ部　文脈価値を形成するコンテクストの検討

and Lusch 2004a, p. 2 ; 2006, p. 43) とされている。S. バルゴと R. ラッシュは，専門化された能力（知識・スキル）を消費に適用する行為を単数形のサービス（service）で表し，サービス・マーケティングが扱ってきた従来の無形財サービスを複数形のサービシィーズ（services）で表すことで両者を識別している。

3　S−Dロジックの基本的前提

　こうしたS−Dロジックの憲法とも評されているのが，表1−1の「基本的前提（foundational premises）」——以下，「FPs」で統一する——である[7]。S−Dロジックに「基本的前提」が必要とされたのは，S−Dロジックが標榜するマーケティングの世界観が，50年代に確立されたマーケティング・マネジメント論のそれに基礎を置かない新しい枠組みだったためとされている（Vargo and Lusch 2004a）。

　その第1条に対応するFP1の「サービスは，交換の基本的基盤である」とは，S−Dロジックでは，サービス（services）提供者と顧客は互いに自身の知識とスキルを消費に適用する行為のサービス（service）を「交換（exchange）」の基本単位（basis）とみなすことを意味している[8]。FP2の「間接的な交換は，交換の基本原理を隠してしまう」とは，社会的分業と組織内の専門化は，消費者が本当に求めているのは売り手が提供する知識・スキルであるという事実を覆い隠してしまうことを意味している（Vargo and Lusch 2004b）。FP3の「製品は，サービス供給のための流通手段である」とは，既述のとおり，製品は知識・スキルを伝達する箱であることを示している。バルゴらによれば，製品を入れ物として見るこうした発想の萌芽を，Levy（1959），Levitt（1960）に見ることができる（Vargo and Lusch 2004a and 2008a）。FP4の「オペラント資源（operant resources）は，競争優位の源泉である」とは，企業にとっての競争力の源泉は，資本，不動産，製造機械，原材料，製品等の有形資源ではなく，それらに働きかける知識・スキル等の無形資源であることを意味している。FP5の「すべての経済は，サービス経済である」とは，すべての経済的交換は，知

28

第1章 文脈価値の可能性とコンテクスト

表1-1 S-Dロジックの基本的前提（FPs）

FPs	英　語	日本語
FP1	Service is the fundamental basis of exchange.	サービスは，交換の基本的基盤である。
FP2	Indirect exchange masks the fundamental basis of exchange.	間接的な交換は，交換の基本原理を隠してしまう。
FP3	Goods are a distribution mechanism for service provision.	製品は，サービス供給のための流通手段である。
FP4	Operant resources are the fundamental source of competitive advantage.	オペラント資源（知識・スキル）は，競争優位の源泉である。
FP5	All economies are service economies.	すべての経済は，（知識・スキルを基礎とする）サービス経済である。
FP6	The customer is always a cocreator of value.	顧客は，つねに価値の共創者である。
FP7	The enterprise cannot deliver value, but only offer value propositions.	企業は価値を提供することはできず，価値提案しかできない。
FP8	A service-centered view is inherently customer oriented and relational.	サービス中心の見方は，元来，顧客指向的であり関係的である。
FP9	All social and economic actors are resource integrators.	すべての社会的行為者と経済的行為者は，資源の統合者である。
FP10	Value is always uniquely and phenomenologically determined by the beneficiary.	価値は，受益者によって，常に，独自に，現象学的に判断される。

出所：Vargo and Lusch（2004a, pp. 6 -12; 2006, pp. 52-53; 2008a, pp. 6 - 9 ）を参照して筆者作成。

識とスキルであることを表している[9]。FP 6 の「顧客は，つねに価値の共創者である」とは，企業から見た顧客は，消費プロセスに適用される知識・スキルの交換によって創造される価値の共創者であることを示している[10]。FP 7 の「企業は価値を提供することはできず，価値提案しかできない」とは，FP 6 を拠り所として，価値は消費過程における消費者との知識・スキルの交換によって創造されるため，企業は価値を提案することしかできないことを意味している。FP 8 の「サービス中心の見方は，元来，顧客指向的であり関係的である」とは，価値は企業と消費者の知識とスキルを消費に適用することによって共創されるため，企業は必然的に消費者指向となり，消費者との結びつきは関係的になる

29

第Ⅰ部　文脈価値を形成するコンテクストの検討

ことを指している。FP 9 の「すべての社会的行為者と経済的行為者は，資源の統合者である」とは，企業，取引先，消費者を意味する社会的・経済的行為者は，それぞれ複数の資源を組み合わせる能力を有していることを意味している。FP10の「価値は，受益者によって，つねに，独自に，現象学的に判断される」とは，価値は，消費者が知識とスキルを適用する消費経験の場において独自に認知されることを指している。

　以上のとおり，「基本的前提」は，S−Dロジックが描くマーケティングの世界観が，交換と価値共創を礎石としていることを明瞭に示している。コンスタンティンらがこの「基本的前提」の草案を練るうえで手がかりとしたのが，Constantin and Lusch（1994）において提示された独自の資源論である。

4　S−Dロジックの資源論

　消費への知識とスキルの適用を意味するS−Dロジックのサービス（service）は，製品を媒介して提供されることもあれば，直接，サービスィーズ（services）を通じて提供されることもある。ここに，サービスの行為者とは，他者または自身のベネフィットのために知識・スキルを適用するものすべてを指し，そこには消費者も含まれる。この例として，Vargo et al.（2008）では，自動車を消費する例を上げている（p. 146）。自動車メーカーは，一般に，自身の知識・スキルを適用して製造した金属，プラスティック，ゴム製の部品を組み合わせて自動車を製造する。だが，これだけでは自動車に価値が見出されないのは，価値を判断するのはあくまで消費者だからである。価値を創造するためには，顧客が実際に自動車を運転したり，メンテナンスしたり，道路交通法を守るといった消費者の知識・スキルを適用する必要がある。こうしたケースは，自動車を消費する例に限らず，床屋で理容師と相談しながらヘア・カットを行う場合，企業がアウトソーシングした IT システムを使いこなす場合などさまざまなケースに当てはまるとバーゴらは述べている（Vargo et al. 2008, p. 149）。

　こうした見方を可能としているもの，または先の基本的前提の理論的基礎と

30

みなされているのが，Constantin and Lusch（1994）において提起された無形資源をマーケティングの駆動力として位置づける独自の資源論である。コンスタンティンらによれば，企業活動にかかわるすべての資源は，オペランド資源またはオペラント資源のいずれか一方に分類される。ここに「オペランド資源（operand resources）」とは，効果的に生産が行われるために企業が保有する資本，不動産，製造機械，原材料，製品等の，一般に，有形で，有限で，静的な資源とされている。オペランド資源は，自ら価値を持つ製品として交換されるには他の資源を必要とすることから被作用資源に分類される。これに対して，知識，スキル，消費者といった，一般に，無形で，動的で，無限の文化的資源は「オペラント資源（operant resources）」と呼ばれ，オペランド資源，あるいは他のオペラント資源に働きかけるリソースとして作用資源に分類される（Constantin and Lusch 1994; Vargo and Lusch 2004a）。

　S-Dロジックでは，サービスの行為者である消費者はオペラント資源とみなされる[12]のに対して，G-Dロジックでは，消費者は静的なオペランド資源として捉えられている。後者では，価値は予め生産段階で埋め込まれ，交換プロセスは，製品が販売された時点で完了するとされているのに対して，前者では，自分あるいは他者のために，自身の知識・スキル（オペラント資源）を適用するサービス（service）が交換の中心にあり，消費者はこのサービスへの関与をとおして価値共創に参加するとされているため，交換プロセスは消費においてはじめて完了するとされている[13]。したがって，企業が提供できるのは価値ではなくその提案であるとされ（FP7），ゆえに企業は顧客との関係を指向する（Vargo and Lusch 2008a, pp. 7-8）とされている（FP8）。こうして創造される個別的，経験的，文脈依存的，意味内包的な価値は，消費者自身のコンテクストにおいて独自に判断される（p. 7; FP10）。S-Dロジックのこうした考え方は，「文脈価値」と呼ばれる独創的な価値概念を生み出した。

第 I 部　文脈価値を形成するコンテクストの検討

5　文脈価値とその問題点

G-Dロジックでは，企業が製造過程で製品に埋め込んだ価値が交換時に取引価格として顕在化する交換価値（value-in-exchange）を想定している（Vargo and Lusch 2004a; Vargo and Morgan 2005）。これに対して，S-Dロジックでは，製品／サービス（services）の消費に適用された知識・スキルから得たベネフィットに対して，消費者自身のコンテクストにおいて認知される「文脈価値（value-in-context）」を想定している（Vargo et al. 2008, pp. 148-150）。この文脈価値の概念は，以下の諸論点を含意している。すなわち，製品は，機能的なベネフィットの提供を通じて，経験，所有，誇示等のより高次なニーズを充足する（Vargo and Lusch 2004a, p. 9; 2004b, p. 330）ため，②価値判断する消費者にとって，製品の機能的なベネフィットよりも快楽や自己顕示的なそれの方が重視される（Vargo and Lusch 2006, p. 49）。したがって，③消費対象の製品／サービス（services）そのもののクオリティがいかに優れていようとも，消費者のコンテクストしだいでそれらが本来持っているクオリティを下回る場合があり，このことは文脈価値（S-Dロジックの価値尺度）を交換価値（G-Dロジックの価値尺度）の上位概念として位置づけることを可能にするとされている（Vargo and Lusch 2008b, p. 86）。

文脈価値は，従来のマーケティング研究が「価値」に言及する際にさまざまに内包していた諸論点を浮き彫りにしたという点において，高く評価されるべきものであることは疑問の余地がない。とりわけ，消費者によって認知される価値が消費者自身のコンテクストに大きくかかわっていることを示したことは重要である。このことを可能としているのが，消費への知識・スキルの適用から得られるベネフィットが，消費者自身のコンテクストにおいて評価される可能性を示したことであるが，本書ではこの点を，本書からみたS-Dロジック最大の貢献として評価しつつ，消費者がこうしたコンテクストをどのように理解し，文脈価値がどのように生成されるのかという点に言及されていないこと

は，文脈価値の概念にみられる本質的な問題と思われる。

6　既存研究が残した課題

マーケティング研究では，これまで，コンテクストが消費者の価値認知に影響を及ぼしていることはたびたび指摘されてきた。この分野の古典的研究は，消費者価値の状況依存的な性質はコンテクストに起因することを指摘したTaylor（1961），Morris（1964）に遡ることができると思われる。国内では，マーケティング研究にコンテクストの分析視点が持ち込まれた初期の研究の一つに，消費者行動を「ライフスタイル」として検討した井関（1969）がある。80年代には，M. ホルブルックと E. ハーシュマンを中心とする消費者の主観的意識に関する研究は，価値（消費の意味）はコンテクストに依存するという命題に大きな関心が寄せられる契機となった。90年代には，M. ホルブルックの議論を手がかりの一つとして提起された，使用価値を消費に先立ち定義することはできないとする命題をめぐって日本商業学会関西部会を中心に活発な議論が展開された。2000年代に入ると，阿久津らを中心とする「コンテクストに着目した，ブランドの構築や活用，維持，活性化などを含んだ一連の取り組み」（阿久津・石田 2002, 15頁）として理解されているコンテクスト・ブランディング（context branding）の研究において，ブランド戦略におけるコンテクストの重要性が力説されるようになった。

だが，こうした研究においてもなお，コンテクストを規定する要素は明確にされているとは言えない状況が存在している。たとえば，「価値は文脈に依存する」（石井 1999, 198頁）ことを強調する石井の研究では，コンテクストを拠り所とする使用価値の無限の可能性について強調する一方で，コンテクストそのものに踏み込んだ議論は十分に行われているとは言えないようである。また，コンテクスト・ブランディングの議論では，コンテクストとは，ある情報や知識に特定の意味や価値を与えるものとされ（寺本 2005, 73-74頁），ブランドとしての価値の源泉はコンテクストにあるとされている（阿久津・石田 2002, 15頁）。

第Ⅰ部　文脈価値を形成するコンテクストの検討

だが，コンテクストについての理解は形式的・画一的であり，コンテクストと
価値概念との関係は不分明なままで残されている。こうした状況は，寺本
(2005, 71-82頁)，原田・三浦 (2010 and 2011)，原田・三浦・高井 (2012) にも見
られる。また，コンテクストに言及した Holbrook (1996)，文脈価値について
論じた Vargo et al. (2008)，Chandler and Vargo (2011) では，いずれもコン
テクストの性質を説明するための理論的根拠は十分に示されているとは言えな
いようである。

　消費者を取りまくコンテクストに埋め込まれたさまざまな要素が，消費者が
認知する価値の形成に大きな影響を与えていることは想像に難くない。だが，
そのコンテクストは，いつ，どのような方法で，なにを基準に選択されるのか
という点は，未だ明らかにされてはいない。より具体的には，人間の情報処理
能力には限界があるため，人間はコンテクストを構成するすべての要素を認知
することは考え難い。また，ある文脈価値が特定のコンテクストのもとで形成
されるのであれば，それは人間と環境との間の絶え間ないやり取りを前提とし
ていると考えることができるが，その際の人間の認知の仕組みは必ずしも明ら
かにされているとは言えない状況が存在する。また，仮に刺激が同一であって
も，コンテクストによって異なる文脈価値が形成されると考えられるが，この
ことについての説明もなされてはいない。要するに，従来の議論では，消費者
が自身を取りまくコンテクストを認知する仕組みが一切明らかにされていない
のである。

　本研究では，文脈価値の概念が持つこうした問題を解明する手がかりとして，
以下，序章において論じた分散認知の観点をより詳細に論じ，これに加えて，
現代語用論として知られる関連性理論を補足的に参照することとしたい。

注
(1)　サービス・マーケティングは，「標的市場でねらいどおりの反応を引き出すため
　　に企業が構成する，コントロール可能な戦術的マーケティング・ツールの組み合わ
　　せ」(Kotler and Armstrong 1996, pp. 51-52. 邦訳 1999年，59頁) として理解され

ているマーケティング・ミックス（marketing mix）を否定していない。問題とされたのは，マーケティング・ミックスを構成する要素の「製品（product）」「チャネル（place）」「販売促進（promotion）」「価格（price）」の4Psモデルは，サービス・マーケティングが市場から好ましい反応を得るための要件を満たしているか，満たしていないのであれば何が足りないのかという点にあるとされた。

　従来のマーケティング・ミックスのサービスへの適用可能性に疑問をもったBooms and Bitner（1981）は，サービス経験を分析するためのフレームワークとしてサービス・マーケティング・ミックス（service marketing mix）を提示した。3Psとして知られるこのフレームは，サービス生産にかかわる顧客や従業員を意味する「参加者（participants）」，サービスが提供される空間の重要性に着目した「物理的な環境（physical evidence）」，サービス提供に関係するあらゆる活動のプロセスを指す「サービスの組み立てプロセス（process of service assembly）」の3つの要素で構成される。その後，3Psは，Zeithaml and Bitner（1996）によって「人材（people）」「物的環境要素（physical evidence）」「提供過程（process）」に再構成された（p. 25）。この場合，「人材」には従業員（雇用・訓練・動機づけ・報酬），顧客（教育・訓練），企業文化・価値観，従業員調査が，「物理環境要素」には施設デザイン（美的・機能・快適性），備品・道具，サイン，従業員の服装，他の有形物（レポート，カード，パンフが，「提供過程」には活動のフロー（標準化・個客化／カスタマイズ），手順の数（単純・複雑），顧客参加がそれぞれ含まれる。なお，しばしば聞かれる7Psとは，従来のマーケティング・ミックス（4Ps）に上述した3Psを追加したものであり，その内容は，こうした領域に関心を持つ研究者によって，適宜，更新されている。

⑵　90年代にサービス・マーケティング研究で世界的に注目を集めた北欧を代表するマーケティング学派。S. バルゴとR. ラッシュによれば，S-Dロジックは，マーケティングをプロセスとして捉える視点をノルディック学派のサービス・マーケティング研究から踏襲したとされている（Vargo and Lusch 2004a, p. 11; 村松 2010, 241頁；菊池 2011, 2012）。ノルディック学派のサービス・マーケティング研究は，製品と従来のサービス概念を包括したマーケティングそのものを，価値創造に向けた一つのプロセスとして捉えようとするところに特徴がある。このことは，Grönroos（2000）の次の指摘にも示されている。すなわち，「顧客にとっての価値は，顧客あるいは顧客と供給者，もしくは顧客とサービス供給者との間の相互作用関係をとおして創造される。その焦点は，製品にではなく，価値が顧客に対して出現し，彼らによって知覚される価値創造プロセスにある。（中略）マーケティングの焦点は，価値の伝達よりもむしろ価値創造のプロセスの促進と支援にある」（pp. 24-25）。S. バルゴとR. ラッシュは，C. グルンルースによるこうした指摘と，その理論的前提となり得るGummensson（1998）の「もし消費者をマーケティングの焦点とすれば，価値創造は，財やサービスが消費されたときのみに起こり得る。販売前の財に価値はなく，消費者の存在していないサービス供給者は，何も生産することはできない」（p. 247）とする命題を拠り所として，マーケティングを生産者と消費者が対話

第Ⅰ部 文脈価値を形成するコンテクストの検討

的な相互作用をとおして価値を創造するプロセスとして捉える構想をS-Dロジックによって発展させたとしている（Vargo and Lusch 2004a, p. 11）。

S-Dロジックに対するノルディック学派の影響については，菊池（2012）に詳しいのでそちらを参照されたい。なかでも，ノルディック学派の代表的論者として知られるC. グルンルースとE. グメンソンによるS-Dロジックの評価の違いは興味深い。なお，S-Dロジックの「基本的前提（foundational premises: FPs）」のうち，「サービス中心の見方は，元来，顧客指向的であり関係的である（A service-centered view is inherently customer oriented and relational.）」（Vargo and Lusch 2008a, pp. 7-8）という命題は，ノルディック学派のリレーションシップ概念と接点を持つとされている（前田 2010, 129-130頁）。基本的前提については，本書で後述する。

(3) 厳密には「S-Dロジックは，世界観としての地位があるわけではなく，したがってパラダイムでもないが，前理論レベル，準パラダイムレベルとして機能する」とされている（Vargo and Lusch 2008a, p. 9）。本書では，便宜上「パラダイム」で統一する。

(4) 河内（2010）は，S-Dロジックが米国の研究者を中心におおむね受け入れられているのは，80年代以降のマーケティングの市場指向，サービス・マーケティング，関係性マーケティング，品質管理，価値とサプライ・チェーン・マネジメント，資源管理，ネットワーク分析に関する議論を収斂することで，マーケティング理論の一般化を期待されているためとしている（226頁）。

(5) S-Dロジックは「人によって理論といわれているが，理論としての要件を考えれば，それは理論ではない」とされている（Vargo and Lusch 2008a, p. 9）。

(6) 知識とスキルによって交換と価値共創を説明するS-Dロジックの試みは，これまでにもたびたび誤解や憶測を生み出してきた。S-Dロジックをサービス経済への移行を主張するものとして捉えるAchrol and Kotler（2006）において批判的に論じられた支配的論理（ドミナント・ロジック），S-Dロジックを物財に対するサービスの優位性を主張するロジックとして捉えるAmbler（2006）において指摘されたS-Dロジックの理論的不完全性は，その一例である。こうした問題は，Vargo and Lusch（2006）において一部是正が試みられたが，S-Dロジックに対する不信感は，今日においてもなお払拭されているとは言えない状況が存在する。

(7) Vargo and Lusch（2004a）において提起された8つのFPsは，Vargo and Lusch（2006）において9つのFPsに更新され，Vargo and Lusch（2008a）では10のFPsに改定されている。下記は，Vargo and Lusch（2008a and 2016）を手がかりとして筆者が作成した一覧である。

FPs	2008	2015
FP1	Service is the fundamental basis of exchange.	No change

第 **1** 章 文脈価値の可能性とコンテクスト

FP2	Indirect exchange masks the fundamental basis of exchange.	No change
FP3	Goods are a distribution mechanism for service provision.	No change
FP4	Operant resources are the fundamental source of competitive advantage.	Operant resources are the fundamental source of strategic benefit.
FP5	All economies are service economies.	No change
FP6	The customer is always a cocreator of value.	Value is co-created by multiple actors, always including the beneficiary.
FP7	The enterprise cannot deliver value, but only offer value propositions.	Actors cannot deliver value but can participate in the creation and offering of value propositions.
FP8	A service-centered view is inherently customer oriented and relational.	A service-centered view is inherently beneficiary-oriented and relational.
FP9	All social and economic actors are resource integrators.	No change
FP10	Value is always uniquely and phenomenologically determined by the beneficiary.	No change
FP11		Value co-creation is coordinated through actor-generated institutions and institutional arrangements.

⑻ Vargo and Lusch（2004a）では "unit of exchange" とされたが，"unit" が有形財の単位を想起させるという Ballantyne and Varey（2006）の指摘を受けて，Vargo and Lusch（2008a）では "basis of exchange" に更改された。

⑼ S–Dロジックの「基本的前提」がはじめて提唱された Vargo and Lusch（2004a, p. 10）と改定された Vargo and Lusch（2006, p. 44）では，「すべての経済は，サービス（services）経済である」とされたが，S–Dロジックが説くサービス経済を，第3次産業を指す無形財のサービシィーズ（services）と混同して理解されたためにさまざまな憶測や誤解を生み出した。この問題に対処するために，S. バルゴと R. ラッシュは，知識とスキルを適用することを単数形のサービス（service）として，従来のサービス概念を複数形のサービシィーズ（services）として区分した。詳細は，Vargo and Lusch（2008a, pp. 7–8）を参照されたい。

⑽ Vargo and Lusch（2004a）では価値の "co-producer"（共同生産者）とされていたが，"co-producer" が働きかける対象が G–D ロジックのモノを想起させるという批判が続出した。これにより，Vargo and Lusch（2006）では "co-creator" に修正された（p. 44）。

⑾ S. バルゴと R. ラッシュの研究では，「経験（experience）」ということばが持つ意味の多様性が生じさせる誤解を避けるために，あえて「現象学的に（phenomeno-

第Ⅰ部　文脈価値を形成するコンテクストの検討

logically）」という用語が用いられている。だが，一般に理解されている「現象的に」ではなく，あえて「現象学的に」とした理由については明らかにされていない（Vargo and Lusch 2008a, p. 9）。

⑿　Constantin and Lusch（1994）の資源論では，消費者はオペランド資源に分類されている（p. 147）。

⒀　R. バレイと D. バレンタインによれば，価値の共創（co-creation of value）は，価値の共同生産（co-production of value）から区別される（Varey and Ballantyne 2005; Ballantyne and Varey 2008）。これは，Gummensson（1999），Grönroos（2000）の，生産者と消費者の対話的な相互作用を強調するリレーションシップ・マーケティングの影響を受けている「価値の共創」は，生産者とともに消費者もまた価値創造に向けたプロセスにおいて自身の知識・スキルを提供するとされ，このことに焦点を当てているが，「価値の共同生産」は，共同生産における協働関係に焦点を当てているという理由によるものである。

⒁　ここでは，便宜的に「刺激」という用語を用いるが，分散認知の認識論では，環境に分散している認知のための資源を指す。認知主体を環境の一部とみなす分散認知論では，「刺激」という概念は存在しないない。詳しくは，第2章を参照のこと。

第2章

認知のための資源と関連性理論

1　認知のための資源はどこに存在するのか

　消費者行動研究が消費者の認知に関する理論的な拠り所としてきた認知科学・認知心理学では，主体は主に長期記憶に格納されている情報を短期記憶に取り出し，それを計算処理することで対象を認知すると考えられてきた。だが，近年，こうした認知の捉え方に代わって関心を集めているのは，認知のための資源（情報）の多くは表象と呼ばれる頭のなかに存在しているのではなく，主体を取りまく状況のなかに，すなわち人間を取りまくさまざまな自然，人工物，他人，社会，およびそれらの相互作用のなかに分散して存在しているという考え方である（松田 2004, 328頁）。

　こうした考え方が科学の俎上に載せられたのはおよそ1世紀前とされているが，注目されるようになったのは1980年代に入ってからのことである。これ以降，人間の認知は「状況」のなかにいる人の頭のなかや道具の間，ないしはそれらとの相互作用のなかに分散している——ゆえに，状況が異なれば行動も異なる，思考や価値観は文化的・社会的文脈に左右される，人間にできることのかなりの部分が道具や材料に制約される，人間が発達させる技能は人工物の種類によって部分的に決まる，ある環境でなにかをすることはそれ以外の環境よりも簡単にできる——という考え方に，徐々にではあるが研究者の関心が向けられるようになった（Nickerson 1993, p. 231. 邦訳 2004年，289–290頁）。

　E. ハッチンスは，こうした認知の捉え方を「分散認知（distributed cogni-

第Ⅰ部　文脈価値を形成するコンテクストの検討

tions)」と呼んだ[(1)]（Hatchins 1987）。分散認知をめぐる議論では，これまで頭の外にあると考えられてきた社会的・人工的周辺要素は，認知のための刺激ではなく，思考のための手段として認知を助けるもの——ソロモン（Solomon 1993a）の言う「思考の乗り物（vehicles of thought）」（p. xiii. 邦訳 2004年，6頁）——とされており（Perkins 1993, 邦訳 2004年），認知は内部情報探索を基礎とする表象プロセスの産物ではなく，広く状況的，社会的，文化的な文脈に展開されている社会的・人工的周辺要素を手がかりとして達成される（Cole 1991; Lave 1988, 邦訳 1995年）と考えられている。

　認知の分散は，文章，絵，計画，グラフ，ダイヤグラム等のシンボリックな媒体をはじめ，環境や人工物を利用することによって達成されると考えられている。このことは，人間，環境，状況の配置のなかに認知を形成し可能とする資源が分散しており（Pea 1993, p. 50 and 76. 邦訳 2004年，71, 101頁），日常のいたるところにこうした資源が目に見えない形で広く存在していることを示している（p. 76. 邦訳 2004年，101頁[(2)]）。たとえば，人はしばしば予定を忘れないためにメモした用紙を冷蔵庫のドアに固定するが，これは認知のための資源（記憶）を環境にもたせていることにほかならないと石黒・他（2005）は指摘する（10-11頁）。同様の事例は，書籍や文献の重要箇所を，蛍光ペンや付箋紙を使って強調させることにも見られる。また，稀に人は，自分が今までになにをしていたのか忘れてしまったとき，行為の目的を探索するためにそれまで動き回っていた場所を逆にたどることがあるが，これは行為の目的にあたる情報が，環境に埋め込まれていることを前提とした行動であると言えよう。さらに，話が脱線するのにまかせて話し続けていると，本線の内容を忘れてしまうことがあるが，このようなとき，人は，しばしば聞き手にそれを確認することがある。こうしたケースもまた，認知のための情報を，主体を取りまく環境（他者）に持たせていることを示す一例である。

　こうした認知の捉え方は，コンテクストに依存的な認知は社会的な分散状況しだいで異なる（Lave 1988, p. 3. 邦訳 1995年，3頁）——いわば状況が異なれば認知行為（cognitive behavior）も異なる——ことを示しており，これを基礎と

40

して，認知は表象プロセスのみの産物ではなく，主体と環境との相互作用によって達成され，成就（accomplished）されると考えられている（Pea 1993, p. 50. 邦訳 2004年，71頁）。人間の認知をこのように捉えることは，人間と環境を分けて考えるよりもむしろ一体のものとして捉えることで，「環境から刺激を受けるたびに反応する人間」という単純なシステムではなく，環境と人間の関係を，絶え間ない相互作用の複雑なシステムとして見ることを可能とする。このことは，これまで主に内部情報探索によって得られた情報の計算処理の創造物と考えられてきた人間の欲求や価値認知を，環境との相互作用の産物として見ることを提起する。[3] 本書では，こうした認知の考え方は，消費者が文脈価値を認知する一般的な仕組みを明らかにするための基礎になると見ている。

2 コードモデルの限界

だが，主体を取りまく環境が認知に与える影響について論じる分散認知の認識論は，人間の頭のなかで行われる表象プロセスに関心を持たないため，必然的に表象プロセスをブラックボックス化してしまう性格を有していることは否めない。[4] はたして，この表象プロセスの説明に有用と考えられるのは，認知心理学に理論的基礎を置く関連性理論である。以下では，認知心理学に依拠して伝達の仕組みを説明するコードモデルの限界を確認しつつ，関連性の認知原理がその限界をどのように乗り越えるのか（補完するのか）という問題を，D. スペルベルと D. ウィルソンの議論を手がかりとして論じる。

我々がしばしば遭遇する誤解という現象を注意深く観察すると，人はコード（code）だけで他者とコミュニケーションをとっているのではないことに気づかされる。一般に，コミュニケーションにおけるコードとは，メッセージを信号（signal）に対して，2つの情報処理装置（生物ないしは機械）のコミュニケーションを可能とする体系を指す（Sperber and Wilson [1986] 1995, pp. 3-4. 邦訳 1999年，4頁。以下，本章内では本書からの引用は頁数のみを示す）。コミュニケーションは，そのままでは頭の中から動かすことのできないメッセージをコード

41

第Ⅰ部　文脈価値を形成するコンテクストの検討

へと変換し，受け取った側はそれを解読することで達成されるという定式は，シャノン＝ウィーバー・モデル（Shannon Weaver Model raised in Shannon and Weaver 1949）（以下，「コードモデル（code model）」）として知られている。

　このモデルでは，発信の側と受信の側の装置が正常に作動し，両者間でコードが共有され，かつ，その経路にノイズ（noise）が入らない限り[5]，コミュニケーションの成功は保障される（Shannon and Weaver 1949）[6]。だが，こうしたコードモデルによる説明だけでは，実際には，表象に浮かぶイメージの同一性が保障されることはほとんどない（p. 8. 邦訳，9頁）。たとえば，米国の大学で学ぶ邦人留学生のAとBは，ある週末に遊びに出かける約束をした。当日，両者は約束の時間に待ち合わせ場所の「マック」に到着していたにもかかわらず，互いに相手が現れるのを待ち続けるという事態が起きた。事の真相は，次のとおりである。すなわち，Aは，米国ではMAC（Money Access Center）の呼称が一般化しているATMの付近でBを待っていたのに対して，Bは日本人に「マック」の愛称で親しまれるMcDonaldsでAを待っていたのである（川口 2015, 374頁）。こうした例にも明らかなとおり，発話の言語的な意味は，話し手が意味する内容を充分にコード化できず，またコードは，話し手が意味する内容を，聞き手が推論するのを補助することしかできない。こうした問題は，非言語的な発話行為の場合——たとえば，さっきから自分の目をじっと見つめる恋人（男性）を見て，いよいよプロポーズされるのか，あるいは両親に会ってくれと言われるのか，もしくは別れ話を切り出されるのか戦々兢々とした——には，さらによく当てはまるものと思われる。

3　コードモデルを超えて

　マーケティングにおけるコミュニケーションは，ながらくコードモデルに基づいて説明されてきた（e.g. Kotler and Keller 2006, p. 499. 邦訳 2008年，668頁）。しかし，コードだけでは意味を十分に理解することができない場面は多々あり，また話し手と聞き手のコンテクストが完全に一致するというのは現実的ではな

い。一般に，「与えられた発話のどれに対しても聞き手がいかにそれを適切に理解できるような文脈を見つけるかということを説明する」（p. 39. 邦訳，18頁）研究として理解されている言語学の語用論（pragmatics）において，「コンテクスト（context）」とは，ある種の「心理的構成概念（psychological construct)[7]」であり，世界についての聞き手の想定（assumptions）——人間に内在している知覚（perception），思い出し（recall），想像（imagination），推論（inference）の認知過程における出力（p. 261. 邦訳，319頁）——の部分集合（sub-set）とされている。物理的環境や直前の発話のみならず，将来や未来に対する期待，科学的仮説，宗教的信仰，逸話的記憶，一般的な文化的想定，話し手の心的状況に関する確信によって構成される（pp. 15-16. 邦訳，18頁）コンテクストは，予めそこに存在するもの，誰かに与えられるものではなく，活動に関与する当事者によって，即興的に，局所的に理解可能となり，また組織化される（上野 1999, 63頁）と考えられている。

4　推論モデルと関連性理論

スペルベルらは，「確かに，言語は文の音声表示と意味表示を組み合わせるコードである。しかし文の意味表示と発話によって実際に伝達される思考との間には隔たりがある。この隔たりはさらにコード化することによって埋められるのではなく，推論によって埋められる」（p. 9. 邦訳，9頁）と述べ，伝達者が意図の証拠を提示し，聞き手がその証拠から伝達者の意図を推論することによってコミュニケーションが達成される（p. 24. 邦訳，28-29頁）仕組みを定式化した「推論モデル（inferential model)[8]」を提唱する。

推論モデルは，「コードの解読によって復元される意味は，話し手の解釈の意味をもたらす表面からは見えない推論プロセスへのインプットのほんの一部に過ぎない」（Wilson and Sperber 2002, p. 249）という想定のもと，意味の伝達を証拠の提示と解釈によって実現しようとする。ここに，コード化されたメッセージだけで完全に意味が伝わるケースの方が稀であり，意味はデコード化

第Ⅰ部　文脈価値を形成するコンテクストの検討

（コード解読）だけでなく，コンテクストの推論と合わせて導かれるとしている。[9]

　推論モデルでは，コミュニケーションは証拠の生成と解釈を含んでいる。そこでは，発話（テクスト）を証拠として，推論による解釈を行う。スペルベルらによれば，コミュニケーションでは，聞き手が言語的意味の解釈を証拠とし，その解釈結果をコンテクストに依拠して推論し話し手の意味を復元する。[10]一方，人間の情報処理能力には限界があるため，さまざまな要素で構成された多元的・重層的構造のコンテクストのすべてを認知するとは考えられず（p. 137. 邦訳, 165頁），このことは，コンテクストは，いつ，どのような方法で，なにを基準に選択されるのか（p. 141. 邦訳, 171頁）という問題を提起する。このことについて，スペルベルらは，「単一の文脈を決定するのではなく，ある一定範囲の可能な文脈を決定するのである。それでは，その範囲のなかから特定の文脈の選択を決定するのは何であろうか」（p. 141. 邦訳171頁）と述べ，発話解釈における推論の果たす役割を強調しつつ，推論モデルとして関連性の原理を提案している。

　関連性の認知原理（cognitive principle of relevance）とも呼ばれる第Ⅰ原理（the First Principle of Relevance）は，「人間の認知は関連性を最大にするようにできている」（p. 260. 邦訳, 318頁）とされ，その意味するところは，認知にかかわる種々の心的機能の総体である「認知資源（cognitive resource）」は，その出所が内在的なものであれ，外在的なものであれ，利用しうる「より関連性の強い」認知資源の入力の処理に割り当てられる傾向がある（p. 261. 邦訳, 319頁）というものである。関連性理論では，一個人にとって，そのとき顕在的であるとみなされる想定集合を「認知環境（cognitive environment）[12]」，[11]認知環境に変化を与えることを「認知効果（cognitive effect）」，認知環境の改善——認知環境に対応する「思考の可能性（possibilities of thinking）」の改善（岡田 2009, 120頁）——に結びつく認知効果を「正の認知効果（positive cognitive effect）」と呼ぶ。そのうえで，あるインプットが，聞き手にとって関連性があるのは，その処理が正の認知効果を生み出す場合であり，それ以外ではないとされている（Wilson and Sperber 2002, 251頁）。

44

第**2**章 認知のための資源と関連性理論

　人間は，あらゆる外部刺激および表象の中から，最も処理労力がかからない認知効果の高い認知資源を，「より強い関連性がある」ものとして選択する。ここでの要諦は，外部刺激または内部情報探索によって認知環境に変化が起こる場合，特定のコンテクストが選択されるのは，それが単に「関連性がある」からではなく，他と比べて「より強い関連性がある」または「最適な関連性（optimal relevance: pp. 157-158. 邦訳，192頁）」を有するためである。したがって，他の条件が同じであれば，コンテクストの組織化において処理労力が少ないほど関連性は強く，逆に処理労力が多いほど関連性は弱い（p. 142. 邦訳，172頁；Wilson and Sperber 2002, p. 252）とされている。

注

(1) 分散認知論の理論的背景は，Cole and Engeström（1993, pp. 1-46. 邦訳 2004年，19-67頁）に詳しいのでそちらを参照されたい。

(2) Pea（1993）によれば，認知の分散には，社会的次元と物質的次元の2通りがある。認知の社会的分散は，親子関係や師弟制度によく見られる共同行為における導かれた参加のような活動構造に由来するか，あるいは共有された目的の達成に向けた人々の共同的努力の結果とされる。一方の認知の物質的分散は，環境の様相に応じた用途の状況的発明，あるいはデザインされた人工物のアフォーダンス——人工物を包含する環境が，認知主体に向けて提供する行為の可能性。詳細は，第II部で論じる——の開拓にはじまり，そのいずれもが，活動の目的達成に寄与しているとされる（p. 50. 邦訳 2004年，71-72頁）。

(3) こうした命題の理論的根拠とされる分散認知理論は，80年代以降，ロボット工学の分野において応用研究が進められている。情報処理研究の影響を色濃く受けていたそれまでのロボットは，刻々と変化する環境情報を独立した刺激として捉えるコンセプトに基づいて設計されていた。当時のロボットは，環境が複雑になるに連れてパラメータが増加し，より人間らしい複雑な動きをさせようとするほどプログラムが重たくなり，かえって反応が鈍くなる（遅くなる）という特徴を持っていた。これに対して，分散認知理論が導入された80年代以降の研究では，ロボットはプログラムを限定することで身軽になり，データ処理にかかる負担を大幅に軽減した結果，より人間の動きに近い，繊細でスムーズな動きを実現したとされる（e.g. Brooks 1991; Mackworth 1993; 橋田・松原 1994; 橋田 2001）。NASA（National Aeronautics and Space Administration: 米国航空宇宙局）によれば，従来型の火星探査用ロボットが周囲の地形を認識し，自分の位置を確認し，目標地点までの経路を計算したうえで1メートル進むのに数時間を要していたのを，人間なみの歩行速

第Ⅰ部　文脈価値を形成するコンテクストの検討

度でサンプル収集を行うことができたとされている（Brooks 1988）。同様の事例は，本田技研工業のロボット開発にも見られる。同社の最先端ロボット「ASIMO（アシモ）」の前身にあたる「PS 3」は，「歩く」ときには，「はじめの一歩を右（左）から踏み出す」という動きだけでも，足のどの関節（部位）を，どれくらいの曲げ角度で，どれくらいのスピード（速度）で動かすのか，詳細なパラメータに対して人間の側がこと細かくプログラムしなければならなかった（凡平 2004, 60頁）。これに対して，自ら周囲の情報（外部情報）を取り入れ，身体を動かすための運動プログラムを生成しながら行動するように設計された後継モデルの「ASIMO」は，より人間に近い繊細でスムーズな動きを実現したとされている（凡平 2004, 51, 60頁）。

　佐伯（1986）は，対象の知覚を表象における対象のイメージ化とみなす表象主義が成立しない理由について「人間の内的プロセスは外的状況への応答であって，その外的状況は単に『与えられる近接課題（情報処理が仮定した人間が直面するさまざまな問題）』そのものの特性だけでなく，それをとりまく場，生活空間，文化などを背景に背負っている」（213頁，カッコ内は筆者追記）ことを強調している。橋田・松原（1994, 189-190頁）は，「世界の方が認知主体よりも圧倒的に大きいのだから，行為の複雑性はシステム自身の複雑性よりもむしろ世界の複雑性に帰着されることになる。システムを制約に基づいて柔軟に設計しなければならない，ということは，世界の複雑性，すなわち，情報の部分性からの要請であるが，そのように設計することにより，世界の複雑性は逆に，システムの多様な行為を実現する助けになる」（190頁）と述べ，人工知能研究において従来の表象主義的なアプローチがうまくいかなかったのは，知能を環境から切り離された，身体的行為をともなわない，抽象的で静的な表象操作として捉えてきたためとしている（189-190頁）。

　あるシステムの行動を設計するもっとも直接的な方法は，システムの行動をコンテクストごとに明記する方法であり，一般に「手続き（procedure）」と呼ばれている。明示的に記述された手続きの量は，コンテクストの種類の個数と行動の自由度の積に比例する。したがって，人間の複雑な認知行動を設計するには，一度に考慮すべきパラメータが多すぎて不可能に近い。仮にコンテクストの範囲を限定することでそのようなプログラムを完成させても，こうしたプログラムはシステムの行動と同程度に複雑となるから，行動に関する創発性は期待できない。このことは，行為の創発性を促すには，従来の手続きプログラムとは異なる設計の「制約プログラム」の必要性を示唆している。手続きプログラムでは，コンテクスト全体を制御する中央統制機能が必要とされるのに対して，制約プログラムではそれを必要としない。制約プログラムが制限しているのは世界のありさまに関する可能性であり，「制約」はこの可能性の範囲内で可能な行動の多様性を最大化するように設計される。同程度の複雑性を持つ手続きプログラムと比較すると，制約プログラムの方がはるかに多様な行動を生成することができるとされている。橋田（2001）は，こうした分散認知の仮説を否定する経験的証拠は，これまでのところ見つかっていないことを強調している（255頁）。

46

第2章 認知のための資源と関連性理論

(4) 認知心理学に理論的基礎を置かない分散認知の認識論は，「問題解決モデル（the problem-solving model）」を構成する「問題発見」「問題表象」「問題解決のプランニング」「プランの実行」「解決のチェック」「学習」のそれぞれ境界を曖昧にしてしまうと Pea（1993. 邦訳 2004年，89頁）。このことは，分散認知の認識論を，表象プロセスをブラックボックス化してしまうものとして見ることを可能とする。詳細は，pp. 65-71. 邦訳 2004年，89-95頁を参照されたい。

　Lave（1988）によれば，表象プロセスと分散認知を区別するという伝統的な考え方に対して，高度に文脈依存的な活動に含まれる過程は社会的な分散状況しだいで非常に異なったものとなるので，表象にある認知的道具箱（cognitive toolbox）と，文脈と活動の区別は維持しがたいとされており，同じ人間でも状況が変われば対処の仕方が異なることは，活動と状況，認知的活動と身体的活動と社会的活動の形態，情報と価値，問題と解決との間の理論的境界を曖昧にする（p. 3. 邦訳 1995年，3頁）。そのうえで，「重要なのは，頭のなかにある知識の構成が，頭の外である社会的世界と複雑なかかわり方をしているということではなくて，どうにも分けることの不可能なあり方で社会的に組織されているということにある。日常の実践で見られる『認知』は，心，体，活動，それに文化的に組織された状況（そのなかには他の行為者も含まれる）にまたがっている」（p. 1. 邦訳 1995年，1頁）と述べ，認知は心・身体・活動・文化的に組織された状況の間に分散しているのであって，それから分離されているのではないとしている（p. 1. 邦訳 1995年，1頁）。

　認知が分散するという考え方は，分散している認知と分散していない認知がどのように相互作用しているのかという疑問が注意を転じさせ，特定の状況での全体としての人間の活動により重きを置いている（Solomon 1993b, p. 117. 邦訳 2004年，152頁）。認知は所有されるものではなく成就（達成）されるものと考えられているのは，このためである（Pea 1993, p. 50. 邦訳 2004年，71頁）。一方，心的表象は派生的な現象であり，関心が向けられた活動が途絶えたときにのみ起こる。……知識は世界に我々を位置づける存在のなかにあり，表象のなかにあるのではないとする Winograd and Flores（1987, p. 74）は，個人を主要な分析単位として捉えるのではなく，社会的・文化的な状況における個人のシステムという単位で捉える。つまり，知識と理解は，客観的に存在している世界についての心的表象の形式的操作から引き出されるものではなく，関心・行為・信念といったものが社会的に共有された背景となり，その背景に埋め込まれた行動の相互志向性のパターンへ個人が関与するとき知識と理解は生まれる（p. 78）。このことは，表象の役割を否定するものではなく，人間が行うさまざまな活動を一連の活動として捉えるとき，個人の表象は，ある活動が失敗したときに起こる内省が，表象において行われるという意味で必要とされるという考え方を含意しており，その意味で，認知の分散は心的表象と相互作用しているとされる（Solomon 1993b, pp. 119-120. 邦訳 2004年，155-156頁）。

　ここでの疑問は，認知の分散と表象プロセスは，どのように相互作用しているのかということである。ソロモン（Solomon 1993b）によれば，両者の相互作用は，完全に異なる独立した存在の間で起こるものではなく，また完全に全体論的な視点

47

第Ⅰ部　文脈価値を形成するコンテクストの検討

のもとでそれぞれが相互作用に果たす役割を無視することもできない（pp. 120-121. 邦訳 2004年，157-158頁）。相互作用している認知の分散と表象プロセスのいずれもがアイデンティティを維持しており，相互に影響しあい，相手を定義する，あるいは意味を与えることさえできるのであり，場所を問わず，そこで起きた変化は，その変化が引き起こした結果に基づいて自分自身を変化させるため，ある種の「らせん状（spiral-like）」の発達の概念をもたらすとされた（Weick 1979, p. 77. 邦訳 1997年，94頁）。Solomon（1993b）によれば，こうした考え方は，Vygotsky（1978）の社会に基づいた発達——すなわち，「……学習は，子どもが環境のなかで他者と相互作用したり，協力したりするときだけ作動しうるようなさまざまな内的発達過程を目覚めさせる。いったんこれらの過程が内在化されると，それはこども独自の発達的成果の一部になる」（p. 90）——という説明と一致しており，分散認知と表象の共同システムが個人の認知的痕跡（cognitive residues）を要求し開発する可能性を，分散認知論に加味するべきであり，このような個人の認知的痕跡は，その後の認知の分散活動におけるパフォーマンスに影響を及ぼすとされた（pp. 124-125. 邦訳 2004年，161-162頁）。

　こうした理解のもと，Solomon（1993b）は，表象プロセスと認知の分散は，同じ理論に組み込まれるべきであり，前者を考慮することなしに，後者の理論はありえないと結論づける（pp. 132-133 and 135. 邦訳 2004年，169-171, 173頁）。いずれにしろ，分散認知論のみの視点から人間の認知的活動を説明することは難しいという視点において，分散認知の認識論は認知プロセスをブラックボックス化してしまうことは否めない。なお，分散する認知と表象プロセスのかかわりを解き明かす研究は，現在も発展途上にあり，結論を出すには時期尚早という見方がいまも支配的である。

(5)　伝達の過程でノイズが入れば，メッセージは歪曲され，話し手が意図した意味は伝わらないとされている（p. 4. 邦訳，5頁）。

(6)　松尾（1999）によれば，聞き手が発話の意味を理解するには，記号化（encode）と解読化（decode）のルールを発話者と共有していなければならない（4頁）。

(7)　渡邊（1995）によれば，心理学で用いられる構成概念（construct）は，意味内容に基づいて「傾性概念（disposition concept）」と「理論的構成概念（theoretical construct）」に分類される。前者は特定の状況下で観察された行動パターンを抽象的に記述した概念であり，その意味内容は観察に還元されるが，後者は状況的要因から独立した理論的実体に対応する概念とされる。コンテクストは前者に，認知・欲求・情動は，後者に類別できるとされる（1-2頁）。

(8)　コードモデルや記号論に関する従来の研究には膨大な蓄積があり，このことが推論モデルに基づく発話解釈の仕組みに対する誤解の源泉となっている。このようななか，スペルベルらの次の指摘は示唆的である。すなわち「この分野（言語学）でもまた，レヴィ＝ストロース（C. Lévi-Strauss）のような人類学者や，R. バルト（R. Barthes）のような文学理論家が文化的，芸術的象徴を記号論の枠組みで研究するという勇敢な試みをした。この試みの過程で，確かに彼らはそのような現象に新

48

たな光を投じたし，数多くの興味深い規則性に注目を集めることに成功した。しかし，厳密な意味での基盤であるコード，即ち，神話や文学作品がいかに言語的意味以上のものを伝達することができるのかや，儀式や慣習がそもそもいかに伝達に成功するのか，を説明することのできる記号とメッセージの組合せの体系を発見するにはとてもいたらなかったのである」（p. 8．邦訳，9頁，カッコ内は筆者追記）。スペルベルらはコードモデルを否定しているのではなく，コードモデルの問題点を推論モデルで補完することによって，言語伝達におけるコードモデルの正当性を証明しようとしたのである（pp. 11-12．邦訳，13頁）。

⑼　機能的にコードモデルを補足する立場にある推論モデルは，「単独ではほとんど説明力がない」とされている（p. 32．邦訳，38頁）。

⑽）　言語学では，発話に関する仕組みの抽象化を指向するほど，人間の社会生活において不可欠な言語を駆使する人間から遠ざかるという指摘は60年代からあり，発話解釈は言外の社会・文化とも関連し，感情，価値観，主張などの広範な意味を含むものと考えられる（児玉 2005, 97頁）。

⑾　スペルベルらは，「顕在的」という概念について次のとおり解説している。すなわち，「ある事実がある時点で一個人にとって顕在的（manifest）であるのは，その時点でその人がそれを心的に表示し，真，または蓋然的真としてその表示を受け入れることができる場合，そしてその場合のみである」（p. 39．邦訳，46頁）。

⑿　（p. 39．邦訳，46頁）の #40には，認知環境は「顕在的である事実の集合（a set of facts that are manifest）」と記されているが，同書の後では「個人が心的に表示し，真として受け入れることができる想定の集合にすぎない」（p. 46．邦訳，54頁）として概念拡張されている。本研究では，左記の事実を Assimakopoulos（2008, p. 65）と照らしたうえで，認知環境を「顕在的である想定の集合」と解釈した薄井（2010）のそれにしたがう。なお，認知環境の境界は，顕在性の非常に弱い想定と，呼び出すことのできない想定との境界が明確でないため，両者を厳密に区別することはできないとされている（p. 45．邦訳，54頁）。

第**3**章

コンテクストを規定する要素

1　関連性理論と文脈価値

　マーケティングにおける関連性理論を援用した研究は，こうした理論が提唱された80年代から広告表現の研究を中心に行われている（e.g. 東森・吉村 2003, 175-179頁；新井 2006）。だが，発話解釈において言語形式とコンテクストの相互作用の仕組みを定式化した関連性理論は，こうした広告表現の分析に限定されるものではなく，マーケティング研究の多様な分野に多くの示唆を含んでいるものと思われる。薄井（2010）は，この点に着目し，関連性理論がマーケティング研究に与える方法的重要性の側面を強調しているが，本研究が論じる文脈価値の概念の理解も，同書におけるこうした指摘を参考にできるであろう。

　関連性理論は，発話とともにコミュニケーションを構成するコンテクストは無限に広がっているのではなく，解釈のプロセスのなかで選択される（Assima-kopoulos 2008, p. 116）ことを想定している。そこでは，認知プロセスに作用する外部からの刺激，あるいは内部情報探索によって認知環境に変化が起こる場合，特定のコンテクストが選択されるのは，それが単に「関連性がある」からではなく，他のコンテクストに比べて「より関連性が強い」または「最適な関連性を有している」ためである。その関連性の強さは，認知効果の大きさと，情報処理（認知）に必要とされる処理労力（processing effort）の関数で決まるとされ，関連性を「R」，認知効果を「CE」，処理労力を「PE」とした場合，

第Ⅰ部　文脈価値を形成するコンテクストの検討

$$R = CE/PE$$

の関係式で求めることができるとされている（新井 2006, 82頁）。

　以上の検討を基礎として，価値認知におけるコンテクストの選択プロセスも定式化が可能であろう。すなわち，文脈価値は，製品あるいはサービスがもたらす知識・スキルの消費プロセスにおいて，こうした知識・スキルがもたらすであろうベネフィットの集合のなかから，消費者が選択するコンテクストによって確定する。そのベネフィットは，消費者にとって処理労力が低く，認知効果が高い，《より強い関連性》を持つ内容のベネフィットとして選択されるであろう。したがって，文脈価値を形成する「コンテクスト」は，それぞれの消費者に無限に広がっている捉えがたいものではなく，知識・スキルの交換プロセスによってもたらされるベネフィットのなかから「$R = CE/PE$」の関係式に基づいて選択される。

　以上のとおり，分散認知によってブラックボックス化されてしまう認知プロセスにおいて，関連性理論は，人間の認知は関連性を最大にするように働く性格を有しているという関連性の第Ⅰ原理を拠り所として，人間は最小の処理労力でより大きな認知効果を得ようとする認知の性質を持つことを指摘したが，消費主体が文脈価値を認知する場合も，この原理に依拠するものと考えられる。

2　ネスレの「キットカット」と文脈価値

　本研究では，分散認知の認識論において仮定された消費者が，コンテクストとの不断のやりとりのなかから決めていく自らの欲求は，マーケターが提供するベネフィットと自らのコンテクストのなかから，最小の処理労力で，より大きな認知効果を得るような，より強い関連性を持つコンテクストを選択することを示した。このことは，近年のマーケティング研究で関心が寄せられている消費プロセスのエスノメソドロジー的な観察と，それを拠り所としたプロダクト戦略の検討に，一つの分析視点を提供するものである。本章では，このこと

52

第**3**章　コンテクストを規定する要素

を確認するために，これまで，本研究の分析視点が持ち込まれていないと思われる，ネスレによるマーケティングの取り組みについて検討する。

　今日，コンビニエンス・ストアの一角を占める定番商品の一つに，ウエハースをチョコレートでコーティングした菓子として知られる「キットカット（Kit-Kat）」がある。1973年，英国のロントリー・マッキントッシュ社（英名：Rowntree Mackintosh Confectionery）からライセンスを取得した株式会社不二家によって，国内におけるキットカットの製造・販売が開始された。キットカットは，国内市場に投入された当初から十代の若者をターゲット（購買者）にしていたが，実際は，お買い得なミニサイズの袋詰めを，彼／彼女らの母親が「おやつ」として買い置きしていたとされる（関橋 2007, 17, 127頁）。そのキットカットは，70年代から TVCM によってその存在は広く知られていたが，購買者（母親）の目には，その手頃な価格以外に取り立てて魅力のある商品として映っておらず，ターゲットの若者にいたっては，数あるチョコレート菓子の一つでしかなかったようである（関橋 2008; 水越 2009, 222頁）。

　当時の食品業界において常套手段とされた，製品を TVCM 中心のプロモーションで販売するという不二家の戦略[(2)]は，89年にネスレマッキントッシュ株式会社[(3)]が不二家からキットカットの製造・販売業務を引き継いだ後も変わることはなかった。それは，TVCM 中心の広告・宣伝活動（関橋 2008, 115頁）において "Have a break, have a KitKat" の統一メッセージを発信し続けることによってキットカットの知名度が上がれば，それだけキットカットの販売も伸びることを期待したシンプルな戦略であった。ここに，"Have a break, have a Kit-Kat" とは，Nestlé S.A.[(4)] のガイドラインで規定されているグローバル標準のキャッチ・コピーであり，キットカットをパキッと「折る」と「小休止」のブレイク（break）をかけた英国流のユーモアとされている（高岡 2015, 164頁）。かくして，ネスレマッキントッシュのマーケティング戦略において仮定された消費者は，このキットカット流ブレイク（KitKat Break）を認知することによって満足すると考えられたのである（関橋 2007, 16, 108頁 ; 2008, 115頁 ; 高岡 2015, 63-164頁）。

53

第Ⅰ部　文脈価値を形成するコンテクストの検討

　ネスレマッキントッシュによる TVCM 中心のプロモーションは，彼らの思惑どおり，キットカットの知名度を向上させ売上を伸ばした（関橋 2007, 36頁[5]）。だが，ネスレマッキントッシュのこうした戦略はまもなく同社を低収益体質に変えてしまい，こうした状況を改善するためのさらなる投資が低収益体質を深刻化させるというスパイラルからいつの間にか抜け出せないくなっていた[6]。ネスレマッキントッシュは，キットカット事業に12年の歳月をかけ多額の投資を行ったにもかかわらず，当時，チョコレート菓子業界で独り勝ち状態にあった江崎グリコ株式会社のロングセラー商品「ポッキー」との差を詰めることはできなかったとされる（高岡 2015, 164頁）。

　2001年，不二家による株式の売却によってネスレマッキントッシュからキットカットの製造・販売業務を引き継いだネスレコンフェクショナリー株式会社[7]は，事業戦略の策定に先立ち市場調査[8]を実施した。この結果，若者たちは「受験」「恋愛」「友達関係」をめぐる深刻なストレスを抱えており，"KitKat break" のユーモアでこうしたストレスを解消することは現実的ではないとされた（関橋 2007, 16 and 108-109頁[9]）。

　この頃，ネスレコンフェクショナリーの九州支店から，1〜2月になるとキットカットがよく売れるという情報が本社にもたらされた。調査の結果，キットカットは，「必ず勝つ」を意味する福岡弁の「きっと勝つとぉ」に発音が似ていることから，合格祈願の御守りとして受験生に購入されていることがわかり[10]，その後のリサーチで，こうした消費の仕方が全国的に見られることが確認された[11]。このようななか，ネスレコンフェクショナリーは，キットカットはストレスを抱える受験生に「ひとときの解放感を提供することができるかもしれない」（水越 2009, 223頁）という想定のもと，キットカットのパッケージに応援メッセージが書き込めるスペースを設けることで，消費における認知労力の削減を促した。

　本研究では，消費者の認知は，あらゆる外在的および内在的資源のなかから最も処理労力がかからない認知効果の高い資源を，「より強い関連性がある」コンテクストとして選択することを示した。また，関連性の強さは，認知効果

の大きさと，情報処理に必要とされる処理労力の関数で決まるとされ，特定のコンテクストは，関連性を「R」，認知効果を「CE」，処理労力を「PE」とした場合，「$R=CE/PE$」の関係式で表すことができる認知効率に基づいて選択されることを提言したが，受験生がキットカットの消費において文脈価値を認知する際に依拠するコンテクストの選択にも，この定式が当てはまると思われる。すなわち，受験生がキットカットの文脈価値を認知する際に依拠するコンテクストは無限に広がっているのではなく，知識・スキルの交換プロセスによってもたらされる便益のなかから「より関連性の強い」コンテクストとして，「$R=CE/PE$」で求められる認知効率に基づいて選択されるということである[12]。

　こうした分析は，近年のマーケティング研究で注目されている消費プロセスのエスノメソドロジー的な観察とそれに基づく製品戦略の検討に示唆的であると思われる。

3　マーケティングにおける分散認知論と関連性理論の可能性

　第Ⅰ部では，分散認知を基礎としつつ，関連性理論を補足的に用いることで，文脈価値の概念の明確化を試みた。本研究では，近年のマーケティング研究において 4 Ps モデルからの脱却を試みるパラダイムとして関心が寄せられている S－D ロジックの意義と重要性を確認しつつ，そこで提起された文脈価値について，消費主体がどのようにコンテクストを理解するのか明らかにされていないことが，文脈価値の概念を抽象的なものに留めていることを確認した。

　こうした問題を解消する手がかりは分散認知の観点——すなわち，環境と人間の関係を絶え間ない相互作用の複雑なシステムとして捉える視点——を明示的に導入することであり，これまで主に表象プロセスの産物と考えられてきた消費者の欲求や価値認知を環境との相互作用の所産として見ることを提起した。

　本研究では，さらに，人間は文脈価値のコンテクストをどのように理解するのかという点を解明するために，従来のマーケティング研究ではまだ十分な関心が払われているとは言えない関連性理論に着目した。そこでは，人間の認知

第Ⅰ部　文脈価値を形成するコンテクストの検討

は最小の処理労力で，より大きな認知効果を得ようとする性質を持ち，このことによって関連性を最大にするように働く性格を有しているという関連性の第Ⅰ原理（認知原理）を，消費主体が文脈価値を認知する場合にも当てはまることを提唱した。分散認知論は表象プロセスには関心を持たず，また，関連性理論は従来の認知心理学に語用論を組み込もうとする試みであり，この点で両者の発想は異なっているが（薄井 2010，99頁参照），本研究では，分散認知論に表象プロセスの議論をあえて接合することで，消費者が文脈価値を認知する仕組みをより明確にしようとしたのである。

　文脈価値を形成するコンテクストは，知識・スキルの交換プロセスによってもたらされるベネフィットのなかから，最小の処理労力で，より大きな認知効果を得るような，より強い関連性を持つベネフィットとして選択されるのであり，決して無限に広がる捉えがたいものではない。このことは，消費者行動研究において消費者の認知行為を解明するための手がかりになると思われる。さらに，価値認知を環境との相互作用の産物として捉える観点は，第Ⅱ部で取り上げる使用価値，第Ⅲ部で検討する快楽価値・経験価値，第Ⅳ部で論じる文化的使用価値の検討に示唆を与えることができると思われる。

注

⑴　東森・吉村（2003）は，言語情報よりも視覚情報が多い広告媒体の分析においても関連性理論は有効であるとしている（178-179頁）。

⑵　『東洋経済 ONLINE』2011年9月8日付の高岡代表取締役社長兼 CEO のインタビュー記事より。出所：http://toyokeizai.net/articles/-/7689（July 23, 2017 at 14:16）

⑶　株式会社不二家とネスレ日本株式会社の合弁企業（1989-2001年）。

⑷　ネスレ日本株式会社の親会社。本社所在地はスイス。

⑸　『東洋経済 ONLINE』2011年9月8日付の高岡代表取締役社長兼 CEO のインタビュー記事より。出所：http://toyokeizai.net/articles/-/7689（July 23, 2017 at 14:18）

⑹　『東洋経済 ONLINE』2011年9月8日付の高岡浩三（代表取締役社長兼 CEO）のインタビュー記事より。出所：http://toyokeizai.net/articles/-/7689（July 23, 2017 at 16:51）

第**3**章　コンテクストを規定する要素

(7)　ネスレ日本株式会社（Nestlé S.A. の日本法人）の100％出資の子会社。2010年，ネスレ日本株式会社に統合される。以後，国内におけるキットカットの製造・販売は同社に引き継がれ，現在にいたる。

(8)　主に1,000人を対象としたフォトダイアリー調査──消費者目線で撮影された写真を用いて，消費者の日常生活やインサイトを読み取る手法──を実施した（高岡2015, 165頁）。

(9)　『日経ビジネス ONLINE』2008年5月30日付の高岡代表取締役社長兼 CEO のインタビュー記事。出所：http://business.nikkeibp.co.jp/article/manage/20080528/159486/（July 23, 2017 at 16:51）

(10)　お守りとして「キットカット」を消費するケースは，2000年以降，九州地方の受験生間で生まれ，2002年頃から受験生の間にクチコミで広まりはじめたとされる。引用元：「キットカットヒストリー」『KitKat Official Web BREAKTOWN』出所：https://nestle.jp/brand/kit/about/history/（July 23, 2017 at 16:51）

(11)　『日経ビジネス ONLINE』2008年5月30日付の高岡代表取締役社長兼 CEO のインタビュー記事より。出所：http://business.nikkeibp.co.jp/article/manage/20080528/159486/（July 23, 2017 at 17:33）

(12)　自分に関係あることは，そうでない場合よりも，より少ない労力でより大きな認知効果を生み出すとされている（岩下 2005, 114頁）。

57

第Ⅱ部

マーケティングにおける使用価値の再検討

第4章

使用価値とその可能性

マーケティングの石原・石井論争で知られる石井淳蔵——以下，本書における研究者名は敬称略で統一する——は，かつて同氏の教え子（神戸大学大学院のマーケティング専攻の学生）の間で，「パソコンは人を殴る道具だ」というジョークが流行ったというエピソードを書き残している（石井 1992a, 76頁；1993a, 52-53頁；2004, 57頁）。この挿話の背景には，消費の仕方に相対的な使用価値を，消費に先立ち定義することはできないとする命題が存在する（石井 1993a, 239-241頁；1993b, 13-15頁；2004, 278-281頁）。ここで言う「使用価値（value-in-use）」とは，80年代初頭までのマーケティング研究が主に焦点を当てていた，一般に，人の欲望を満たすためにモノが持つ有用性として理解されている。

1　マーケティングにおける使用価値

かつて石井は，マーケティングにおける使用価値の議論では積極的に論じられることのなかった，一般に，消費者が思い描くさまざまな心的状況に関する確信として理解されている文脈——以下，「コンテクスト」に統一する——に着目し，消費者による使用価値の認知にそれが大きくかかわっていることについて論じた。このことは，第Ⅰ部で論じたとおり，消費活動は，静的な実験室のなかでではなく，動的な環境のもとで行われることを考えれば，容易に是認しうるところである。これとは逆に，製品は導入された新たな属性ないしその値が繰り返し消費されるなかで標準化するという，いわゆる使用価値の歴史的沈殿によってマーケティングの側に規定されるとする立場をとるのが石原武政

第Ⅱ部　マーケティングにおける使用価値の再検討

である。論争にまで発展した両者の議論は，その後，こうした領域に関心を持つ研究者——たとえば，栗木契，大津正和，崔相鐵，郡司ペギオ幸夫——をまき込み，さまざまな角度から検討が進められたが，今日においてもなお使用価値の概念に共通した理解が得られているとは言えない状況が存在している。

　本研究では，使用価値の概念に見られるこうした混乱を改善することで使用価値の概念を明確化するとともに，製品が消費される状況に着目することの意義と重要性を再確認したいと考えている。このために，本研究では，以下のプロセスにしたがって論を進める。

　はじめに，石原・石井論争を概観し，使用価値をめぐる両者の主張を確認する。次に，Wenger（1991）を参照して作成された薄井（2013）の「意味の交渉としてのコミュニケーション」——本研究では，「テクストの意味形成と受容・理解の仕組み」の名称に統一する——の視点から両説を検討し，そこで示されたことを手がかりとして，消費者が使用価値を理解する一般的な仕組みを提示する。そのうえで，物理的な認知は環境と生体の二項だけで成立することを主張したJ.ギブソン（Gibson 1979, 邦訳 1985年）を手蔓として，マーケティングの使用価値をより踏み込んで理解できるよう概念の明確化を試みる。最後に，本研究で明らかにされたことが製品戦略の検討に有用であることを示すことで，本書の意義を確認する。

2　使用価値の可能性とコンテクスト

　石原は，田村（1971）の「消費者行動は寡占的製造企業の勢力の部分的な支配下にありながら，同時にそれ自体としての部分的な自立性を持つ」（364頁）とされる命題を手がかりとして，消費者行動の相対的な被規定性と独自性を，いかなる関連において理解するべきかという問題を考究した（石原 1982, 40頁；1996a, 122頁）。その過程で提示されたのが，消費者の欲望は価値創造の前提でありながら，一方ではマーケティングによる操作を予定している，つまり，消費者欲望の独自性と被規定性は，一方が他方を従属させるという関係にではな

く，相互依存的かつ規定的関係にあるため，製品の使用価値を消費に先立ち決めることはできず，ゆえに使用価値は普遍的ないし本質的ではないとする命題である（石原 1982, 39-70頁）。[3]

　石井は，石原のこうした洞察を高く評価した（石井 1993b, 3-12頁；1996b, 153-160頁）。だが，議論が製品属性の捉え方に差し掛かったところで，両者の見解に根本的な相違が見られた。[4] そこで取り上げられたのが，湯に入れるとパチパチ音がする入浴剤の事例である。[5] 石井によれば，湯に入れると「パチパチ音がする」という属性を，石原（1993, 8-9頁；1996b, 181-182頁）が指摘するように副次的属性（副次的使用価値）として認めることは，体を芯から温める，血行をよくするといった属性を必然的に基本的属性（基本的使用価値）として容認することになる。仮に，消費者が「パチパチ音がする」という属性を重視して購入しているとしたら，それはもはや副次的属性（副次的使用価値）とは言えない。ゆえに，なにが基本的な価値（基本的属性）で，なにが副次的な価値（副次的属性）なのか，消費に先行して決めることはできないとされた（石井 1993b, 12頁；1996b, 160頁）。これに対して，石原（1993, 7-9頁；1996b, 181-182頁）は，使用価値はその歴史的沈殿によって基本的とも言える使用価値が堆積することは必然であり，それと消費の恣意的性格（使用価値の相対性）を同じ問題として扱えば，すべての製品を同等とみなすことになってしまうとして論駁した。[6] 石井（1993a, 231-232頁；2004, 270頁）は，これこそ目的論的消費観を容認している証拠であり，マーケティングと消費者欲望の相互依存的かつ規定的関係を概念化した「競争的使用価値」（石原 1976, 1977, 1982）の命題と矛盾しているとしてこれに反駁した（栗木 2006, 260頁参照）。マーケティングと消費者の相互依存的関係を認める一方で，基本的使用価値の存在を認める石原の主張が，石井の目には論理破綻していると映ったのである（石井 1993b, 13-14頁）。[7]

　石井によれば，製品の有用性を消費に先立ち定義することはできないのは，消費者のコンテクストに依存している使用価値は，新たなコンテクストに直面するごとに新奇な可能性を発現させるため（石井 1999, 195-196頁），製品の有用性にかかわる特定の定義はどれほど徹底されようと，つねに覆される「不定

第Ⅱ部　マーケティングにおける使用価値の再検討

さ」（郡司 1996, 1998, 2004）をそのうちに含んでいるためとされた。製品属性や使用目的の可能性を「無限の闇」として捉える（石井 1996a, 106-107頁）石井のこうした考え方を教え子が誇張した「パソコンは人を殴る道具だ」というジョークは，使用価値のこうした相対的性格を極端に示すものであった。

3　消費の恣意的性格

　製品は，消費者のコンテクストに依拠してさまざまな使用価値の可能性を発現させる（石井 1999, 195頁）のだから，パソコンは人を殴る道具にもなると主張する石井に対して，石原は，消費者がマーケターの期待と異なる方法で製品を消費することがあることは否定しないが（石原 1993, 11頁；1996b, 184頁），だからといって「使用価値の恣意的性格を全面的に主張するのは明らかにいきすぎである」（石原 1993, 18頁；1996b, 190頁）としてこれに弁駁する。石原（1993, 20-21頁；1996b, 192頁）は，パソコンで人を殴れる「消費の意外性」を超えたところで，パソコンで人を殴れる能力と計算機としての能力を同列に置くことはできず，ゆえにパソコンの計算機としての能力を基本的属性または基本的使用価値として見ることができるのに対して，人を殴れる能力は，副次的属性あるいは副次的使用価値の地位を確保することさえないだろうとしている。

　　「本が情報媒体であり，パソコンが情報処理機であることが認められても，本は枕にもなり，パソコンは人を殴る道具にもなるかもしれない。商品は実用的理由をこえて，生産者が期待したのとはまったく別の目的で消費されるかもしれない。この事実を否定する必要はない。いまこのような消費の意外性を『消費の恣意的性格』とよぶことにしよう。石井氏が確認しなければならなかったのはこの消費の恣意性であって，使用価値の全面的な恣意性や実践理性（使用価値は生産の側に規定されることを標榜する立場）の全面的否定ではなかったのではないか。それを踏み越えてしまったために，石井氏はあまりにも極端な相対主義に陥ってしまったように思われ

第4章　使用価値とその可能性

る」（石原 1993, 11頁；1996b, 184頁，傍点とカッコ内は筆者追記）[8]。

　消費者は自身のコンテクストに依拠して使用価値を認知するという石井の命題は，製品のある属性を価値として認知するのは消費者であってマーケターではない――つまり，コンシューマ・バリューの最終的な決定者は消費者であり，他の誰でもない（Gale 1994, p. 41 and 71）――ことは理に適っていると思われる。一方，歴史的に沈殿した使用価値に対応する製品属性を基本的属性とみなす石原の考察は，その製品属性を期待して製品を購入する消費者の実用的理由に照応するという意味で道理を得ているように思われる。かかる問題は，既存研究は「消費者は使用価値をどのように理解しているのか」という視点から十分な検討がなされているとは言えず，このことが使用価値の概念に共通理解をもたらすことを妨げていると考えられる。こうした理解のもと，次章では，テクストの意味形成と受容・理解の仕組みの視点から石原と石井の主張をそれぞれ検討し，そこで示されたことを手がかりとして消費者が使用価値を認知する仕組みを提示する。

注

(1)　元流通科学大学学長，神戸大学名誉教授。専門はマーケティング論，流通論。元日本商業学会会長，理事。元日本マーケティング学会会長。「日本商業学会賞」（1984年，1997年）ほか受賞多数。

(2)　元流通科学大学商学部特別教授，大阪市立大学名誉教授，元関西学院大学商学部教授。専門は，商業論，流通政策。「日本商業学会賞」受賞（1983年，1993年，2001年），「日本商業学会論文賞」受賞（2000年）。

(3)　こうした命題の基礎となるのが，よく知られる「競争的使用価値」の概念である。石原（1982）では，競争的使用価値について，次のとおり解説されている。「製品差別化を含むマーケティングの諸活動はそれ自身，市場における価値実現競争の手段であり，かかる競争の具体的表現に他ならない。それゆえ，かかる活動によって規定され，創出された欲望は，価値実現競争によって規定され，そこから創出された欲望であり，したがってまた，それに対応するかぎりでの使用価値は価値実現競争に規定され，価値実現競争のなかから生まれた使用価値であるといわなくてはならない。（中略）この使用価値は，意図的に細分化され創出された欲望と結びつく

65

第Ⅱ部　マーケティングにおける使用価値の再検討

ことによって，各個別企業の競争的・差別的価値実現の担い手となる。まさにその
ことによって，この使用価値は単に価値実現競争のなかから生まれたというにとど
まらず，自らそれを体現するところの使用価値となる」（石原 1982, 59頁）。

　石原（1982）において展開された議論のなかで本研究に関係するのは，マーケ
ティングとのかかわりから製品の新たな有用性（使用価値）またはそれに対する具
体的な欲望が，どのようなプロセスによって生成されるのかという部分である。栗
木（2003）によれば，競争的使用価値のそれは，製品の有用性にかかわる特定の定
義（属性）を所与として，その枠組みのなかでのマーケティング操作に対する欲望
の被規定性と超越性について説得的に説明されてはいるが（109頁），使用価値はし
ばしば製品の有用性にかかわる特定の定義（属性）を超えて変容していくことが想
定されていない。したがって石原説は若者向けのチョコレート菓子として開発され
「受験生のお守り」として消費されたネスレの「KitKat」（関橋 2007），工場排水の
汚染物質を分析する専用装置として開発され半導体のウエハー（集積回路の製造に
使われる半導体でできたシリコン製の基盤）の汚れを分析する機器として消費され
たテクノス社のＸ線分析装置（藤川・竹内 1994, 48頁）等の価値生成プロセスをう
まく説明することができないと思われる。なお，ネスレの正式名称は，ネスレ日本
株式会社（本社所在地：兵庫県神戸市，代表取締役社長：高岡浩三）。創業1913年
（大正２年）。スイスを本拠地とする世界有数の食品メーカーとして知られる Nestlé
S.A. の日本法人。同社の製品ではコーヒーの「Nescafé」や「KitKat」がよく知ら
れているが，他にもミネラルウォーターの「Vittel（ヴィッテル）」，調味料の
「Maggi ブイヨン」，ペットフードなど幅広い食品を扱う。テクノス社の正式名称は，
株式会社テクノス（本社所在地：大阪府枚方市，代表取締役社長：大野亮平）。創
業1987年。Ｘ線分析装置の企画・開発・製造・販売を手がけるベンチャー企業。

(4)　石原（1996b）によれば，1992年12月に京都大学で開催された日本商業学会関西
部会では，この問題が統一論題として取り上げられ，大きな反響を呼んだとされて
いる（190頁）。

(5)　現在は，数社から類似製品が販売されているが，オリジナルは1983年に花王株式
会社によって開発・製品化された入浴剤の「バブ」と思われる。パチパチ音は，溶
解した固形物（入浴剤）から発生した炭酸ガスが，空気にふれることで発生する音
とされる。電話インタビュー：花王株式会社生活者コミュニケーションセンター
（平成29年８月10日14:03）。

(6)　このことについて石原が示した根拠は，次のとおりである。すなわち，「導入さ
れた新たな属性ないしその値が競争企業の模倣と追随によって標準化されるととも
に，その製品機能の一部を構成するようになる。他方，模倣と追随による標準化に
もかかわらず，製品機能として定着しえないときには，一時的流行としてやがてそ
の属性要素そのものが消失させられることになる」（石原 1982, 60頁）。「私がかつ
て本源的使用価値と副次的使用価値の区分にかたくなまでに反対したのは，それ
がいわば『本来の人間』あるいは『本来の欲望』を想定し，歴史的な営為とはかけ
離れたところで，使用価値の本源性と副次性を区別しようとするからである。石井

66

第4章　使用価値とその可能性

氏のことばでこれが『正当な消費』を前提にした議論だったといってもよい。このような使用価値や欲望を超歴史的に捉える試みには反対し続けなければならない。しかし，そのことは，歴史的な経緯のなかで一定の属性要素が一般的な認知をうけることを妨げるものではけっしてない。こうした歴史的あるいは時間的な過程での沈殿を認めなければ，消費のなかに（石井が意図した）文化的な規定性を見いだそうとしても，そのきっかけを摑むことさえできないだろう」（石原 1993, 9頁，傍点とカッコ内は筆者追記）。

　以上の背景について，石原（1982）では，次のとおり説明されている。「製品の基本的属性は生産力が解放した人間の欲望との対応のなかで，歴史的に規定されなければならない。その意味で，本来的属性と副次的属性を区別し，それに対応して本来的使用価値と副次的使用価値を区分し，副次的属性を色彩，柄，デザインなどに固定的に代表させる見解（中略）には肯首できない。なによりも，両者を区別する基準は明確ではないし，それはまた商品の種類や生産力の発展によっても異なるはずだからである。たとえば，薬品にとってはさしあたりどうでもよい色彩や形状が——とはいえ，それらは識別の役割を果たしているのだが——衣服にとってはそうはいえないし，また生産力の発展が極度に低いときには衣服は人間の外皮であることのみが要求され，色彩やデザインが副次的であったとしても，生産力が高度に発展した社会では色彩やデザインが同様の意味で副次的とはいえない。かりに副次的属性をいうとすれば，歴史的に規定された基本的属性との対照においてのみ概念されるべきである」（62頁，傍点は筆者追記）。

(7)　この点について，石井は次のとおり述べている。「製品におけるアプリオリな使用価値を仮定することは，当然それに対する客観的・基本的な欲望のアプリオリな存在が仮定されることにつながる。そして，言うまでもなく，そういった製品の基本的属性の存在がそれに対応した消費者の消費目的を与え，そしてその目的に適合した消費手段への要求を生み出すという消費における目的論的な関係が強調されることになる。それは，石原が最初に批判したいと考えた伝統的な消費論やマーケティング論が依拠する論理と同じ性格のものでないだろうか。結局，製品の歴史的に規定された『基本的属性』らしきものを仮定することによって，それらと同じ罠に陥っているように思われるのである。あらためて言うまでもなく，このような一元化した論理は，石原の生産（マーケティング）と消費との相互作用的関係を明らかにしようとする意図とは一貫しているようには見えない」（石井 1993a, 231-232頁；2004, 270頁，カッコ内は筆者追記）。

　石井は，石原の議論が隘路に陥った主な原因について，次のとおり分析している。すなわち，具体的欲望は社会的関係あるいは文化によって影響を受けるという石原（1982）の主張は，生産力または生産関係，もしくは階級制によって具体的欲望が規定されることを強調するためであり，このことが歴史的に規定された製品の基本的属性（基本的使用価値）あるいは消費者における基本的欲望を仮定させることになる（石井 1993a, 232頁；2004, 270-271頁）。石井は，Sahlins（1976）の「牛は《食物》だが犬は食べられないと考える米国人の理由は，感覚の問題でもなければ，犬

第Ⅱ部　マーケティングにおける使用価値の再検討

の値段の問題でもない。（中略）ズボンが男性のために，スカートが女性のために生産されるのは，モノそれ自体の性質や，物質的欲求を充足させるその能力によってではなく，むしろ象徴システム内でのその相関性によってなのである」（pp. 169-170. 邦訳 1987年，225頁）という指摘は，まさに「生産（マーケティング）が文化（消費）を規定する局面よりも，むしろ文化（消費）が生産（マーケティング）を規定する側面こそが強調されなければならない」ことを示しているとする（石井1993a, 233頁；2004, 272頁）。そのうえで，使用価値が恣意的なのは，効用はモノの性質ではなく客観的な性質の意味作用に他ならないためであり（Sahlins 1976, p. 169. 邦訳 1987年，225頁），「ある種の肉がおいしいとされるのは……」「女性がスカートを，男性がズボンを着用するのは……」その文化のなかでしか理解できず，まさにこのことによって使用価値は文化依存的であり恣意的性格を持つとしている（石井 1993a, 234頁；2004, 272-273頁）。

(8)　消費を個人と財の関係として捉えることを批判するJ.ボードリヤールは，価値あるいは記号の論理を消費の独自な領域を規定するものとして捉えており（Baudrillard 1972, pp. 63-64. 邦訳 1982年，59頁），「洗濯機は道具として用いられるとともに，幸福や威信等の要素としての役割を演じている。後者こそは消費の固有の領域である」（Baudrillard 1970, pp. 106-107. 邦訳 1979年，93頁，傍点は邦訳に準じる）ことを主張する。石原（1996b, 192-193頁）は，石井による使用価値の概念拡張を，J.ボードリヤールのこうした記号論的消費概念の極端な解釈によるものとしている。

　石原は，Baudrillard（1970）の「欲求や自然的効用が存在しないといおうとするわけではない——現代社会の独自の概念である消費はそんなこととは無関係であることを理解すべきだというのだ，なぜなら，欲求や自然的効用のあるなしの問題はあらゆる社会にあてはまるのだから」（p. 111. 邦訳 1979年，98頁）という指摘を取り上げて，J.ボードリヤールにとって重要なのは「伝統的な使用価値の概念では現在の消費が解読できないということであって，使用価値の概念を全面的に無効にすることではなかった。（中略）記号論的消費論も，決して石井氏ほど遠くに踏み出しているとは思われない」（石原 1996b, 193頁）としている。

　星野（1985）は，J.ボードリヤールの基本的主張について，次のように解説・評価している。すなわち「ボードリヤールは，その一連の著作を通じて，高度に発達した消費社会では商品が単なる物的・経済的な存在ではなく，記号的存在であることを初めて体系的に明らかにしたといえる。（中略）彼の所説によれば，商品は消費者の生存的な欲求や物質生活的な欲求を充足するためだけに存在するのではない。このような現実はもちろん無視できないが，重要なことは，商品がそれらの経済的属性を超えて『記号』と化し，社会的・文化的な文脈のなかであたかも『言語』のように意味作用をしていることである」（18頁）。星野（1985）は，J.ボードリヤールの，製品がモノであることを超えて記号化し，経済が虚構化・模擬化を指向していることを指摘したことは高く評価できるとしたうえで，J.ボードリヤールの主張は，自らの結論にしばられて経済が破滅に向かっていることを示唆しているようにもとれるとしている（19頁）。

第5章

消費者は使用価値をどのように理解するのか

1　テクストの意味形成と受容・理解の仕組み

　テクストの意味はそれ自体として客観的に存在するのではなく，コミュニケーションの当事者間で展開されるテクストの意味をめぐる交渉のなかで形成される（Wenger 1991, pp. 111-116）ことを定式化したのが Wenger（1991）において提示された「意味の交渉（negotiation of meaning）」であり，その基礎となる「テクストの意味形成と受容・理解の仕組み」について図解したのが図 5-1 である。

　そこでは，話し手による②の意味形成は，話し手のコンテクストに取り残される①の意味の喪失（a loss of meaning）として脱コンテクスト化（decontextualize）の過程であり，話し手のコンテクストを構成する要素のすべてが②の意味形成の対象となるわけではない。ある事柄をテクストに置き換える過程では，コンテクストを参照しなければ理解できない言外の意味（implied meaning）は失われる。したがって，テクストは，話し手のコンテクストに 1 対 1 で対応するものではなく，話し手のコンテクストに残存するコード化されない要素に依拠した他でもある可能性を持つ。

　一方，③の伝達を経てテクストを受容した聞き手は，コード（たとえば，日本語の生成文法）に照らしてテクストを理解するだけでなく，④のデコード化を経て自身のコンテクストを参照し，⑤の再コンテクスト化の過程を経て独自にその意味をとる。したがって，「いかなる再表象化でも，多義性（ambigui-

第Ⅱ部　マーケティングにおける使用価値の再検討

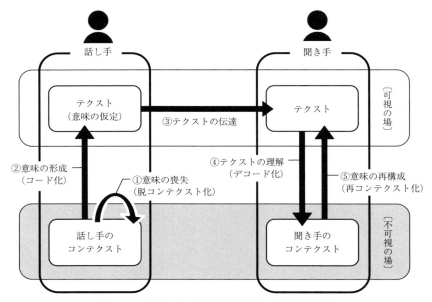

図 5-1　テクストの意味形成と受容・理解の仕組み
出所：Wenger（1991）を参照して作成された薄井（2013, 192頁）の図を本研究の議論に合わせて修正。

ty）が生来の性格となる」（Wenger 1998, p. 114）。このことは，仮にコードが適切に解読されても，話し手のコンテクストと聞き手のそれに乖離があると誤解を生じ得ることを示している[1]。したがって，コミュニケーションにおいて誤解が生じないようにするための唯一の方法は，話し手と聞き手のコンテクストの乖離を極小化することとされている（Sperber and Wilson [1986] 1995, pp. 16-17. 邦訳 1999年, 19頁）[2]。

以上の検討から，「聞き手による意味解釈の生成には，記号化における偶有性を払拭できない話し手のテクストと聞き手のコンテクストの双方が必要とされる」（川口 2014, 68頁）こと，したがってテクストの意味を規定する要素は話し手と聞き手の（どちらか一方ではなく）双方の側に存在すること，ゆえにテクストの意味は伝達に先立ち（決められるのではなく）仮定されることが示された。

以上のとおり，本節では，「テクストの意味形成と受容・理解の仕組み」に

70

第**5**章 消費者は使用価値をどのように理解するのか

ついて理解を深めてきたが，消費者が使用価値を理解する仕組みも，こうした概念装置による説明が可能であると思われる。

2 「テクストの意味形成と受容・理解の仕組み」から見た石原説

本節では，消費者が冷蔵庫の使用価値を理解するケースを用いて，「テクストの意味形成と受容・理解の仕組み」の視点から，使用価値を規定する要素は使用価値の歴史的沈殿によってマーケティングの側に存在するとされる石原の説——以下，「石原説」に統一する——を検討する。[3]

その石原説で仮定された消費者は，「食品を低温保存する」という使用価値（意味）が仮定された冷蔵庫（非言語的発話）の消費から得たベネフィットと冷蔵庫（証拠）を評価し，使用価値として認知する（意味を理解する）と考えられる。この場合，冷蔵庫は，マーケターの想定を超えて，高所のモノを取るための踏み台として，未開の地では「祭壇」として，寒冷地では「解凍機」として消費されることもあり得る。だが，製品やサービスの有用性にかかわる特定の定義（属性）を所与として，その枠組みのなかでマーケティング操作に対する欲望の被規定性と超越性について論じている石原説では，製品の有用性の定義は，マーケティングによる消費欲望の操作プロセスのなかでマーケターの想定を超えて変容していくことが想定されていない（栗木 2003, 109頁）。こうした問題の原因として考えられるのは，石原説におけるコンテクストの不在である。このことを手がかりとして，石原説は，Shannon and Weaver（1949）において提示されたシャノン＝ウィーバー・モデル——いわゆる，コミュニケーションは，そのままでは頭のなかから動かすことのできないメッセージをコードへと変換し，受け取った側はそれを解読することで達成されるというコードモデル——に対応すると思われる。

以上の検討から，石原説で仮定された消費者は，マーケターの想定内の消費の仕方を選択する限りにおいてマーケターとの間にコミュニケーションを成立させることができるが，マーケターの想定外の消費の仕方，あるいは非実用的

第Ⅱ部　マーケティングにおける使用価値の再検討

消費を選択する場合はその限りではないことが示された。このことは，消費の仕方を問わず，マーケターと消費者間に非言語的コミュニケーションを成立させるために必要な要素はなにかという問題を提起する。

3　「テクストの意味形成と受容・理解の仕組み」から見た石井説

　使用価値を規定する要素は，その使用価値の歴史的堆積によってマーケティングの側に存在するとされる石原説に対して，使用価値を規定する要素は消費者の側に存在することを強調する石井の説を，ここでは「石井説[4]」と呼ぶことにする。本節では，その石井説を，石原説と同じように「テクストの意味形成と受容・理解の仕組み」の視点から検討する。

　その石井説において仮定された消費者は，製品の有用性にかかわる特定の定義，すなわち使用価値に対応する属性を持たない冷蔵庫（非言語的発話）の消費から得たベネフィットと冷蔵庫を自身のコンテクストに依拠して評価し，独自に使用価値として認知すると考えられる。要するに，石井説では，冷蔵庫（非言語的発話）の消費の仕方（解釈の仕方，または意味の取り方）には無限の可能性がある，つまり，デザイナーズ・マンションではインテリアになり，蒸し風呂のように暑いアパートではクーラーになり，台所の電球が切れてしまえば照明の代わりにもなる（石井 1999, 195頁）のだから，マーケターは使用価値に対応する製品の有用性（属性）を消費に先立ち定義することはできないとされたが，石井のこうした考え方は，ともすれば消費の仕方と使用価値にそれぞれ無限の可能性を幻視させると思われる。

　本研究では，石井説のこうした問題について次のとおり考えることができる。すなわち，「テクストの意味形成と受容・理解の仕組み」では，発話の意味（使用価値仮説）は話し手（マーケター）のコンテクストを構成する要素の一部を形式化させたものである。この定式を石井説に当てはめてみると，石井説では，発話そのものは話し手（マーケター）のコンテクストを構成する要素の一部を形式化したものではない，つまり意味を持たない発話（属性が存在しない製品）

72

第**5**章　消費者は使用価値をどのように理解するのか

とみなされ，このことが，石原（1996b）が指摘するように，あらゆる製品を同等とみなすことを可能としていると思われる（182頁）。一方，石井は，これまで「使用価値はコンテクストに応じて変化する」（石井 1993a, 240頁；2004, 279頁），「製品がおかれたコンテクスト⁽⁵⁾によって，製品の意味は違ってくる」（石井 1996a, 117頁，脚注番号は筆者追記），製品は「新たな文脈に応じて，予想もできないさまざまの使用価値の可能性を発現させる」（石井 1999, 195頁），「価値は文脈に依存する」（198頁）ことについて繰り返し強調してきた。

　以上の検討を手がかりとして，石井説において仮定された消費者があたかも無限に存在するように見える消費の仕方から使用価値を認知するという問題は，製品の有用性にかかわる特定の定義（属性）が存在しない（非言語的発話に意味がない）ことによって，消費者に仮定されているコンテクストの可能性を過剰に引き出しているためと考えられる。

　以上のとおり，製品属性という分析対象を持たない石井説には，製品（非言語的発話）の使用価値（意味）を理解するというプロセスは存在しない。したがって，石井説では，常時，消費者との間にコミュニケーションは成立しないと考えられる。石井説にみられるこうした問題は，マーケターと消費者間に非言語的コミュニケーションを成立させるために必要な要素はなにかという問題を提起する。

4　消費者が使用価値を理解する仕組み

　前節では，「テクストの意味形成と受容・理解の仕組み」の視点から石原説と石井説を検討した結果，前者は消費者が実用的消費または製品の有用性にかかわる特定の定義内（属性内）における消費の仕方を選択した場合に限りコミュニケーションが成立し，後者は非言語的発話に意味がない，つまり製品には使用価値に対応する属性が存在しないため，コミュニケーションそのものが成立しない可能性が示された。これにより，石原説において仮定された消費者は，マーケターの想定内，または製品の有用性にかかわる定義の範囲内で使用

73

第Ⅱ部　マーケティングにおける使用価値の再検討

価値を認知することが，一方の石井説において仮定された消費者は，製品を問わず，その消費においてあたかも無限に存在するようにも見える使用価値を認知することが明らかにされた。

　以上の検討から，石原説において消費の仕方を問わずコミュニケーションを成立させるには，石井説において仮定された消費者が使用価値を認知する際に依拠するコンテクストを必要とし，一方の石井説においてコミュニケーションを成立させるには，石原説に見られるように製品に属性（意味）が仮定されていなければならないことが示された。

　以上の検討を手がかりとして，本研究は，使用価値を規定する要素がマーケティングと消費者のコンテクストの双方に存在することを所与とした非言語的コミュニケーションの仕組みを提示する。すなわち，この仕組みで仮定された消費者は，マーケターによって「食品を低温保存する」という使用価値が仮託（仮定）された冷蔵庫の消費から得たベネフィットと冷蔵庫を自身のコンテクストに依拠して評価し，独自にその使用価値を認知するというものである。

　以上のとおり，使用価値を規定する要素をめぐって対立した石原と石井の主張を，「テクストの意味形成と受容・理解の仕組み」の視点から検討した結果，両説はともに非言語的コミュニケーションを成立させるための要件を満たしていないことが示された。そのうえで提示された「消費者が使用価値を理解する仕組み」において仮定された消費者は，使用価値を規定する要素はマーケティングと消費者のコンテクストの双方に存在するという想定のもと，使用価値が仮定された製品とその消費から得たベネフィットを自身のコンテクストに依拠して評価し，独自にその使用価値を認知するというものであった。だが，消費者が製品の消費から得るベネフィットのうち，マーケターの想定外のベネフィットはその製品の物理的制約を超えて無限に広がっているとは考えられない。したがって，さらに検討が加えられるべき点は，製品の物的可能性を規定する要素は何かという問題である。

注

(1) 話し手が自身の発話に対してある特定の解釈を意図していることは，その解釈を復元することができるようなコンテクストを聞き手が共有できると期待しているためと考えられる。話し手と聞き手のコンテクストに一定のギャップが存在することによって誤解を生む可能性があることは，スペルベルらによる次の例にも明らかである。#7 Coffee would keep me awake. この例では，話し手は目を覚ましていたいので，もてなす側のコーヒーの申し出を受け入れたいが，一方のもてなす側は，話し手が目を覚ましていたくないと考え，#7を断りと解釈する。こうしたことは，日常的に起こり得る（pp. 16-17. 邦訳，19頁）。

(2) この点に関する理解を深めるために，次の文献が参考となる。ソーヤー りえこ (2006)「社会的実践としての学習——状況的学習論概観」上野直樹・ソーヤー りえこ 編著『文化と状況的学習——実践，言語，人工物へのアクセスのデザイン』凡人社。同著の50-51頁を参照されたい。

(3) 使用価値は，自身の歴史的堆積によってマーケティングの側に規定されることを標榜する石原説は，石井の議論のなかで「実践理性」と呼ばれているが，本研究では，便宜的に石原説と呼ぶことにする。なお，「実践理性（practical reason）」という用語は，Sahlins（1976, 邦訳 1987年）からの借用とみられる。一方，石井（2012）では，「モノに価値が内在している」あるいは「モノには，当然期待されてよい基本的な属性（価値）がある」という考え方は「実在論」と呼ばれている（49頁）。M. サーリンズ（M. D. Sahlins, 1930–）は，米国の文化人類学者。

(4) 使用価値は消費者のコンテクストに規定されることを標榜する石井説は，こうした問題に関心を持つ研究者の間で「文化理性」と呼ばれている。なお，「文化理性（cultural reason）」という用語は，Sahlins（1976, 邦訳 1987年）から借用したと思われる。参考として，石井（2012）では，石原の「実在論」に対置される，モノには予め価値は内在していないという考え方は「反実在論」と呼ばれている（49頁）。

(5) 石井の議論では，"context" はさまざまに表記されており（コンテクスト，コンテキスト，文脈など），統一されていない。

第6章

製品の物的可能性を規定する要素

19世紀に確立した心理学は，物理と数学から時間と空間の抽象的分析方法を導入して発展した。その特徴は，身体に備わるそれぞれの感覚器官が拾える刺激（信号）だけを入力すること，および感覚神経衝撃は感覚器の興奮を特定するのみで源を特定しないというものであり，心理学の基礎的な考え方として現在に受け継がれている。だが，そこで仮定された主体は，一般に，神経やニューロンの興奮の質を感覚することはできるが，環境の特徴を感覚することはできないとされている。こうした伝統的な知覚理論に疑問を持ったJ. ギブソン（1904-1979）が中心となり確立したのが生態心理学（ecological psychology）であり，その中核となる理論が「アフォーダンス」である。

1　「アフォーダンス」とは

認知科学・認知心理学の情報処理モデル（information processing model）では，人は環境から感覚器官を通じて刺激を入力し，それを中枢で加工して意味のある情報を作り出すと考えられている。そこでは，意味は表象の認識過程をとおして作られる構成物だから（意味は表象プロセスの産物だから），問題とされるのは環境よりもむしろ表象（頭のなか）とされ，環境と主体のつながりはますます軽視されるようになった。

外部入力された刺激を表象で加工したものを情報として捉える間接知覚モデル（indirect-perception model）は現在も知覚理論の主流を占めているが（Thagard 1996, p. 10. 邦訳 1999, 11頁），近年では，こうした認知の考え方に異議を唱える

第Ⅱ部　マーケティングにおける使用価値の再検討

研究も少なくない。その一つが，生態心理学の生態学的視覚論である[1]。「生態学的視覚論（ecological approach to visual perception）」では，認知のための資源（情報）は，表象にではなく主体を取りまく環境に存在すると考えられ，「認知（cognition）[2]」とは情報を直接手に入れる行為であり，頭のなかで間接的に作り出されるものではないと考えられている。

　人は環境に情報を探索することで対象を認識するという考えを定式化したのが，「直接知覚モデル（direct-perception model）」である（Gibson 1950, 邦訳 2011年 ; 1966, 邦訳 2011年 ; 1979, 邦訳 1985年）。生態心理学における情報とは，生体（動物）が環境に知覚することで行為を調整するためのものであり，情報処理モデルが仮定する，物理的単位に基づいて環境から感覚器官に入力される刺激とは異なる。J. ギブソンは，無意味なものに意味を付与する，あるいは物質を精神にすり替えるといったトリックを，脳の中枢に帰してしまう間接知覚モデルの誤りを克服するという課題に取り組み，主体は環境にある意味を直接知覚することで，行為を選択し行動するというモデルを提唱した。J. ギブソンは，認知行為を，環境に埋め込まれている意味を探索する活動として捉えたのである。

　J. ギブソンの知覚モデルを語るうえで欠かせないのが，生体の知覚行為（認知活動）を，その生体が生息する環境と相補的に捉える生態心理学において中核となる理論の「アフォーダンス（affordance）」であり，豊かに構造化された環境が，生体に与えるさまざまな「行為の可能性」とされている（Gibson 1979, 邦訳 1985年）。「アフォーダンス」という名称は，一般に「～を利用可能にする」「～を提供する」「～を許容する」という意味を持つ動詞の「afford」を名詞化したもので，J. ギブソンによる造語とされている（Gibson 1979, p. 127. 邦訳1985年，137頁）。

　人間の身体に備わる知覚機能は，あるときは個別に，またあるときは人間を取りまく環境と協調しながら環境から情報を拾い，人間はそれを手がかりとして行動すると J. ギブソンは考えた。生態心理学によれば，生体は自身を環境に適応させるために環境から情報を得ているとされる（Reed 1996, pp. 26-28. 邦

訳 2000年，56-60頁）。認知に対するこうした見方は，従来の認知科学・認知心理学に見られる，知覚者が認知を演繹的に導くという考え方とは異なり，認知のための情報（資源）は環境のなかに実在し，人間はそれを直接知覚することで認知行為を達成することを意味している。こうした認知の捉え方は，人間は環境から独立した存在ではなく，その一部であるという考え方を基礎としている。

2　行為を可能とするアフォーダンス

主体を取りまく物質，場所，事象，他の生体は，すべてアフォーダンスを備えており，生体の行為はアフォーダンスを利用することで可能になるとされている。たとえば，「陸地」は陸上動物に向けて，身体を支持する，歩行する，座るといった行為をアフォードする。「水」は，人に向けて，飲む，洗う，入浴する，泳ぐことをアフォードするが，そのなかで呼吸することはアフォードしない。一方，水棲動物にはそれをアフォードする。このことから，アフォーダンスは，生体との関係から生じる「環境の性質」と考えられている（三嶋 2000, 11頁）。

生態心理学によれば，私たちがこうして地面に立ったり，歩いたり，走ったりできるのは，私たちは地面をそうしたことができる場所として認識しているからではなく（そのような認識は，むしろ二次的なものとされている），地面（環境）が私たちを立たせたり，歩かせたり，走らせているからである（三嶋 1997, 9-10頁）。アフォーダンスは，環境から切り離された事物の物理的性質ではなく，生体が生活のために利用する環境——生態心理学で「ニッチ（niche）」と呼ばれる個々の生体に固有のアフォーダンスのセット——との関係から生じる《環境の意味》とされている（Gibson 1979, pp. 128-129. 邦訳 1985年, 139頁）。[3]

アフォーダンスは，生体の主観で構成されるものではなく，環境のなかに実在する，生体にとって価値のある情報と考えられている（佐々木 1994, 60-61頁）。この情報は，生体にとって必ずしもプラスの価値とは限らず，マイナスの価値

第Ⅱ部　マーケティングにおける使用価値の再検討

（負のアフォーダンス）の場合もある（Gibson 1979, pp. 137. 邦訳 1985年，127頁）。疲れていようがいまいが，椅子は主体に座ることをアフォードするが，E. リードが指摘するように「この関係は必ずしも実際に生じる必要はない」（Reed 1996, pp. 26-27. 邦訳 2000年，56頁）。なぜなら，主体が彼の生活のために利用する環境のアフォーダンスは，彼が自身の生存可能性を高めるために選ぶ資源とみなされているためである。つまり，アフォーダンスは「選択」を含意しており，主体が実際にとる行動は，環境に応じて多くの可能性から選ばれる（宮本 2001, 30頁）。したがって，環境が主体に向けてアフォードする情報（環境の意味）から，どの行為（意味）を選択するかの決定権はつねに主体の側にあるとされている。このことは，アフォーダンスは行為を引き起こすのではなく，可能とすることを示している（Reed 1996, p. 28. 邦訳 2000年，60頁）。

3　アフォーダンスと製品の物的可能性

　その昔，南アフリカ製作の「ミラクルワールド ブッシュマン」（原題: *The gods must be crazy*, 1981）という映画が話題になった。その作品では，空から落ちてきた（飛行機から落とされた）コカ・コーラ（Coca-Cola）のビンを拾った原住民のブッシュマンが，そのビンを空の神様からの贈り物として「打楽器」「笛」「水を蓄える道具」「獣の皮をなめす道具」としてさまざまに利用する（消費する）様子がコミカルに描かれている。

　生態心理学によれば，ブッシュマンがコカ・コーラのビンを「打楽器」「笛」「水を蓄える道具」「獣の皮をなめす道具」として消費したのは，環境がブッシュマンにアフォードした行為の可能性から，彼がそうした行為を選択したためと考えられる。一方，ブッシュマンがコカ・コーラのビンを「耳かき」「踏み台」「枕」として消費しなかったのは，環境が彼にアフォードした行為の可能性（アフォーダンス）に，そうした行為のオプションが含まれていなかったためと思われる。一方，ブッシュマンはコカ・コーラのビンを脱穀やマッサージの道具として使わなかった。このことは，主体のある行為は必然ではなく選択

第6章 製品の物的可能性を規定する要素

の結果であるというリード（Reed 1996, pp. 26-27. 邦訳 2000年，56頁），宮本（2001，30頁）の指摘を手がかりとして，環境がブッシュマンにそうした行為の可能性をアフォードしたかもしれないが，彼がそうした行為を選択しなかったためと考えられる。第Ⅱ部の冒頭で紹介した「パソコンは人を殴る道具だ」というエピソードのなかで，実際にパソコンで人を殴る人はほとんどいないのも，こうした理由によるものと思われる。以上のとおり，直接知覚モデルのアフォーダンスについて検討してきたが，製品の物的可能性を規定する要素も，こうした概念装置によって説明することができると思われる。

　以上の検討から，消費者は，環境が彼に向けて提供する行為の可能性（×χ）――本研究では，これを「可能性の束」と呼ぶことにする――から特定の可能性を引き出し，独自の消費スタイルを作り上げると考えられる。アフォーダンス理論にしたがえば，ある製品の使用価値を「可能性の束」の外に見つけることはできないのは，環境は「可能性の束」から外れる行為の可能性を主体に向けてアフォードしないためである。これにより，ある製品の消費の仕方は無限に広がっているのではなく，「可能性の束」に制限された行為の可能性のなかで，他の消費の仕方もあり得る可能性を持つと考えられる。

　以上のとおり，消費者が製品の消費から得るベネフィットは，その製品の物理的制約を超えて無限に広がっているとは考えられず，このことは製品の物的可能性を制限するものはなにかという問題を提起した。本研究では，こうした問題を解決する手がかりを直接知覚モデルのアフォーダンスに求め，ある製品の消費の仕方は無限に広がっているのではなく，「可能性の束」のなかで他の消費の仕方もあり得る可能性，あるいは消費の仕方の偶有性を持つことを示した。このことは，「可能性の束」を消費者自身のコンテクストを制限する要素として見ることを可能とする。

4　多目的製品と使用価値

　最後に，本章の結論が製品戦略の検討に有用であることを示すことで，本研

81

第Ⅱ部　マーケティングにおける使用価値の再検討

究の意義を確認することとしたい。このために，本節では，これまで，アフォーダンス理論を用いた分析が行われていないと思われる株式会社スワンクの「マグハグ」を取り上げ，その分析を試みる。

（1）アフォーダンスとデザイン

　デザインされた人工物の使用における文化的要因を，日常事物の心理学に発展させることでデザインと心理学の双方に影響を与えたとされる D. ノーマンは，活動における志向性と人工物の出会いは，急進的なギブソン派の研究者が言うような直接知覚的な受信ではなく，人工物のデザインを媒介した文化と文脈とがその達成に寄与していると考えた（Norman 1988, 邦訳 1990年）。

　J. ギブソンの研究成果を独自の視点から発展させようとした D. ノーマンは，電子オーブン，VCR，車の制御パネル，蛇口などさまざまなものを取り上げ，事物のアフォーダンスが，人のアクセス可能性（accessibility）を規定していることについて論じた。Norman（1988）では，より優れたデザインの人工物ほど，その機能を容易に達成できることが示され，「アフォーダンスの特長がうまく使われていれば，何をしたらよいかはちょっと見るだけでわかる」（p. 9. 邦訳 1990年，16頁）とされている。

　D. ノーマンによって定式化されたアフォーダンスとデザインの関係は，すでに工業デザインの分野で豊富な応用実績があり，優れたデザインは，マニュアルがなくてもすぐさま適切な操作，あるいは消費の仕方をユーザに促すとされる。たとえば，Windows パソコンの操作性に疑問を投げかけた Apple Computer, Inc. の洗練されたハードやソフトのデザインが，高度なユーザビリティを生み出していることはよく知られている。

（2）デザインと使用価値

　こうした製品は，一般に，特定の消費の仕方（行為の可能性）の選択を消費者に促すことを意図してデザインされている。これに対して，一般に，「使い方はあなた次第」のキャッチ・コピーで販売されている製品がある。たとえば，

第**6**章　製品の物的可能性を規定する要素

発売から 2 週間で 1 万4000個を売り上げた株式会社スワンクの「マグハグ（mug hug)」——2013年「Good Design Award」を受賞——は，シリコン製のコードの両端に 1 円玉サイズのマグネットがついた多目的製品であり，その使い方は無限に存在するとされる。本研究では，こうした種類の製品を，多機能製品ではなく，あえて多目的製品と呼ぶのは，製品としての具体的な能力（機能）は，消費においてはじめて明瞭になるためである。

　消費者は，消費に先立ち使い方が明確にされていないこうした製品を，その場の状況に応じてさまざまな仕方——「マグハグ」の高磁力マグネットと伸縮性に優れたシリコン・コードの性質を生かして，シャツの袖口を留める（カフスボタン），家庭用電気コードを結束する，マグカップを掛ける，メモ帳を吊るす，洗濯物を干す，（冷蔵庫に）写真を固定する，（食パンの）袋を閉じる等——で創造的に消費する。

　D. ノーマンのデザインのアフォーダンス，序章で論じた分散認知論と状況依存的認知にしたがえば，「マグハグ」の創造的な消費は，「マグハグ」が消費される状況と「マグハグ」のデザインによって可能となる。前者について，消費者は，「マグハグ」の使用価値を認知するための資源を刻々と変化する状況のなかに探索していると考えられる。たとえば，多忙な朝の身支度において髪を束ねるアイテムがないことに気づいた女性が，たまたまヘア・ブラシの横にあった「マグハグ」を，髪を束ねる道具として即興的に消費するケースがこれに当たる。この場合，髪を束ねたいという女性の欲求が，たまたま「マグハグ」にヘア・クリップとしての機能的価値を見出したと考えられる。また，少量の洗濯物を干す際に「マグハグ」を洗濯バサミとして消費する場合も，たまたま洗濯物を固定する道具が身近にないという状況が，女性をして「マグハグ」に洗濯バサミとしての使用価値を認知させたと考えることができる。このことは逆に，彼女がそうした状況に直面しなければ，「マグハグ」がヘア・クリップや洗濯バサミとして消費されることは，少なくともその時点ではなかった可能性を示している。

　「マグハグ」の創造的な消費を可能としているいま一つの要素は，そのユ

第Ⅱ部　マーケティングにおける使用価値の再検討

ニークなデザインにある。「マグハグ」のデザインは，刻々と変化する状況の
なかで多様な消費の仕方を指向するように意図的にデザインされている。した
がって，環境が彼女に提供する「可能性の束」にどのような行為の可能性が含
まれているかは，その「マグハグ」が実際に消費される状況にいなければわか
らない。

　本章の結論は，「マグハグ」は，環境が主体に向けて提供する「可能性の
束」の範囲で創造的な消費を指向することを示したが，本研究では，ここに，
石井によって使用価値の恣意的性格が強調されたことの今日的意義――すなわ
ち，使用価値の偶有性は，「可能性の束」の範囲で無限の可能性を指向する
――があると考えている。

　最後に，「マグハグ」に代表される多目的製品は，消費者にとって，消費の
仕方を創造する満足が得られる，マルチパーパスゆえに余計な支出を抑えられ
る，モノが増えないことによってスペースを確保できる，想定外の消費の仕方
が新たなコミュニケーションのきっかけをつくる等のメリットがあると思われ
る。一方，企業には，構造がシンプルで部品点数も少ないため製造しやすく壊
れにくい，したがって製品の保守やカスタマーサポートにかかるコストが抑え
られる，プロダクト戦略の検討において新たな発想の手がかりとなるユー
ザー・コミュニティを編成しやすい等のメリットがあると思われる。さらに，
多目的に使えることが環境保全につながるという社会的メリットも期待できる
と思われる。

5　プロダクト戦略におけるアフォーダンスの可能性

　本研究では，マーケティングの使用価値を踏み込んで理解できるようにする
ために，石原・石井論争を議論の出発点として以下のとおり論を進めた。
　はじめに，使用価値を規定する要素をめぐって石原・石井の間に共通理解が
得られているとは言えない状況が存在することが確認された。次に，こうした
問題が，消費者は使用価値をどのように理解するのか明らかにされていないこ

第**6**章　製品の物的可能性を規定する要素

とに起因するとが示された。そのうえで、「テクストの意味形成と受容・理解の仕組み」の視点から、使用価値は自身の歴史的沈殿によってマーケティングに規定されるとする石原説と、これとは逆に消費者のコンテクストに規定されるとする石井説を検討した結果、両説はともに非言語的コミュニケーションを成立させるための要件を満たしていないことが示された。

　そのうえで提示された「消費者が使用価値を理解する仕組み」では、使用価値を規定する要素が、マーケティングと消費者のコンテクストの双方に存在するという想定のもと、消費者はある属性に対応する使用価値が仮託された製品の消費から得たベネフィットと製品を自身のコンテクストに依拠して評価し、独自にその使用価値を認知することが示された。だが、消費から得られるベネフィットは無限に存在するというのは非現実的であり、このことは製品の物的可能性を規定する要素は何かという問題を提起した。

　本研究では、こうした問題を検討する手がかりを直接知覚モデルのアフォーダンスに求め、これを検討した結果、消費の仕方もこの原理に依拠することが示された。これにより、使用価値は、物理的環境に媒介された認知によって理解される概念であり、価値としての可能性は、「可能性の束」の範囲でコンテクストに依存することが示された。最後に、消費に先立ち使い方が明瞭にされていない多目的製品の消費者は、「可能性の束」の内側で創造的な消費を指向することを示唆することで、本研究の意義を確認した。

　本研究に導入された直接知覚モデルのアフォーダンスは、消費の仕方の可能性を探ったり、ユーザビリティの向上に役立つばかりでなく、消費者が製品を安心・安全に消費することによって消費者との間に信頼を築くこともできると思われる。この点に着目した渡辺（2010）は、製品の使用段階における事故[5]を未然に防ぐための対応の仕方について論じている。その渡辺（2010）によれば、従来、製品の安全性は、製品の使用過程で設計に起因する事故やケガを防止するための物理的・技術的な対応に限られていた。これに対して、近年、メーカーにおいて注目されているのは、デザインを工夫することで製品の機能や操作方法を消費者に伝え、製品を安心・安全に消費してもらう取り組みである。

85

第Ⅱ部　マーケティングにおける使用価値の再検討

製品のグラスボックス化と呼ばれるこうした試みにメーカーが取り組む背景には，製品のデジタル化や従来のデザインよって製品の内部でなにが行われているのか消費者には想像すらできない製品のブラックボックス化に対する心理的な疎外感が，操作ミスや使用における事故を生み出してきたことに対する反省がある（14頁）。

　以上のとおり，アフォーダンスは，製品の安心・安全の観点からもプロダクト戦略の検討に有益な示唆を与えることができると思われる。

注

(1) 生態学的アプローチは，多くの実証的研究によって洗練された理論に基づいているとされる（Stoffregen and Bardy 2001, pp. 195-196）。

(2) 本書では，知覚と交換可能な概念として扱う。ここで言う「知覚（perception）」とは，感覚情報の基本的な検出・処理に関する概念であるのに対して，「認知（cognition）」とは，感覚情報から感覚や意味を引き出す能力を表す概念——たとえば，幼児は見聞きしたことからなにを知るか——として区分される。知覚と認知はしばしば区別するのが難しく，認知心理学では両者を同義として扱うこともある（Eysenck 1991, p. 257. 邦訳 1998年，279頁）。これにしたがい，本書では，「知覚」と「認知」を変換可能な概念として扱うこととする。

(3) Pea（1993）は，「外界の資源は，そのアフォーダンスに制約されて，潜在的な関係性を差し出しているが，その潜在的な関係性は，その意味が状況的に知覚されるまでは，心的にはまったく表象されないだろう」（p. 55. 邦訳 2004年，76頁）と述べている。若き日のヘレン・ケラー（Helen Adams Keller, 1880-1968）が，日々の生活においてさまざまな支障をきたした（Macdonald 1992, 邦訳 1994年）のは，このためと考えられる。このことは，認知のための資源は環境に存在しており，環境は生体に向けて行為の可能性を提供し，一方では制限していることを示している。
　　先天的な視覚障害者のなかには杖もつかずに自由に移動できる人がいるが，これは視覚以外の感覚受容器から情報をピックアップしているからにほかならない。特に重要とされるのは，聴覚と触覚であり，健常者であれば気づくことができないアフォーダンス（行為の可能性）を知覚して，対象の接近や後退，ルートの転回点などの情報を得ているとされる（佐々木 1994, 79-80頁）。Solomon（1993b）によれば，主体がアフォーダンスを知覚できないときに，認知は分散しない（p. 114. 邦訳 2004年，149頁）。このことを手がかりとして，試験的に五感を閉ざされた健常者は，環境が彼に向けて提供する行為の可能性（アフォーダンス）を感覚することができず，このことが認知の分散を妨げることで環境適応的に行動することができないと考えられる。今まさに路上の石につまずこうとしていても，その状況にうまく対処

第**6**章 製品の物的可能性を規定する要素

することは難しいと思われるのはこのためである。

(4) 類似商品には，ティ・アール・エイ株式会社の「cheero M-CLIP」がある。

(5) 消費における事故の事例は，消費者庁の「事故情報データバンクシステム」に詳しいのでそちらを参照されたい。

第Ⅲ部

快楽価値概念の再検討

第7章

快楽的消費の意義と課題

　マーケティングには，消費者行動研究から派生した快楽消費研究と呼ばれる分野が存在する。そのルーツは，製品が持つ象徴的な意味を扱う製品シンボル研究と，1950年代に脚光を浴びた動機調査研究に遡るとされている（Hirschman and Holbrook 1982, p. 93）。後者は，人間の深層心理を探ることに成果を上げ，実務とアカデミアの両面で注目を集めたが（清水 1999, 51-52頁; 松尾 2010, 164頁），臨床指向の強い研究の，科学としての厳密さと結果の妥当性に対する批判が相次ぎ，70年代初頭には衰退したとされている（Hirschman and Holbrook 1982, p. 93, cf. 清水 1999, 51-53頁）。

　消費者の快楽的反応に関する研究が本格化したのは，70年代以降の消費の経験的側面の重要性を強調する研究潮流において，M. ホルブルックやE. ハーシュマンが，後述する快楽的消費と呼ばれる概念を提唱した80年代初頭とするのが定説とされている。快楽消費研究は，当時，消費者主観を排除する気風のもとで硬直化しつつあった消費者行動研究において，それまで積極的に焦点が当てられてこなかった文化的消費を扱う研究として注目を集めた。だが，それから30年以上が経過した今日においてもなお，快楽消費研究において中核となる概念の快楽的消費や，こうした消費において享受される満足から得られるとする快楽価値には必ずしも共通した理解が得られているとは言えない状況が存在する。

第Ⅲ部　快楽価値概念の再検討

1　快楽消費研究の台頭

　消費者行動研究者の関心は，ながらく購買意思決定過程に向けられていた。こうした背景には，経営実践の要請によってマーケット・シェアの拡大に寄与する情報の提供が消費者行動研究に期待されていたため（Holbrook 1995; 桑原 1999, 12頁; 2006 211頁），購入後のプロセスにはほとんどと言ってよいほど関心が向けられてこなかった（堀内 1997, 73頁; 桑原 1999, 12頁; 2001, 120頁; 2006, 211頁）という状況が存在する。

　このようななか，*Journal of Consumer Research* の創刊（1974年）は，消費者行動研究を，心理学，社会心理学，社会学，文化人類学等による学際的な知識領域として認識させる契機となり，これ以後，消費者行動研究では，消費者行動の定義を拡張する研究（e.g. Jacoby 1975, 1978; Sheth 1979）が盛んに行われるようになる（南 2002, 8頁[1]）。このようななか，消費における快楽的な反応の研究（e.g. Levy and Czepiel 1974; Holbrook and Huber 1979; Holbrook 1980 and 1981; Holbrook and Hirschman 1981）の進展によって，消費過程を解明せずに消費者行動について十全な理解は得られないという認識が，消費者行動の経験的側面に関心を寄せる研究者の間に徐々に浸透していった。

　購買意思決定そのものが消費経験（consumption experience）に深くかかわっているという認識は，その起源を，消費者はモノではなく満足できる経験を求めていることについて論じた Abbott（1955, p. 40），消費経験は購買意思決定に深く関与していることを指摘した Alderson（1957）に遡ることができる。70年代の研究者たちは，こうした先駆的研究の成果を足がかりとして，従来の消費者行動研究には見られなかった消費経験における主体の社会的・文化的な文脈を視野に入れつつ，研究の焦点を，それまでの購買意思決定過程から消費過程へ向けて拡張していったのである（McCracken 1988, p. xii. 邦訳 1990年，9 -10頁）。こうした研究潮流の支流の一つは，ホルブルックらを中心とする消費者の主観的意識に関する研究（e.g. Holbrook and Hirschman 1982; Hirschman and Holbrook

92

第7章 快楽的消費の意義と課題

1982; Zajonc and Markus 1982; Batra and Ray 1986; Holbrook 1986; Holbrook and Batra 1988）として発展し，やがて快楽消費研究と呼ばれる独立した研究領域として認知されるようになった。だが，後に詳しく論じるとおり，快楽消費研究において提示された諸概念には必ずしも共通した理解が得られているとは言えない状況が存在する。こうした状況は，ともすれば快楽消費論全体の理解を曖昧なものとし，その健全な発展を妨げると思われる。

　こうした理解のもと，第Ⅲ部では，快楽とその諸概念の明確化を見据えて，以下のプロセスにしたがって論を進める。はじめに，快楽消費研究が広く知られるきっかけとなった研究（e.g. Hirschman and Holbrook 1982; Holbrook and Hirschman 1982），消費者価値の分類を試みた研究（e.g. Holbrook and Corfman 1985; Holbrook 1996 and 1999），既存研究の批判的な検討を拠り所として独自の快楽論を展開した堀内の研究（e.g. 堀内 2001 and 2004; Horiuchi 2003），感情心理学の視点から快楽について掘り下げた井上（2008）を検討し，そこで示されたことを手がかりとして，快楽の諸概念に共通した理解が得られていない原因の特定と快楽の諸概念を明確化するための要件整理を行う。次に，社会経済学的視点から近代資本主義の成立について考究した Weber（[1920] 2009, 邦訳 1989年）と，独自の視点から1920年代の米国社会を分析した Bell（1976, 邦訳 1976年）を検討し，そこで確認されたことを手がかりとして快楽とその諸概念の明確化を試みる。なお，ホルブルックらの研究のレビューの延長線上では，Pine and Gilmor（1999, 邦訳 2005年），Schmitt（1999, 邦訳 2000年）を手がかりとして，快楽的消費や快楽価値に近接した概念の経験的消費や経験価値ついて併せて検討する。

2　消費経験論と快楽的消費

　従来の消費者行動研究が消費者行動におけるいくつかの重要な現象を見落としていることは，70年代から指摘されていた（e.g. Olshavsky and Granbois 1979; Sheth 1979）。このようななか，M. ホルブルックと E. ハーシュマンは，購買意

第Ⅲ部　快楽価値概念の再検討

思決定プロセスに焦点を当てる従来の消費者行動研究が娯楽や芸術鑑賞等の非合理的な消費現象をうまく説明できない点に着目し（Holbrook 1980, p. 104），後に消費経験を拠り所として発展していくさまざまな研究[2]のバックボーンとなる消費経験論を提唱した（Holbrook and Hirschman 1982; Hirschman and Holbrook 1982）。

　消費経験論[3]とは，一般に，財の購買意思決定に向けた過程よりもその後に続く製品ないしはサービス——以下，「プロダクト」に統一する——の消費過程における経験に焦点を当てることの意義と重要性を説く立場または一連の議論を指す。ホルブルックらは，消費者行動の十全な理解には，消費の経験的側面を解明する必要があると考えていた（Holbrook and Huber 1979; Holbrook 1980, 1981; Holbrook and Hirschman 1981; Hirschman 1983）。そのためには，伝統的な効用観を否定するのではなく，プロダクトの使用経験をトリガーとして消費者行動研究の射程を従来の購買意思決定プロセスから拡張する必要があると考えたのである。そのために提起した消費経験論の特徴を，ホルブルックらは次の4点に要略している。すなわち，①多属性態度モデル（multi-attribute attitude model）において軽視された情動（emotion）に焦点を当てて分析を行う（Hirschman and Holbrook 1982, p. 94），②主にパッケージ財や耐久消費財を分析対象としてきた従来の研究に対して，上演芸術，造形芸術，大衆文化といった文化的プロダクトを扱う（p. 95），③購買意思決定過程における製品選択に焦点を当てる伝統的なアプローチに対して，プロダクトの消費経験にフォーカスする（p. 97），④デモグラフィック属性や心理学的属性を個人差の要素とみなしてきた従来の研究に対して，サブカルチャー（subcultures）を個人差の要素とみなす（pp. 98–99）。

　その消費経験論において中核となる概念とみなされているのが快楽的消費である（Holbrook and Hirschman 1982, p. 132）。「快楽的消費（hedonic consumption）」とは，快楽的な感覚を促すとされる非合理的消費における審美的な経験のことである（Hirschman and Holbrook 1982, p. 93）。ここで言う快楽的な感覚とは，娯楽や芸術鑑賞のように消費することそれ自体を目的とする文化的プロダ

第**7**章　快楽的消費の意義と課題

クトの消費経験における「味覚」「聴覚」「嗅覚」「触覚」「視覚」の五感を介して促されるファンタジー（fantasy）またはフィーリング（feeling），もしくはファン（fun）の快い感覚を指している。

　快楽消費研究では，サブカルチャー（subcultures）の違いは，消費における心的状況の個人差（individual differences）として現れるという命題のもと[4]，快楽的反応における多様性の社会的・文化的起源に着目しつつ，その違いは主体の内面に五感イメージ，空想，情動として顕在化すると考えられている（Hirschman and Holbrook 1982）。ここに「五感イメージ（multisensory）」は，消費者は五感の感覚機能を通じて外部刺激に反応するだけでなくそれによって自己の内面に構成されたイメージにも反応することを，「空想（fantasy）」は，消費者は現実世界で起こった出来事を手がかりとして自己の内面に作り出す架空のイメージを「空想」という心的現象として経験することを，「情動（emotion）」は，快楽的な消費において喚起されるとする感情を指している（pp. 92-93）[5]。

　だが，その快楽的消費の概念をめぐり，これまでさまざまな異論が提起されている。たとえば，石井（1990）は，製品には顕在化した機能以上の意味が内在していることから，車や食料品も快楽的消費の対象になり得るとしている（95頁）。堀内（2001）は，寒い日の一杯の暖かい飲み物，温泉で癒されること，さらには稽古事をとおして得る達成感，人生目標の達成から得られる充実感といったものまで快楽（「到達の快楽」）とみなすことができるとしている（32-33, 35, 71-72, 85-86頁）[6]。Crowley et al.（1992）は，消費者は，アイスクリーム，パソコン，スポーツ・シューズ，バケーションのリゾート地をはじめ，さまざまなプロダクトの消費において快楽を志向する態度を形成するとしている。シトフスキー（Scitovsky 1976）は，合理的消費を前提とする限り説明できない「快楽（pleasure）」という消費者感情があることを指摘し，このような感情を促す消費として芸術活動，趣味，娯楽，性的営み，学術研究，晩餐，祭礼の供物[7]を上げている（pp. 66-68. 邦訳 1979年，102-105頁）。Campbell（1987）は，現代の消費者は，欲望，空想，幻想に動機づけられる存在であるとしたうえで，消費者

第Ⅲ部　快楽価値概念の再検討

行動の本質的部分は，従来の消費者行動研究で焦点が当てられてきたプロダクトの選択・購入意思決定ではなく，製品カタログ，ポスター，カレンダー，雑誌等を手がかりとして，理想とする場面または憧れのシーンを頭に思い描いた消費者が，その「空想的快楽への欲望」を充足させるためにドレス，アクセサリー，リムジン，三つ星レストラン，オペラ鑑賞等の消費をとおしてセレブな自分を幻視することにあるとしている。[9]

3　「快楽」と価値概念

このようななか，快楽的消費やこうした消費の対象となるプロダクトについてさまざまな理解や解釈が存在するのは，そもそも「快楽」という概念に共通した理解が得られていないためであるとして，このことが問題視されてきた。たとえば，Dubé and Le Bel (1999) は，快楽は消費者行動の核となる概念にもかかわらず，快楽の本質（内容）を解明しようとする研究はこれまでほとんど見られないとしている (pp. 160-161)。また，快楽を志向する態度を，製品の機能や有用性を指向する態度に対置させた Ahtola (1985) は，従来の研究では，「快楽」概念だけでなく，快楽が得られるとするプロダクトや，こうしたプロダクトの消費における快楽的反応にも曖昧さが見られるとしている。さらに，マーケティング研究者の堀内圭子は，ホルブルックらが「快楽」という概念を明確に定義しないまま快楽消費研究をはじめてしまい（堀内 1998, 83頁），後に続く研究も「快楽」を自明のこととしてそれぞれの議論を展開していることが快楽消費研究の発展を妨げているとして，このことを憂慮している（堀内 1998, 83頁；2001, 34頁）。こうした状況について井上 (2008) は，「この4半世紀の間に，快楽消費研究は，マーケティング研究や心理学を中心に活発な研究がなされてきた。にもかかわらず，快楽消費における『快楽』がなにを意味するのかという本質的な問題に関して，統一した見解が得られていないのが現状である」（53-54頁）と述べ，快楽概念が曖昧なままにされていることに警鐘を鳴らしている。こうした問題は，快楽的消費やこうした消費の対象となるプロダクトだ

けでなく，こうした消費経験において認知される価値の分類にも影響を及ぼしている。

　ホルブルックらは，Holbrook and Corfman（1985），Holbrook（1996 and 1999, pp. 1 -28）において，それまで漠然と捉えられてきた，消費者がプロダクトの消費において認知する消費者価値（consumer values）の分類を試みている。そこでは，消費者によって知覚される価値が，自己志向（self-oriented）／他者志向（other-oriented），能動的（active）／受動的（reactive），「手段としての消費」に対応する外在的（extrinsic）／「目的としての消費」に対応する内在的（intrin-sic）の 3 つの軸で分類されている。このうち，Hirschman and Holbrook（1982）で快楽を促すとされた芸術鑑賞から得られる「美しさ」は，自己志向的，受動的，内在的な性質を持つ価値として，同じく快楽を促すとされた娯楽から得られる「楽しさ」は，自己志向的，能動的，内在的な性質を持つ価値として類別された。

　この結果，両者に共通する「自己志向的」「内在的」という共通要素を手がかりとして，快楽価値は自己志向的で内在的な性質を持つ価値，または消費することそれ自体を目的とする目的的消費から得られる利己的価値として定義された。だが，ホルブルックらによるこうした分類に対して Grayson（1999）は，「楽しさ」という価値が得られる遊戯活動（play）には，「ルールを守る」という社会的性質も並存するため，快楽は必ずしも自己志向的で内在的な価値であるとは言えないとしている。また，堀内（2001）は，「哲学領域や社会・経済思想領域の快楽論では，快楽の社会性も論じられている。したがって快楽は必ずしも『自己指向』とは言えない」（40頁）と述べ，ホルブルックらによる快楽の分類の仕方に異議を唱えている。

　本研究では，これまで，ホルブルックらによってはじめられた快楽消費研究について概観してきた。その結果，ホルブルックらによって提唱された快楽の諸概念について必ずしも共通した理解が得られているとは言えないこと，また消費者価値の分類の仕方について理解が得られていないことが確認され，こうした問題が，ホルブルックらの研究アプローチに起因することが示唆された。

第Ⅲ部　快楽価値概念の再検討

4　マーケティングにおける解釈主義的アプローチ

　本節と次節では，ホルブルックらの研究アプローチについて検討し，快楽消費研究の諸概念や消費者価値の分類に対する批判や異論を生み出している原因の特定を試みる。

　よく知られるように，70年代に米国が高度大衆消費社会に入ると，マーケティングの対象は，従来のコーヒー，タバコ，歯磨きペースト，冷蔵庫，自動車，レストラン，生命保険などの商品ないしはサービスから，都市をはじめ観光地や娯楽施設等のロケーション，音楽や芸術作品，民主主義等のアイデアにまでに拡張された。これにより，消費者行動研究の対象も拡張されることになったが，従来の消費者行動研究が常套手段として用いてきた実証主義的アプローチは，消費者行動研究が新たに射程に収めたこうしたプロダクトの消費者行動，すなわち文化的消費または非合理的消費，もしくは目的的消費をうまく説明することができないという問題に直面した。

　このようななか，新たに拡張されたプロダクトの消費者行動を解明するアプローチとして期待されたのが解釈主義的アプローチである。「解釈主義的アプローチ（interpretive approach）」とは，「主に社会学や文化人類学で用いられてきたエスノグラフィ，人文主義的研究，記号論，歴史的研究方法といった『定性的』な『意味』の探究を試みる一連の研究方法」（駒田 2004, 17頁）とされている。実証主義的アプローチが量的な質問紙調査や実験・調査によって集められた客観的なデータを手がかりとして現象を分析し未来を予測するのに対して，解釈主義的アプローチは，自由回答形式のインタビュー，内観報告，参与観察等によって集められた質的データを手がかりとして，消費の背景や他の消費者との個人差を考慮しながら消費の意味を解明する。後者のアプローチは，「消費者行動を，その背景も含めて深く包括的に説明できる」（堀内 2001, 100頁）反面，分析結果の一般化は難しいとされている。

　解釈主義的アプローチは，人と世界を不可分の関係とみなすことで消費経験

を文脈依存的なものとして捉え，消費者自身が消費経験をどのように意味づけているのか解釈することに重点が置かれる。消費経験を文脈依存的なものとして捉える作業のための枠組みと概念装置は，人間行動を社会的な構造や文化的な枠組みのなかに位置づけ理解しようとする人類学や社会学から持ち込まれた（駒田 2004, 17頁）。このようななか，1974年の *Journal of Consumer Research* の創刊によって消費者行動研究が学際的な研究として認知されたことは，心理学，社会心理学，社会学，文化人類学等の社会科学においてそれまで蓄積されてきた人間の諸活動に関するさまざまな枠組みや概念装置のマーケティングへの移入をいっそう推し進めた。[11]

5　ポストモダンと解釈主義的アプローチ

　一方，ホルブルックらが快楽的消費を提唱した1980年代は，解釈主義的アプローチがマーケティングに浸透した時代であると同時に，いわゆる Hunt (1976) を発端とする科学哲学論争においてマーケティングのあり方が問われた時代でもあった。その科学哲学論争をシンプルな図式に置き換えると，伝統的な実証主義と相対主義，定量的方法と定性的手法，いわゆるモダニズムと（後述する）ポストモダニズムの対立の構図となる（駒田 2004, 18頁）。こうした対立の構図において後者の立場を擁護するマーケティング研究者たちは，本来であれば，その研究手法を，具体的なケースに落とし込んで説明しなければならないところを，実証主義的アプローチに対する相対主義的アプローチの正当性・妥当性の訴求に労力と時間を割いてしまった。これにより，解釈主義的アプローチについて「『実証主義的アプローチに対して批判的な立場をとるさまざまなアプローチの総称』という意味が共有されていくことになる」（駒田 2004, 19頁）。駒田（2004）によれば，こうした状況を促したのがポストモダニズムの興隆である（19頁）。ここに，「ポストモダニズム（postmodernism）」とは，ポストモダンの時代に有力だった一つの文化的潮流として時代精神を意味するものとされている（東 2000, 210頁）。

第Ⅲ部　快楽価値概念の再検討

　「ポストモダン（Postmodern)[12]」とは，「60年代から70年代にかけての先進国で始まった社会的・文化的・認識論的な変化の総称」（東 2000, 210頁）として理解されている。その特徴の一つは，「大きな物語（仏：métarécit)」に対する不信感（仏：incrédulité）とされている（Lyotard［1979］1998, p. 7. 邦訳 1986年, 8−9頁）。モダンの社会では，啓蒙，科学，自由，革命，進歩など，人間にとって普遍的な価値（大きな物語）が社会の深層を規定していた。こうした時代は，それぞれの出来事（小さな物語）は互いに関連性がないように見えても，「大きな物語（metastory)」に照らしてその意味が読み取られ価値が判断されていたが，「大きな物語」が失墜すると，それぞれの出来事は「大きな物語」を介して読み込まれることはなくなり，互いに関連を持たない出来事として浮遊するとされている（薄井 2003, 164頁）。モダン（近代）の後に来る，あるいはそれを乗り越えた文化的状況として理解されているポストモダン（McGuigan 1999, p. 1. 邦訳 2000年, 10頁；東 2001, 14-15, 28頁）は，モダンの発想が現実を捉える力を失くした時代以降の現実感を総称することばとされている。こうした思想が生まれた背景には，近代社会を支えてきた啓蒙思想に対する不信感がある（今田 1994, 8頁）。すなわち，中世社会を特徴づけていた規則による支配に対して，効率性と合理性を重視した啓蒙思想は，近代の成立に向けて社会の機能化を推し進めた。だが，豊かな社会の実現によって価値観の多様化や生活様式の個性化が進むと，人々は機能優先の価値観に疑問を持つようになり，効率的・合理的な方法の積み重ねでは真の幸福は得られないことに気づきはじめたとされている（11頁）。ポストモダンの『普遍的真理（Universal Truth)』を謳う「いかなる種類の包括的主張も頑なに信じることなく，その代り，数多く存在する『局所的真理（local truths)』の変種を進んで受け容れる」（ホルブルック 2001, 142頁；カッコ内は筆者追記）ために必要とされたのが「相対主義と個性の主張であり，かつあらゆる思想領域の『常識』という普遍性を否定すること」（レビー 2001, 133頁）とされている。議論を本線に戻そう。

　かくして，マーケティングにおける解釈主義的アプローチについて，反実証主義的な立場をとるさまざまなアプローチの総称とみなされるようになったこ

第7章 快楽的消費の意義と課題

とは，結果として，マーケティングにおける解釈主義的アプローチの可能性を限定してしまった（駒田 2004, 19頁）。それと同時に，マーケティングにおける解釈主義的アプローチは，ポストモダンの文化論に見られる相対主義を標榜し局所的真理を重視する特徴になぞらえて「ポストモダン・アプローチ」の俗称で呼ばれるようになる。これを機に，マーケティングでは，一般に，ポストモダン・アプローチをとる広義の研究をポストモダン・マーケティング，狭義のそれをポストモダン消費者研究と呼ぶようになる。

このようななか，Hunt（1989）では，ポストモダン消費者研究に対して，知識の内容やその価値について明確にすべきである，相対主義的であるよりもむしろ多元論的であること，実証主義の軽視が非生産的な議論を生み出しているとの批判がなされている（pp. 430-431）。一方，Connor（1992, p. 14），Regan（1992）では，ポストモダンは，価値についての見方を拡大することに注力する一方で，価値がどのように理解・評価されるのかについて十分に説明していないことが問題視されたが，こうした指摘は，前節において検討したホルブルックらによる消費者価値の分類にも当てはまると思われる。他方，ホルブルックらによって提唱された消費経験論もまた，その正当性が，たとえばHirschman（1986），Holbrook and O' Shaughnessy（1988），Wallendor and Belk（1989）において主張されたが，「自らの理論的な位置づけを，主観的か客観的か，あるいは特殊的か一般的かといった対立形式で捉えてしまっている」（吉田・水越 2012, 19頁）こうした研究は，消費経験論を厳密化するまでには至らなかったようである。

以上の検討から，ホルブルックらによる快楽的消費の概念化や消費者価値の分類に見られる問題は，ポストモダン・アプローチないしポストモダンに見られる相対主義を標榜し局所的真理を重視する見方に起因する可能性が示された。

本章では，Hirschman and Holbrook（1982）とHolbrook and Hirschman（1982）を議論の出発点として快楽的消費について検討した結果，その解釈の仕方はともすれば研究者の数だけ存在すると言っても過言ではない状況が存在すること

101

第Ⅲ部　快楽価値概念の再検討

が確認された。また，こうした状況を引き起こしている問題の一つが，ホルブルックらが「快楽」の意味を曖昧にしたまま快楽的消費を概念化したこと，後続の研究もこうした曖昧な「快楽」に依拠してそれぞれの議論を展開してきたことに起因することが確認された。さらに，快楽価値の定義について異論が提起される原因として，多角的な検討がなされていないことが確認された。そのうえで，ホルブルックらの研究に見られる問題の一つは，ポストモダンないしポストモダン・アプローチに見られる相対主義を標榜し個別的真理を重視する見方に起因する可能性が示された。

注

(1)　*Journal of Consumer Research* の創刊以前にプロダクトの拡張に言及した研究には，たとえば，Kotler and Levy（1969），Kotler（1972）がある。

(2)　大きく「消費者行動の意味研究」と「快楽消費研究」に分かれて発展していく。なお，前者から枝分かれ発展していった研究には「消費者行動の文化的意味研究」「消費者行動の個人的意味研究」が，後者から枝分かれ発展していった研究には「芸術消費と遊びの研究」「感情研究としての快楽消費研究」「消費者のノスタルジア研究」がある。この分野の研究の変遷は，堀内（2001, 21-24頁）に詳しいのでそちらを参照されたい。

(3)　「消費経験論」にそのまま対応する英語の概念は存在しない。M. ホルブルックやE. ハーシュマンを中心とする消費者行動の経験的側面に焦点を当てる議論をわが国ではそのように呼んでいる（松尾 2005, 132頁）。消費経験論については，Hirschman and Holbrook（1982）と Holbrook and Hirschman（1982）に詳しいのでそちらを参照されたい。

(4)　この命題は，次の副次的命題に細分化される。すなわち，①プロダクトに対する消費者感情あるいは空想的反応における違いはサブカルチャーの違いに密接に結びついている，②サブカルチャーはその構成員に許容する空想と感情の程度に影響を与える，③サブカルチャーは快楽を促すプロダクトを規定する（Hirschman and Holbrook 1982, p. 99）。

(5)　快楽的反応のなかでもとりわけ重要な役割を果たすとされる情動喚起を促すプロダクトには，小説，演劇，スポーツ，イベント等の娯楽からタバコ，食品，衣服といった一般消費財まで含まれる（Hirschman and Holbrook 1982, p. 92）。

(6)　堀内は，Russell（1980）を手がかりとして「達成感や充実感なども，快楽と呼べるだろう」（堀内 2004, 34頁）とされているが，同書の55ページでは「人生目標を達成したときのような大きな喜び（「達成感」と理解して差し支えないと思われる）

や充実感」(カッコ内は筆者追記)は一般的な快楽からは外されている。要するに，充実感や達成感は，堀内（2001）の言う「到達の快楽」に分類されることを意味していると思われる。

(7) 食生活に困るほど貧しい社会にも，祭礼に贅沢な食べ物を供える慣習があるのは，快楽による動機づけを想定しない限り説明できないとされた（Scitovsky 1976, p. 66. 邦訳 1979年，102頁）。

(8) Campbell（1987）では，空想と現実のダイナミックな相互作用，現代の消費を紐解く鍵が存在するとされている（p. 90）。

(9) Campbell（1987）では，現代の消費者行動は，従来の購入→消費→廃棄→購入……ではなく，欲望（desire）→獲得（acquisition）→使用（use）→失望／幻滅（disillusionment）→欲望（desire）……の循環によって説明できるとされている。

(10) 製品の機能や有用性を指向する態度に快楽的なそれを対置させた研究には，他にも下記の研究がある。Babin, B. J., W. R. Darden and M. Griffin（1994），"Work and/or fun: Measuring hedonic and utilitarian shopping value", *Journal of Consumer Research*, Vol. 20, Issue 4, pp. 644-656; Holbrook, M. B., D. R. Lehmann and J. O'Shaughnessy（1986），"Using versus choosing: The relationship of the consumption experience to reasons for purchasing", *European Journal of Marketing*, Vol. 20, Issue 8, pp. 49-62; Kempf, D. S.（1999），"Attitude formation from product trial: Distinct roles of cognition and affect for hedonic and functional products", *Psychology and Marketing*, Vol. 16, Issue 1, pp. 35-50; O'Curry, S. and M. A. Strahilevitz（2001），"Probability and mode of acquisition effects on choices between hedonic and utilitarian options", *Marketing Letters*, Vol. 12, Issue 1, pp. 37-49; Wakefield, K. L. and J. J. Inman（2003），"Situational price sensitivity: The role of consumption occasion, social context and income", *Journal of Retailing*, Vol. 79, Issue 4, pp. 199-212.

(11) 解釈主義的アプローチのスムーズな導入を可能とした背景には，20世紀の社会科学において「意味」を探究する研究がポピュラーだったという状況が存在する（駒田 2004, 17頁）。

(12) Featerstone（1989）は，「ポストモダン」の歴史的背景について，次のとおり解説している。すなわち，1934年にフェデリコ・ド・オニス（Federico de Onis）によって，モダニズムに対するマイナーな反応として提示されたのがポストモダン主義（postmodernism）の最初の使用である。また，ポストモダン性（postmodernity）という用語は，1947年に A. J. トインビーによって西洋文明の新しい潮流を示すために作られた。その後，60年代の米国で，芸術家の R. ラウシェンバーグ，J. ケージ，W. バロウズ，批評家の L. フィードラー，I. ハッサン，S. ソンタグらによって用いられ，70年代に入ると，建築，映画，実演芸術（performing arts），音楽などの分野で一般的となった。米国において一つの芸術潮流とみなされるようになったポストモダンは，70年代末にフランスに輸入された。当地では，J. クリスティヴァ，J. リオタールらに採用され，さらに（事後的に）60年代世代の M. フー

第Ⅲ部　快楽価値概念の再検討

コー，G. ドゥルーズ，J. デリダらの思想の形容として用いられるようになる。その後，70年代末～80年代にかけて J. デリダの脱構築主義の別名として米国に逆輸入され，主に文学評論に影響を与えた。ほぼ同時期に，ドイツに輸入された「ポストモダン」の用語は，J. ハーバーマスによってモダンの対抗図式の一方に据えられることによって知的世界における市民権を得たとされる（p. 30-31. 邦訳 2003年，65-66頁）。なお，小林（1986）は，ポストモダンという用語そのものは，60年代後半～70年代にかけて，主に米国の社会学者や批評家たちによって使われはじめたとしている（221頁）。

⑬　「大きな物語」の衰退については，リオタール（Lyotard［1979］1998, 邦訳 1986年）のほかに，マグウィガン（McGuigan 1999, pp. 9 -33. 邦訳 1999年，19-57頁）においても詳しく解説されているので参照されたい。

⑭　ポストモダン・マーケティングについては，次のジャーナルで特集が組まれたので参考されたい。*International Journal of Research in Marketing*, Vol. 11, Issue 4 , pp. 311-449（September 1994）；ラッセル W. ベルク・その他（2001）『DIAMOND ハーバード・ビジネス・レビュー：特集 ポストモダン・マーケティング』ダイヤモンド社，6 月号。

第8章

快楽的消費の可能性

1 ポストモダンの消費文化と即時的満足

本章では，はじめに，経験的消費を検討するための準備的議論としてポスト
モダンの消費文化について概観し，そこで確認されたことを手がかりとして快
楽的消費から発展したとされる経験的消費について検討する。そのうえで，独
自の快楽論を展開した堀内の研究と感情心理学を拠り所として快楽論を発展さ
せようと試みた井上の研究を検討し，そこで示されたことを手蔓として，快楽
的消費やこうした消費から得られる快楽価値を再定義するための要件整理を行
う。

（1）ポストモダンと即時的満足

さて，管理，機能，効率性を重視する成果指向的なモダンの社会は，精神と
肉体，公と私，生産と消費，職場と家庭，労働と遊び，経済と文化，中心と周
縁，秩序と混沌といった二分法の枠組みで事物を捉える発想に基礎づけられて
おり，後者に対する前者の優位性は，目標に向けて社会を進歩させるために必
要と考えられた（ドラキア他 1994, 53頁；薄井 2003, 164-165頁）。これに対して，
ポストモダンの文化論では，両者（前者と後者）の融合が進むことで，たとえ
ば「仕事は楽しむもの」という考え方が一般化しつつある（ドラキア他 1994, 54
頁；薄井 2003, 165頁）。

ドラキア他（1994）によれば，初期の産業社会に見られた懲罰と経済的脅し

第Ⅲ部　快楽価値概念の再検討

という動機づけが，モダンの産業社会の最盛期により高い待遇と報酬に替わったのは，豊かな社会ではつねに労働力が不足し，多くの者が社会保障を受けるためであった。これに対して，ポストモダンの産業社会では，鼓舞に基づく「動機づけ」が，衝動に基づく「誘惑」に取って替わられたとされている（61頁）。

　人間の積極的な参加を求める動機づけは挑戦的であり厳しいが，人間の消極的な服従を求める誘惑は安易で誘発的であり快いものとされた。約束された未来を築くために現在を生きる義務感を喪失したポストモダン世代に対して，未来の満足を約束する刺激と報酬という動機づけはうまく機能せず，代わりに「仕事ないし労働が行われている瞬間あるいはそのプロセスのなかで，即座に喜びを味わえるように誘導する」（61頁）ことが，彼／彼女らの労働意欲を維持・向上させるうえで重要となってきている。このことを実践している例として，グローバルでコンテンツ検索サービスを提供しているグーグル（Google Inc.）や事務用品，サニタリー，ヘルスケア等の製造・販売で知られるスリー・エム（3 M Company）の社員は，オフィスとテーマパークを融合させたような開放的な空間で働いているケースを挙げることができる。

　未来が保障されていないポストモダン世代の欲望を即時的に充足させようとするこうした試みは，消費社会においても見られる。たとえば，一般に「二次創作」と呼ばれるそれは，同じ趣味を持つ人またはその集まりを意味する同人によって性的に読み替えられた原作のアニメ，コンピュータ・ゲームであり，年間を通じて全国で開催されるコミック・マーケット，展示即売会，インターネットで売買されている。東（2001）によれば，こうした状況がポストモダン的であると考えられているのは，二次創作に対する評価が，J. ボードリヤールが描いた文化産業の未来に酷似しているからとされている（40-41頁）。そこでは，作品や商品のオリジナルとコピーの区別が曖昧になり，そのどちらでもないあり様，あるいはオリジナルを持たないコピー[1]（実在のない虚構）を指す「シミュラークル（仏：simulacres）」と呼ばれる形態が支配的になると予測されている（Baudrillard 1976, 邦訳 1982年；Baudrillard 1981, 邦訳 1984年）。今田（1994）は，

第**8**章　快楽的消費の可能性

「消費社会の到来とともに，努力，勤勉の価値が揺らぎ，人々はシミュラークルとしての象徴的意味を求めるようになった。それは実在をともなわない幻影を一つの現実とみなして，これに身を委ねる模擬（ミミクリー）の遊びが支配することだといえるだろう」（215頁，カッコ内は筆者追記）と述べ，シミュラークルが増殖した世界では，本来は虚構であるはずのものがあたかも現実であるかのごとく受け止められるようになり，人々は虚構においてしか現実を認識できなくなるとしている。ここで言う「模擬（mimicry）」とは，自分は他者であると思い込んで戯れることであり，秋葉原の路地で踊る独創的なキャラクターに扮した若者やコミック・マーケットに集まるコスプレーヤーはその一例とされている。

　こうした消費が「現実を超えた」あるいは「ハイパーリアリティ（hyperreality）」と呼ばれているのは，たとえば，チケットを購入して，時間を都合して，行列にならんで，疲れて帰宅する……という現実的行為をともなう「生演奏を聞く」という消費行動に代わって，ネットで購入した同じ音楽——だが，生演奏でない限りオリジナルではない——を自宅のソファでリラックスして楽しむことは，もはや生演奏という現実（リアル）を超えた消費とみなされるためである。オリジナルよりも消費にかかる時間や労力が少なく，即時的に欲望を充足するこうしたプロダクトは，我々の日常に数多く存在する。

（2）予測不可能な即時的満足

　ポストモダンの消費文化では，製品やその機能から得られる便益よりもむしろ消費経験において意味を問うプロダクトでなければ，消費者の購買意欲を喚起することは難しいとされている。そこでは，機能優先の社会が標榜した目標を効率的に達成する考え方は退けられ，差異を作ることによって意味を充実させることが中心となる（今田 1994, 28頁）。だが，「意味充実のメカニズムには終わりが想定できず，差異の分節化による付加価値の創造過程しか存在しない（中略）また，付加価値は予め決まっているのではなく，さまざまな試行錯誤を経て初めて生み出される。（中略）付加価値が創造されるか否かは，事前に

第Ⅲ部　快楽価値概念の再検討

はわからない」（今田 1994, 22-23頁）ことは，不透明な未来に対して消費するための忍耐，努力，労力は敬遠される。

　ポストモダンということばは，自ら「新しい」という自己主張をしない一方で，次になにが来るのかわからないことに魅力があるとする，ドイツの哲学者でメディア理論の先駆者として知られる N. ボルツは，「ポストモダンとは，未来を想像することの不可能性とアイロニカルに折り合うことである」（ボルツ 1994, 15頁）と述べ，偶発性（独：Kontingenz）と複雑性によって特徴づけられるポストモダンを，多くの可能性に秘められた偶然の世界として捉えることができるとしている（ボルツ 1994, 16頁）。また，Toffler（1971, 邦訳 1982年）は，個人消費における即時性，新奇性，移ろいやすさといった予測困難なものへの感受性が促進された結果，流動的な感性が，大きな物語に対するコンセンサスへの感受性を凌駕し，社会の断片化，価値観の多様化を促すと述べ，記号的消費やサービス産業の拡大によって広告産業が消費者に与える加速度的な快楽は，消費から得るものよりも消費活動そのものを自己目的化するとしている。

　以上のとおり，シミュラークルが飛び交うポストモダンの消費社会では，結果が約束されていない未来よりも今が楽しければいいという価値観が支配的になることで，未来に対する満足の不確実性をサプライズによる「今この時」の満足に置き換える。ポストモダンの消費社会において仮定された満足のこうした性質は，「ファンタジー」「フィーリング」「ファン」の感覚を促す消費経験において享受されるとする快楽的満足のそれと多くの点を共有していると思われる。以上の検討から，ポストモダンの消費文化に見られる消費経験は，予測不可能な即時的満足を促すことが確認された。

　次節では，前章を含めてこれまでに確認されたことを手がかりとして，「経験的消費」と呼ばれる消費とこうした消費において促される満足から得られる価値について検討する。

2　経験的消費と経験価値

　快楽的消費に似た消費の形態に，経験的消費がある。「経験的消費（experiential consumption）」とは，一般に，製品またはサービスの消費経験を価値認知の拠り所とする消費として理解されている。1990年代以降，こうした価値に実務家や研究者の関心が寄せられている背景には，インターネットを介して日々膨大な情報が流通する現代消費社会では，製品属性，製品の消費から得られるベネフィット，ブランドやブランド連想といった差別化要素だけではもはや消費者を振り向かせるには十分とは言えないという危機感が存在する（Schmitt and Simonson 1997, p. 18. 邦訳 1998年，24頁）。

（1）快楽的消費から経験的消費へ

　消費経験に焦点を当てたマーケティング研究の萌芽は，生産者は製品の提供をとおしてニーズなり欲望なりを満たす経験を提供すべきであるとした Morris（1941, 136頁），人々が本当に求めているのは製品ではなく満足できる経験である，人々が製品を欲しがるのは製品が与えてくれる経験を望むからであるとした Abbott（1955, p. 40）に遡ることができると思われる。一方，こうした命題を再評価する形でプロダクトやブランドの差別化に「経験」の視点を持ち込んだエクスペリエンス・イノベーションの研究が，90年代末から世紀の変わり目にかけて台頭した。青木（2006）の言う「エクスペリエンスの時代」の到来である（26-27頁）。

　こうした研究がホルブルックらの消費経験論を基礎とする快楽消費研究の延長線上に位置づけられることは，これまでもたびたび指摘されてきた。たとえば，岡本（2004）は，消費者目線からブランドを捉えようとするアプローチは，「1980年代からいわゆる『ポストモダン』の消費者研究で行われてきた『消費経験』への理解をめざす流れに棹さしたものであり，『経験』という概念もそうした流れのなかで使われてきた概念であった」としている（209頁）。同様の

第Ⅲ部　快楽価値概念の再検討

指摘は，B. シュミットやパインらが論じている消費における「経験」という概念は，文化的な消費現象を説明するためにホルブルックらが消費者行動研究に持ち込んだ「購買から消費へ」という流れに分類されるとする和田（2002, 141頁）にも見られる。また，Hirschman and Holbrook（1982），Holbrook（1995），Pine and Gilmore（1999, 邦訳 2005 年），Schmitt（1999, 邦訳 2000 年），石井（1993a）を比較検討した朴（2008）は，「『経験価値』は快楽消費研究にその理論的な基礎が置かれていることは確かであろう」（17頁）と述べ，両者の関係について次のとおり指摘している。すなわち，快楽的消費は，情報処理パラダイムが消費財のみを対象としてきたことに対する反省から娯楽や芸術鑑賞に着目したが，経験的消費はこうした文化的消費に限定されない情緒的経験を促す幅広い「コトの消費」を対象とする。さらに，「経験」の重要性に着目したパインらは，「エンターテイメントは，経験のほんの一面に過ぎない。（中略）顧客の思い出に残るようなかかわり方をとおして，企業が顧客の心をつかんだときにはいつでも経験をステージングしている」（Pine and Gilmore 1999, p. 3. 邦訳 2005年, 15頁）と述べ，ホルブルックらが非合理的消費を説明するために着目した「経験」の範囲を，ホルブルックらが想定した文化的消費から拡張している。以上の検討から，経験的消費は，その理論的バックボーンを快楽的消費と共有していると見て差支えないと思われる。

（2）消費経験と満足の即時性

このようななか，90年代末に消費の経験的側面に着目する研究として注目を集めたのが，消費経験がブランドやプロダクトの新たな差別化要素になることをについて論じた Pine and Gilmore（1999, 邦訳 2005年），Schmitt（1999, 邦訳 2000年）である。

Pine and Gilmore（1999）では，コーヒー1杯につき数セントのコーヒー豆が，街角の一般的なレストランや喫茶店でコーヒーとして給仕される頃には1杯50セント〜1ドルになり，高級レストランでは2〜5ドルに跳ね上がっても，こうした価格が受け入れられるのは，顧客はコーヒーに価値を見出しているので

第**8**章　快楽的消費の可能性

はなく，高級レストランでコーヒーを楽しむという「経験」に価値を認めるからにほかならないとしている（pp. 1-5. 邦訳 2005年，10-17頁）。

パインらは，製品をモジュールに分解・規格化できれば，顧客が求める経験に合わせてそれらの組み合わせを変えることによって，コストを抑えながら顧客の満足を効率的に満たすことができるとしている。たとえば，玩具のレゴ（Lego）のケースでは，規格化されたブロックのピースを自由に組み合わせることによって作り手（顧客）の経験を演出できるとしている。また，保険サービスでは，モジュールに対応する規格化された個々の業務を組み合わせプロセスとして仕立てることによって顧客の経験をステージングできるとしている（Pine and Gilmore 1999, pp. 72-73. 邦訳 2005年，124-125頁）。そのモジュール化された製品ないしサービスをカスタマイズし，経験をよりパーソナライズすることで，経済システムは，図8-1のとおり製品（産業経済）→サービス（サービス経済）→経験（経験経済）に移行する（pp. 70-75. 邦訳 2005年，121-129頁）。このプロセスでは，高次のシステムほどサービスの差別化が顕著になることで模倣されにくくなり，消費者ニーズの妥当性が上がることでそれに見合う価格設定が可能となる。これとは逆に，経験は繰り返されることで顧客満足は低下し，模倣・同質化によって製品に，製品がコモディティ化することでモノ（コモディティ）に退化するとされている。要するに，絶え間ない価格競争によって付加価値を失ったプロダクトは代替可能なコモディティと化し（岡本 2004, 201頁），顧客はついにそのプロダクトの価格にしか魅力を感じなくなるという。

Pine and Gilmore（1999）によれば，感情的，身体的，知的，精神的な働きかけに対して顧客の内面に生じるとされる「経験」は，企業によって演出されたイベントとの相互作用のなかで生成される。そこで仮定された消費者は，図8-1右上の「経験（演出）」において，「ある瞬間やある時間に企業が提供してくれる"コト"に価値を見出す」と考えられており，ディズニーランドのゲストはその一例とされている（pp. 12-13. 邦訳 2005年，29-30頁）。ここに，「コト（-ing）」とは，驚きや即時的な感動を促す経験とされている（pp. 15-20. 邦訳 2005年，33-43頁）。

III

第Ⅲ部　快楽価値概念の再検討

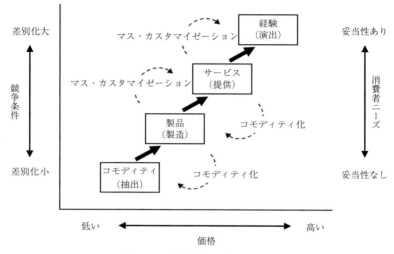

図 8-1　経済価値の進展と退化
出所：Pine and Gilmore（1999, p. 72. 邦訳 2005年, 123頁）。

　一方，Schmitt（1999, 邦訳 2000年）では，ブランド・マーケティングの新たな可能性を示唆する経験価値マーケティングが提示された。ここに「経験価値マーケティング（experiential marketing）」とは，製品やサービスの消費経験そのものをマーケティングの対象とすることで，製品またはサービス，もしくはそれらのブランドに付加価値を与え差別化を図るマーケティング手法とされている。B. シュミットによれば，消費経験は「『ファンタジー，フィーリング，ファンの追求に向けられる』ために，情緒に支配されることも多い。（中略）顧客は，楽しみたい，刺激を受けたい，感動したい，想像力に富む挑戦を受けたいと思っている」（p. 29. 邦訳 2000年, 50頁，脚注番号は筆者追記）。したがって，経験価値マーケティングで仮定されたマーケターは，「今，あなたが，実際に肌でなにかを感じたり，感動したりすることにより，あなたの感性や感覚に訴えるマーケティングを展開していく」（邦訳 2000年, 1頁）ことで，消費者に理想的な瞬間を経験してもらうことを指向する。経験価値マーケティングの経験は，消費者の記憶にしまわれているそれではなく，マーケティングによって与

えられたある刺激に反応して生じる個人的な出来事（p. 60. 邦訳 2000年，88頁）
とされているのはこのためである。

（3）「経験」という概念の曖昧性

　翻って，英語の "experience(s)" には，共通した理解が得られているとは言
えない状況が存在する。このことを示す象徴的な例として，本書の第Ⅰ部で解
説したＳ-Ｄロジックの FPs のうち，FP10の "Value is always uniquely and
phenomenologically determined by the beneficiary."（価値は，受益者によって，
つねに，独自に，現象学的に判断される）において "experientially" に代わり "phe-
nomenologically" が採択されたのは，"experience" が持つ意味の多様性から来
る曖昧さ（不明確さ）によるものであったとされる（Vargo and Lusch 2008a, p.
9）ことを挙げることができる。

　一方，わが国のこの分野における研究では，"experience" を「経験」と邦訳
する習わしにはたびたび異論が唱えられている。たとえば，和田（2002）は，
Pine and Gilmore（1999, 邦訳 2005年）や Schmitt（1999, 邦訳 2000年）の "experi-
ence" に焦点を当てた消費を「体験消費」と呼んでいる。同書では，「経験」
ということばは，ともすれば○○の経験があるというように過去の出来事を想
起させるとしたうえで，今この時の情緒的臨場感を表す適切な表現として「体
験」ということばを用いている（和田 2002, 141頁）。また，伊藤・赤穴・宇賀神
（2004），益田（2007）は，B. シュミットのいう "experience" は，「経験」という
よりはむしろ「体験」に近いため，"experiential marketing" に「体験マーケ
ティング」という名称を与えている。

　他方，岩波の「哲学・思想辞典」によれば，「体験（独：Erleben, Erlenis）」と
いう概念は多くの点で「経験（独：Erfahrung）」と重なるが，あえて相違点を上
げるなら，前者は「直接性や生々しさ，強い感情の彩り，体験者に対する強力
で深甚な影響，非日常性，素材性，などのニュアンスを持っている」（廣松他
1998, 1008頁）とされる。

　ここで，"experience" を踏み込んで理解するための手がかりになると思われ

第Ⅲ部　快楽価値概念の再検討

る指摘が Schmitt（1999, 邦訳 2000年）のエピローグに記されているので引用する。

　　　本書で論じてきた経験価値[7]とは「まったく異なるタイプの経験価値も
　　存在する。『より深い（deeper）』『より本質的な（more substantial）』『より
　　関係の深い（more involving）』経験価値である。これらは，本書で触れた
　　あらゆるマーケティング・キャンペーンよりも，ずっと感覚をときめかせ
　　（more dazzling sense），心に触れ（more touching to the heart），知的なかか
　　わりを深める（more involving intellectually）。このようなタイプの経験価値
　　は，私たちの世界観，優先順位，生き方をまるっきり変えてしまう。これ
　　らは，私たちを，新しい次元や新しい世界と結びつけてくれる。（中略）
　　現在行われているほとんどのブランドやマーケティング・キャンペーンは，
　　このようなタイプの経験価値を少しも提供できない」（p. 251. 邦訳 2000年，
　　317頁，カッコ内は筆者追記）。

　Schmitt（1999, 邦訳 2000年）のエピローグは，従来の経験価値は，「異なるタ
イプの経験価値」との対比においてさほど感覚をときめかせることはなく，心
に触れることがあってもそれは軽く，知的なかかわりを深めるとは言えない経
験において認知されることを示している。一方，こうした価値から，B. シュ
ミットの言う，より深い，より本質的な，より関係の深い経験価値を峻別する
要素は何であろうか。既存研究は，このことについて明らかにしていないよう
である。

　以上の検討から，経験価値は，快楽的消費がその対象とした文化的プロダク
トの消費に限定されない幅広い消費経験において即時的に促される満足から得
られる価値として理解されていることが確認された。経験価値に見られるこう
した性質は，コトの消費における消費者の「Wow!」というサプライズ経験か
ら得られるとする経済価値（Pine and Gilmore 1999, p. 16. 邦訳 2005年，35頁）と多
くの点を共有していると思われる。こうしてみると，B. シュミットやパイン
らが論じた消費経験には，快楽的消費やポストモダンの消費文化において見ら

れる予測不可能な衝動的満足を促すとされる消費経験の痕跡を見ることができる。

以上のとおり，消費者の幅広い「経験」に焦点を当てた既存研究のレビューによって，経験的消費とこうした消費から得られるとされる価値は，快楽的消費とこうした消費から得られるとされる価値を起源とすること，後者は前者をそれぞれ拡張した概念であることが確認された。また，経験的消費や経験価値の概念には必ずしも共通した理解が得られているとは言えない状況が存在し，こうした問題が，快楽的消費から概念拡張された経験的消費の中核となる「経験」の曖昧さを払拭しないまま経験的消費や経験価値の議論が展開されていることに起因する可能性が示唆された。

次節では，快楽をめぐる幅広い既存研究を批判的に検討し，そこで示されたことを手がかりとして独自の快楽消費論を展開した堀内（2001）とその一連の研究について検討する。

3 既存研究の批判的検討から生まれた独自の快楽論

主に心理学の視点から快楽消費研究を掘り下げる堀内は，Hirschman and Holbrook（1982）を批判的に検討し，快楽を促すプロダクトは娯楽や芸術鑑賞に限定されないとした（堀内 2001, 2 - 3 頁 ; 2004, 44-45頁）。また，快楽を促す消費対象として芸術活動，趣味，娯楽，性的営み，学術研究，晩餐，祭礼の供物を挙げた Scitovsky（1976, pp. 66-68. 邦訳 1979年，102-105頁）について，ホルブルックらが論じた快楽的消費と大差ないと結論づけた（堀内 2004, 47頁）。さらに，消費における空想的快楽について論じる Campbell（1987）について，日常的な快楽をほとんどとり上げていないことを問題視した（堀内 2004, 50頁）。そのうえで，J. ベンサムの快楽論を基礎として（塩野谷 1983）快楽を主体が望ましいと認識する感情として捉えた Sidgwick（[1907] 1981, p. 131）を手本に快楽を「主観的に望ましい感情を経験すること」（堀内 2004, 32頁）と定義し，これを拠り所として消費者は，「当人にとって望ましい感情を経験する」（Horiuchi

第Ⅲ部　快楽価値概念の再検討

2003, p. 268; 堀内 2004, 40頁）快楽的消費において快楽価値を得るとした。[8]「消費者は本来快楽を求める存在である」（堀内 2004, 58-60頁）とする堀内は，「消費者行動を快楽消費として捉える」（堀内 2001, 88頁）独自の視点を拠り所として既存研究とは一線を画する論陣を張った。

　堀内（2001）とその一連の研究は，既存知識を体系化することによって快楽的消費の研究基盤を整備したこと，かつ，豊富な文献のレビューを手がかりとして快楽概念の明確化を試みたことの意義は大きいと思われる。一方，堀内（2004）では，さまざまな消費場面における被験者の感情を分析した Derbaix and Pham（1991），Richins（1997）を手がかりとして，快楽消費論が扱う感情を「楽しさ」「おもしろさ」「喜び」「美的な満足」「感動」「興奮」「熱狂」「合理性による満足」「ささやかな喜び」「嬉しさ」「癒し」「和み」「解放感」「気楽さ」「リラックス」「心地よさ」「親しみ」「懐かしさ」「興味・好奇心」「元気づけられること」「ウキウキすること」「好ましいと感じること」の22種に特定している（53-56頁）。だが，快楽とみなされたこうした感情は，「満足」と何がどのように異なるのであろうか。既存研究は，このことについて明らかにしていないようである。

　他方，「人生目標を達成したときのような大きな喜びや充実感」（堀内 2004, 55頁）を快楽に分類しないのは，「商品を買ったり使ったりするとき，ちょっとした喜びを感じることはあっても，大きな喜びや誇らしさを感じることはあまりないからである」とされている（56頁）。ということは，快楽とは，おおむね小さい満足を指しているのだろうか。そうであれば，快楽を大きな喜びや充実感から峻別する要素は何であろうか。既存研究は，このことについて明らかにしていないようである。

　堀内の快楽論では，満足は快楽と何がどのように異なるのであろうか。あらゆる消費は快楽によって動機づけられるとした（Horiuchi 2003; 堀内 2001, 2004）[9]ことによって，快楽と満足の差異は縮小した。だが，快楽を満足から峻別する要素は明らかにされているとは言えず，このことが快楽について共通した理解を妨げる新たな要因となる可能性が出てきた。[10]

第**8**章　快楽的消費の可能性

4　感情心理学における「快楽」

（1）感情研究としての快楽消費研究

　快楽消費研究によって消費者の感情が注目されるようになると，快楽的消費の感情研究は，堀内（2001）が言うところの「感情研究としての快楽消費研究」として独自に発展していく。快楽を含むさまざまな感情を扱う感情研究としての快楽消費研究は，快楽消費研究のサブフィールドとしてではなく，反対に快楽消費研究の一部を取り込む（23頁）ことによって，感情の視点から消費者行動を考究する新たな研究潮流が形成されていく。

　快楽消費研究と感情研究としての快楽消費研究は，前者が審美的な経験から得られる心地よい感覚あるいは心的状態を快楽として見るのに対して，後者はもっぱらプロダクトへの関与度や購買動機に見られる肯定的またはポジティブな感情を快楽として捉える。また，消費を経験として捉える快楽消費研究は解釈主義的アプローチをとるのに対して，消費をプロセスとしてみる感情研究としての快楽消費研究は実証主義的アプローチをとる。さらに，快楽消費研究は，娯楽や芸術等の文化的プロダクトに特化した研究として発展していくが（e.g. Holbrook 1980; Holbrook et al. 1984; Joy and Sherry 2003; Semenik and Young 1980; Sexton and Britney 1980），感情研究としての快楽消費研究は，感情とのかかわりのなかで「関与」「動機」も扱うようになり，研究の射程を財の消費に向けて拡張していく。

　感情研究としての快楽消費研究では，消費者の感情経験について分析が行われ，そこでいくつかのことが確認された。たとえば，Derbaix and Pham（1991）では，120人の学部生（男子学生67人，女子学生53人）を対象とした，過去の消費経験——たとえば，服を買いにショッピングに行く，友人のパーティに参加する，テレビを鑑賞する，友人とレストランへ行く等（p. 333）——における感情を調査・分析した結果，そのほとんどがポジティブな感情であり，ネガティブな感情を抱いた消費はそうした経験を意識から遠ざける傾向がある

117

第Ⅲ部　快楽価値概念の再検討

ことが示された。さらに，Westbrook and Oliver（1991）では，購入した乗用車に対する消費者感情が「幸福／満足（happy/ content）」「うれしい驚き（pleasant surprise）」「無感情（unemotional）」「うれしくない驚き（unpleasant surprise）」「怒り（angry/ upset）」の 5 つのクラスターで説明できることが確認された。このほかにも，Richins（1997）では，製品の種類と感情のそれとの間には適度な相関性が認められることが確認されている。

　このようななか，堀内（2001）は，「感情研究としての快楽消費研究は，個別にはさまざまな成果を生み出してきたが，諸研究の成果を集約することは困難な状態にある」（26頁）と述べ，これまで個別の関心に合わせてその都度研究されてきたこの領域では，感情としての快楽の正体は未だ明確にされていないとしている。

（2）感情心理学と快楽

　一方，快楽を指向する態度を，機能性を求める態度に対置させた Ahtola（1985）を発展させた Batra and Ahtola（1990）は，消費者は製品機能から得られる功利または消費経験において生じるとされる快楽のためにプロダクトを消費するという命題を拠り所として，功利と快楽のそれぞれを指向する態度の尺度開発を行った。同様の研究は Voss et al.（2003）にも見られるが，あえて Batra and Ahtola（1990）との違いを上げるなら，快楽はよりポジティブな感情に近いことが示されたことである。このようななか，井上（2008）は，財の価値や態度に関する快楽性や功利性の高低が測定できるようになった点を評価しつつ，探索的な研究が散見される既存研究の，尺度によって快楽の内容（構成要素）が変化してしまう点を問題視している（55頁）。続けて，Batra and Ahtola（1990）や Voss et al.（2003）では消費における快楽を製品の使用経験から生じる感覚とみなし，Okada（2005）が経験的楽しみを提供する消費対象を，快楽を促すプロダクトとして捉えた例を挙げて，「両者をはじめとして多くの研究が，快楽の内容に踏み込んだ議論を行わず，消費という一つの経験から得られる感覚や楽しみを快楽であると定義している」ことを憂慮し，こうした問

第8章　快楽的消費の可能性

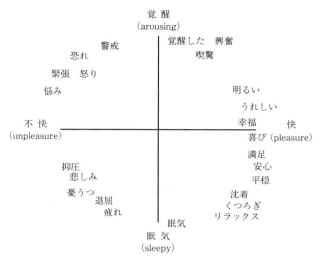

図 8-2　感情の「円環モデル」
出所：Russell (1980, p. 1168) を筆者邦訳。

題を解決する手がかりを得るために心理学の感情研究に着目している (55頁)。
　その一つが，Mehrabian and Russell (1974) の修正モデルとして知られる，Russell (1980) において提示された感情の「円環モデル」(図8-2) である。このモデルでは，ブリティッシュコロンビア大学 (The University of British Columbia) の学部生 (男女36名) の各人に28種類のワード (stimulus words) のそれぞれに当てはまると思う感情を「快」「興奮」「覚醒」「悲観」「悲惨」「憂鬱」「眠気」「安堵」から一つ選んでもらう (選択された感情にフラグ [1] を立てる) というテストに協力してもらい，そこで得られたデータを基に各ワードが「快―不快」×「覚醒―眠気」の軸で構成されるマトリクスにマッピングされている。感情ベクトルの方向性と感情強度の度合いに応じてワードの配置が決まる円環モデルでは，「興奮」「喫驚」のような類義の感情は近接してマッピングされ，「興奮」「退屈」のように対置される感情は遠隔に位置づけられている。
　感情心理学では，J. ラッセルの「円環モデル」のように，感情の構成要素を可視化させる次元軸として「快・不快」と「覚醒・眠気」が用いられるケース

第Ⅲ部　快楽価値概念の再検討

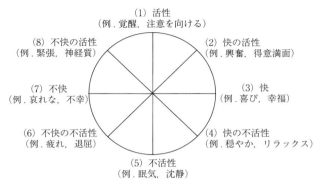

図8-3　感情の8分割モデル
出所：Larsen and Diener (1992, p. 31) の8分割モデルを本研究の議論に合わせて修正。

が多く見られる（上原 2008, 54頁）。一方，井上 (2008) によれば，「快・不快」と「覚醒・眠気」の次元軸を用いた円環モデルには，快の範囲が「覚醒」から「快」を経て「眠気」にいたるまでの広範囲にわたるという問題が存在する（56頁）。こうした問題を改善したと評されているのが，Larsen and Diener (1992) において提示された感情の8分割モデルである（図8-3参照）。8分割モデルでは，円環モデルで採用された「快・不快」と「覚醒・眠気」に対応する「活性・不活性」の次元軸に「快の活性・不快の不活性」「快の不活性・不快の活性」の軸が新たに追加されることで，人間の感情が，図8-3の円環の頂点から時計回りに（1）活性（例．覚醒，注意を向ける），（2）快の活性（例．興奮，得意満面），（3）快（例．喜び，幸福），（4）快の不活性（例．穏やか，リラックス），（5）不活性（例．眠気，沈静），（6）不快の不活性（例．疲れ，退屈），（7）不快（例．哀れな，不幸），（8）不快の活性（例．緊張，神経質）の8種類に分割されている。そのうえで，快の範囲を，（2）「快の活性」からニュートラル状態の（3）「快」を経て（4）「快の不活性」までの領域に限定することで明確にしている（井上 2008, 57頁）。

（3）「快楽」とは何か？

井上（2008）によれば，図8-3の「快の活性」〜「快」の領域は，Scitovsky（1976）において提示された，さらなる喜びや満足を得ることを指す「快楽（positive good）」に，同じく図8-3の「快」〜「快の不活性」の領域は，不安や苦痛からの解放を意味する「安楽（negative good）」に該当するとされる（57頁）。また，堀内（2001）において「プラスの快楽」と呼ばれた快楽と「マイナスからの快楽」とばれる安楽は，前者が「快の活性」〜「快」に，後者は「快」〜「快の不活性」に当てはまるとされた（57-58頁）。

だが，ある事物の内容（要素）を明らかにすることと，「その事物は何か」という問に答える（性質を示す）ことは必ずしも同じであるとは言えないようである。たとえば，感情の構成要素を示す軸として多くの研究者に支持されている「快・不快」と「覚醒・眠気」（濱（2001, 52頁）を採用した Russell（1980）の「円環モデル」において，「満足（satisfied）」の位置を決めている「喜び（pleasure）：フラグ数3」「興奮（excitement）：フラグ数1」，「充実感（content-ment）：フラグ数32」は，「満足」という状態を構成している要素が何であるかを示しているかもしれないが，「満足とは何か」という問に必ずしも答えているとは言えないようである。こうした問題は，図8-3の「8分割モデル」において，快楽は，たとえば「興奮」「得意満面」「喜び」「幸福」とされたが（井上 2008），それらは「快楽とは何か」という問いに対する答えとして必ずしも充分であるとは言えないことにも共通している。

本書では，感情心理学における研究成果をそのままマーケティングにおける快楽研究に転用することにどことなく違和感を覚えてしまうのは，感情心理学におけるそれが，ある刺激に反応した心的状況を，快楽なり満足を構成する要素（内容）として挙げているためである。

5　既存研究のレビューにおいて示されたこと

前章と本章では，主に M. ホルブルックと E. ハーシュマン，B. シュミット，

第Ⅲ部　快楽価値概念の再検討

J. パインと J. ギルモア，堀内，井上らの既存研究のレビューによって，以下のことが確認された。

　はじめに，Hirschman and Holbrook（1982）において提起された快楽的消費の概念に共通した理解が得られているとは言えない問題が，上位概念の「快楽」を曖昧にしたまま快楽的消費が概念化されたこと，それに続く研究も「快楽」を曖昧にしたまま下位概念（快楽的消費）を用いてそれぞれの議論を展開してきたことに起因することが確認された。また，快楽を感覚として捉えるホルブルックらの研究では，快楽を多岐にわたる満足の一つとして個別的に捉えていることが確認された。一方，Holbrook and Corfman（1985），Holbrook（1996 and 1999）では，快楽的消費において促される満足から得られるとされる快楽価値は，消費することそのものを目的化する目的的消費から得られる利己的価値として分類された。だが，ホルブルックらによるこうした価値分類に対してさまざまな異論が提起されており，その原因として，価値について多元的に検討されていないことが確認された。そのうえで，ホルブルックらの研究に見られるこうした問題は，ポストモダン・アプローチないしポストモダンに見られる相対主義を標榜し局所的真理を重視する見方に起因する可能性が示された。また，ポストモダンの消費文化において想定された消費経験は，予測できない即時的満足を促すことが確認された。このことを手がかりとして検討したPine and Gilmore（1999, 邦訳 2005年），Schmitt（1999, 邦訳 2000年）では，文化的プロダクトに限定されない幅広い消費経験を対象とする経験的消費やこうした消費において即時的に満たされる満足から得られるとする経験価値に共通した理解は存在せず，こうした問題の原因が，「経験」の意味が明確にされていないことに起因する可能性が示された。

　一方，「快楽」に言及した多岐にわたる既存研究を検討した堀内（2001 and 2004），Horiuchi（2003）では，快楽とは主観的に望ましい感情を経験することであり，快楽価値とは消費者が本人にとって望ましい感情を経験する快楽的消費において促される満足から得られる価値として定義された。だが，快楽を，消費を規定する要素として普遍的に捉えたために満足との違いが曖昧になり，

第**8**章　快楽的消費の可能性

このことが共通理解を妨げる新たな問題となる可能性が示された。

　井上（2008）は，快楽的消費に関する研究の多くは快楽の内容について検討しておらず，消費経験から得られる感覚や楽しみを快楽と定義していることを問題視した。そのうえで，こうした問題は快楽の内容を明らかにすることによって解決可能であり，そのために心理学の感情研究に着目した。だが，快楽の構成要素を明らかにすることと，「快楽とは何か」という問いに答えることは必ずしも同じであるとは言えず，こうした問題の原因が，快楽の構成内容がある刺激に反応した心的状況を拠り所としていることが示唆された。

　翻って，快楽的消費について論じている既存研究には，本書で取り上げなかった論稿も含めて確認されている限り，快楽を規定する要素を主体の内面に探索しているという共通した特徴が存在する。このことを手がかりとして，次節では，快楽とその諸概念に共通した理解を得るための要件整理を行う。

6　共通理解を得るための要件整理

　快楽を規定する要素を人の内面に探索する既存研究のアプローチは，これまで，快楽のさまざまな性質を浮き彫りにしてきた。だが，こうしたアプローチが限界に達しつつあることは，今日においてもなお快楽とその諸概念に共通した理解が得られる兆しが見えないことにも明らかである。

　ある人の行為を，その人の心理的状況によって説明することは，一見すると，とても自然であるように見えるが，マーケティング研究にとってより有益なのは，客観性に劣る心的状況よりもむしろそのような心的状況を生み出した外的状況である。このことについて堀越（2006）は，次のとおり述べている。

　　「大方の正常な人間行為においては，心理学的状態は外的状況の合理的再構成によって代替可能なのであり，客観的に確認したり検討できる点で実り多い。さらに，そうした外的状況による説明は，心理学的説明では説明できないことを説明できるという点でも実り多い」（244頁）。

123

第Ⅲ部　快楽価値概念の再検討

と述べ，動機や意図がそのまま実現されることは稀であり，それらは，多くの場合，社会的状況によって制限されるため，意図した行為の意図されない帰結を説明できる外的状況によって行為を説明することの意義を説いている。堀越は，続けて，

　　　「このように述べたからといって，心理学自体の意義を否定しているわけではない。人間の心理は，外的状況を誤解したり，外的状況とのつながりを遮断して一人歩きする場合があるからである（たとえば，誤解や気まぐれ，異常な心理に基づく行動）こうした，外的状況のみでは説明がつかない心理的状況を研究する点にこそ心理学の重要性があるように思う」（堀越2006, 244頁，カッコ内は筆者追記）。

としている。そうであれば，快楽の諸概念に共通した理解を得るには，「心理学を社会学に還元する試みとか，心理学を社会学の観点から解釈する試みの方が，この逆のやり方を採るよりもはるかに有益であろう」（Popper［1945］2013, p. 305. 邦訳1980年，91頁）と思われる。

　行為または認知的根拠を主体の内面に求めることに慎重な立場をとる K. ポパーや堀越のスタンスは，快楽の性質を検討するための手がかりになると思われる。それを確かめるために，本研究は，ここで主体の内面に快楽を探索する従来の研究視点を離れ，快楽の社会的側面に言及した M. ウェーバーの『プロテスタンティズムの倫理と資本主義の精神』と D. ベルの『資本主義の文化的矛盾』を，その研究史を含めて紐解き，そこで確認されたことを手がかりとして快楽概念の明確化を試みる。なお，M. ウェーバーや D. ベルの古典に着目したのは，追って明らかにされるとおり，彼らの社会経済学的分析は，人間の内面を探索する従来のアプローチでは見えてこなかった快楽の新たな側面を顕在化する優れた梃子になると思われるためである。章を改めよう。

注

(1) 代表的な事例として「初音ミク」がある。2007年にクリプトン・フューチャー・メディア社から発売された，音階と歌詞を入力することで女声の歌唱パートが作成できる Windows パソコンのソフトウェア（DTM）。ヤマハが開発した音声合成システム「VOCALOID 2 」を採用したソフトウェアのキャラクター名で「キャラクター・ボーカル・シリーズ」の第 1 弾。2011年には，米国トヨタ「カローラ」や「Google Chrome」のコマーシャル・キャラクターに起用され，国際的な認知度も高い（秋葉原ボーカロイド研究会 2010; スタジオ・ハードデラックス 2011）。

(2) 原典は，Holbrook and Hirschman（1982, p. 132）。

(3) 邦訳版「日本語版によせて」からの引用。

(4) 過去の経験に焦点を当てた研究は，堀内（2001）の「消費者のノスタルジア研究」（21-23頁）に分類されると思われる。この分野の研究は，桑原（1999, 96-99頁），堀内（2007）に詳しいのでそちらを参照されたい。

(5) Schmitt（1999, 邦訳 2000年）では，「経験」について，次のとおり説明されている——日本語版では「経験価値（experiential value）」と邦訳されているが，原著では "experiences" となっている。以下，日本語版の経験価値を「経験」に置き換えた邦訳を記す（むしろその方が，意味が通りやすいと思われる）。すなわち，「経験は，感覚（senses），感情（heart），精神（mind）への刺激によって引き起こされる。経験はまた，企業とブランドとを，顧客のライフスタイルに結びつけ，顧客一人ひとりの行動と購買の状況を，より広い社会的コンテクストのなかに位置づける」（pp. 25-26. 邦訳 2000年，46-47頁，カッコ内は筆者追記）。そのうえで，「経験が提供するのは感覚的（sensory），情緒的（emotional），認知的（cognitive），行動的（behavioral），関係的（relational）な価値であり，これらの価値が機能的価値に取って代わる」とされている（pp. 25-26. 邦訳 2000年，46-47頁，カッコ内は筆者追記）。ここに，感覚的価値は五感を介して知覚された価値を，情緒的価値は感情に依拠して知覚された価値を，認知的価値は想像力をかき立てる集中的思考や拡散的思考において知覚された価値を，行動的価値は行動やライフスタイルに関する情報を媒介して知覚された価値を，関係的価値は準拠集団やサブカルチャーと関連づけられた情報を媒介して知覚された価値をそれぞれ指している。B. シュミットによれば，経験価値はこうした 5 つの要素の組み合わせによって構成される（pp. 63-71. 邦訳 2000年，92-100頁）。

(6) 同書によれば，「経験（experience）」とは，「語義上は漢語で『験しを経た』こと，和語で『やって，みた』ことであり，欧語の empeiria や experience や Erfahrung などの語根も「貫き」「通す」ことを意味するから，一般に特定の行為者が行為 A とその結果たる知覚体験を E との因果関係『A → E』を通り抜けたことによって得た知識を意味する」（廣松他 1998, 401頁）とされる。

(7) 原著では，"experiences" と表記されている。

(8) 堀内の快楽論は，H. シジウィック（H. Sidgwick）が言うところの，個人の快楽を個人の欲求の対象とみなす「心理的・利己的快楽主義」に分類される（堀内

第Ⅲ部　快楽価値概念の再検討

2001, 62-67頁)。

(9)　同様の指摘は，Dubé and Le Bel (1999)，Clammer (1997)，Schmitt (1999, p. 122. 邦訳 2000年，161頁) にも見られる。

(10)　この点を明示的に指摘した研究は，これまで見当たらない。

(11)　あくまで本研究の目的に照らした評価である。

第9章

プロテスタント的満足を梃子にして顕在化する快楽

1 資本主義の精神と世俗内的禁欲

よく知られているように，ドイツの社会学者・経済学者であるマックス・ウェーバー（Max Weber, 1864-1920）は，『プロテスタンティズムの倫理と資本主義の精神』（原題：*Die Protestantische Ethik und der Geist des Kapitalismu*s[1]）において，営利の追求を敵視するピューリタニズムの経済倫理が，他に先がけて西ヨーロッパに近代資本主義を成立させる原動力となったことについて論じた。ここに「ピューリタニズム（Puritanism）」とは，オランダおよびイングランドにおける，教会制度上の綱領や教理の違いを超えたプロテスタンティズムの禁欲的思想とされている（Weber [1920] 2009, S. 205. 大塚訳 1989年，142頁——以下，本章内では，本書からの引用は邦訳者・邦訳年を除いて頁数のみを示す；cf. 阿部訳 1954年，351頁[2]）。

　M. ウェーバーは，資本主義的発達の世界的中心地であり，列強のための金融・資本市場であった14〜15世紀のイタリアのフィレンツェ（Firenze）においてもなお利潤の追求は道徳上危険視されていたが，B. フランクリン（Benjamin Franklin, 1706-1790）が活躍した18世紀の米国ペンシルバニア（Pennsylvania）——当時，銀行はまだ珍しく，貨幣も不足し，大規模な産業経営もほとんど見られなかった——では，利潤の追求があたかも義務であるかのようにみなされていたことは歴史的にどのように説明されるのか，という問題を提起した（S. 64. 大塚訳 1989年，85頁；cf. 阿部訳 1954年，249頁）。これに対して，M. ウェーバー

第Ⅲ部　快楽価値概念の再検討

は「近代資本主義の萌芽をもとめんと欲すれば，東洋および古代の經濟教說（けいざいきょうせつ）とことなり，徹頭徹尾，營利資本（えいりしほん）を敵視して止まないところの經濟教說が公然とおこなわれていた領域に，これをもとめなければならぬという事實（じじつ），これである」（Weber 1924, S. 304. 黒正・青山訳 1955年，241頁[3]，ふりがなは筆者追記）と述べ，「近代資本主義の拡大の原動力はなにかという問題は，まずもって資本主義的に利用しうる貨幣が何処から来たかではなくて，むしろ何にもまして資本主義精神の展開ということなのである」（S. 54. 大塚訳 1989年，77頁；cf. 阿部訳 1954年，58頁）と結論づけた。ここに「資本主義[4]の精神（独：Geist des Kapitalismus)」とは，「正当な利潤を 》Beruf《『天職』として組織的かつ合理的に追求する心情」（S. 54. 大塚訳 1989年，72頁；cf. 阿部訳 1954年，242頁）とされ，資本家（独：Kapitalisten）から賃金労働者（独：Lohnarbeiter）まで――M. ウェーバーはそれらを「産業的中産者層（独：Gewerblicher Mittelstand）」と呼んでいる（大塚 1965, 154頁)――の掌中に蓄積された貨幣あるいは賃金を，一攫千金を狙った投機的ビジネスにではなく，堅実な産業経営の建設のために支出させるような思考と行動様式を推し進めるエートス[5]として理解されている（大塚 1977, 132頁[6]）。

　西ヨーロッパでは，18世紀に入っても，しばしば貿易業に見られるハイリスク・ハイリターンの投機的ビジネスによる一攫千金を夢見る輩が多かったが，こうした誘惑を断ち切って，適正利潤か，あるいはそれ以下であっても，とにかくビジネス（天職）で儲けたカネを産業投資に振り向ける方向に産業的中産階層を内面から駆り立てる……「資本主義の精神」とは，なによりもまずそういうエートスであったと，M. ウェーバーは考えていたとされる（大塚 1977, 132-133頁）。その「資本主義の精神」と，大塚（1977）によれば，歴史上，最も強い反営利的思想を持ち，かつ，それを実践した禁欲的プロテスタンティズム（141頁）――とりわけピューリタニズム（大塚 1989, 373頁）――の歴史的関係を，社会経済学的視点から解明するために，M. ウェーバーがまず着目したのが「天職」と呼ばれる職業倫理（独：Berufsethik）である。

　伝統的なカトリック教理に対する宗教改革運動の担い手とされたジャン・カルヴァンの流れを汲む教会と，洗礼派[7]に属する諸教派の思想として理解されて

128

第**9**章　プロテスタント的満足を梃子にして顕在化する快楽

いる「禁欲的プロテスタンティズム（独：asketischen Protestantismus）」――M.
ウェーバーは，プロテスタンティズムのなかでも禁欲的性格が比較的に弱い
ルッター派（独：Lutherischen）に対して，禁欲的性格が強いとされるカルヴァ
ン派（独：Calvinistischen）と洗礼派（独：Täufertum）のプロテスタンティズムを
そのように呼んだ（大塚 1977, 138頁）――から生まれたとされているのが，世
俗内的（独：Innerweltlich）性格が強い禁欲（独：Askese）として理解されている
「世俗内的禁欲（独：Innerweltlichen Askese）」と呼ばれるエートスである。中世
以来，世俗から隔離され，修道院で実践されてきたキリスト教的禁欲――以下，
「世俗外的禁欲」で統一する――は，禁欲的プロテスタンティズムを支持する
カルヴァン派と洗礼派によって世俗に移され「世俗内的禁欲」にその姿を変え
たとされているが，この転換を媒介したのが，宗教改革（独：Reformation）を
主導した M. ルッター（Martin Ruther, 1483-1546）の「天職」であったとされて
いる（大塚 1977, 148頁）。

2　天職と行動的禁欲

「天職（独：Beruf）」とは，職業における義務の遂行を道徳的実践において最
も重視するというプロテスタンティズムの職業倫理であり（SS. 68-69. 大塚訳
1989年，109-110頁；cf. 阿部訳 1954年，252頁），大工，鍛冶屋，職布工といった世
俗の職業を神託されたものとして捉えるという，世俗的な意味と宗教的なそれ
とが一体化したものとされている（大塚 1977, 149頁）[8]。M. ルッターは，各人は
「その職業と身分のうちに止まるべきであり，各人の地上における努力はこの
与えられた生活上の地位の枠を越えてはならない」（S. 73. 大塚訳 1989年，122頁；
cf. 阿部訳 1954年，255頁；大塚 1977, 149頁）と説く限りで経済的伝統主義に立脚し
ており，M. ウェーバーの「宗教的原理と職業労働との結合を根本的に新しい，
あるいはなんらかの原理的な基礎のうえにうちたてるにはいたらなかった」（S.
73. 大塚訳 1989年，122頁；阿部訳 1954年，255頁）の指摘が示すように，世俗内的
禁欲の倫理に到達することができなかった。これに対して，ルッター派から天

第Ⅲ部　快楽価値概念の再検討

職理念を引き継ぎ，それに世俗外的禁欲を結びつけることで世俗内的禁欲の
エートスを形成したのがカルヴァン派と洗礼諸派であった（大塚 1977, 150-151
頁）。

　次に，M. ウェーバーが着目したのが，禁欲的プロテスタンティズムの中核
となる概念として知られるカルヴァニズムの予定説である。「予定説（独：
Prädestinations）」とは，地上のことはすべて神によって予め決められており，
人間の救済や断罪はこの世の素行や救済とは一切関係なく，したがって教会も，
聖礼典も，牧師も彼を助けることはできない内面的孤立を指す思想であり（SS.
89-90. 大塚訳 1989年，153-154, 156頁；cf. 阿部訳 1954年，266-267頁），人間がそこか
ら救済されるには，唯一，天職への献身によって職業的な成功を収めることで
神の栄光を増すこととされた（SS. 90-94. 大塚訳 1989年，156-166頁；cf. 阿部訳
1954年，267-270頁）。このことを実践するための駆動力となったのが，ピューリ
タニズムの行動的禁欲である。

　近代資本主義の成立に向けて人々を駆り立てる推進力となった「禁欲（独：
Askese）」は，しばしば「行動的禁欲（独：Aktive Askese）」と呼ばれるように，
神の栄光を増すためだけに禁欲的労働に励むストイックな生活態度または行動
様式（大塚 1989, 400-401頁），もしくは「祈りかつ働け」（大塚 1989, 401頁）の倫
理として理解されている。⁽⁹⁾かくの如きエシックスのもとでは，禁欲的労働に
よって蓄積された財貨が多いほど，すなわち禁欲的試練が大きいほど，神の栄
光のためにそれを維持・増加させる責任も増したが，こうした精神構造は，禁
欲的プロテスタンティズムにおいてはじめてその倫理的基礎を固めたとされて
いる（SS. 153-154. 大塚訳 1989年，339頁；cf. 阿部訳 1954年，310頁）。

　世俗内的禁欲を「資本主義の精神」というエートスにまで昇華させるには，
日常生活における倫理的実践から無計画性と無組織性が取り除かれ，合理的な
生活態度が形成される必要があった。このことが，カルヴァン派の信徒らに
とって然したる問題とはならなかったのは，彼らは地上において神の祝福を受
けるために，「永遠に昨日的なるもの（独：das ewig Gestrige）」と M. ウェーバー
が呼んだ伝統的な価値基準──つまり，「日常的な慣習を犯すべからざる行為

の規範とするような心的態度および信仰」という中世以来のカトリックの信徒らによって守られてきた，過去によって規定される自分たちの行動基準——を捨て去り，率先して日常生活の合理化に努めたためとされている（SS. 101-103. 大塚訳 1989年，191-192, 197-198頁；cf. 阿部訳 1954年，275-277頁）。カルヴァニズムに見られる伝統を重視しない規範は，天職の実践において信徒らに合理性・効率性を追求するための大義名分を与えた。こうして，天職を効率的に実践するために率先して職業生活の合理化が図られたのである（大塚 1977, 146-149頁[10]）。

3　禁欲と快楽

　合理的生活に基づく富の蓄積において反道徳的とされたのは，「とりわけその所有のうえに休息することで，富の享楽によって怠惰や肉の欲，なかんずく『聖潔な』生活への努力から離れるような結果がもたらされることなのだ。財産がいかがわしいものだというのは，それがこうした休息の危険を伴うからにすぎない」（S. 141. 大塚訳 1989年，292-293頁；cf. 阿部訳 1954年，302頁）とされた。こうした倫理を規定していたのは，「営利は人生の目的と考えられ，人間の物質的生活の要求を充たすための手段とは考えられていない」（S. 42. 大塚訳 1989年，48頁；cf. 阿部訳 1954年，235頁）というプロテスタント独自の価値観であった。勤労（industry）と節約（frugality）によって富が蓄積されることで，「享楽（独：GenieBen；英：enjoyment）[11]」を求めて現世への愛着を増し，神の栄光を増す努力が失われるという思想が反道徳的ないし反社会的とみなされた背景には，人間は神の恩寵によって与えられた財貨の管理者に過ぎないという新約聖書（New Testament）の教え（1 Corinthian 4:7，（邦訳）「コリント人への第一の手紙」4章7節）がある。こうしたエシックスのもとでは，「『貴族的』な遊戯であれ，庶民が踊りや酒場に行くことであれ，職業労働や信仰を忘れさすような衝動的な快楽は，（中略）合理的禁欲の敵とされた」（S. 151. 大塚訳 1989年，329頁；cf. 阿部訳 1954年，308頁）のである。神の栄光を増すために役立つのは，天職から得た財貨を隣人愛に基づく建設的な産業投資にまわすことであり，怠惰や享楽（快

第Ⅲ部　快楽価値概念の再検討

楽）によって時間を浪費することは最も重い罪と考えられたのである（S. 141, 257-258. 大塚訳 1989年，292-293, 296頁；cf. 阿部訳 1954年，302-303, 397頁）。プロテスタントの信徒らが社交や文化的行事を排撃し，クリスマスのような宗教行事についてすら批判的であったのは，こうした行事によって神の栄光を増すための天職を実践する時間が失われると考えられたためである。彼らは，「時は金なり」という根本思想にしたがって，第一に効率的な生産体制を生み出し，それとともに「労働の再生産にとって効率的な消費」のみを許したのであった（山崎 1987, 169頁[12]）。

　禁欲的プロテスタント（ピューリタニズム）の反営利的性格は，伝統的な商人による買占め（独占）や高利貸付業による暴利によって彼らが私腹を肥やし，怠惰や享楽（快楽）に興じることで天職の実践を怠るという，ピューリタンらが考える反社会的行動様式に由来する（SS. 139-167. 大塚訳 1989年，289-371頁；cf. 阿部訳 1954年，300-319頁；大塚 1965, 135-141, 174-175頁）。この反営利の倫理に結びついた世俗内的禁欲が「倫理的義務[13]」と考えられるようになったのは，天職による営利活動が，産業投資による隣人愛を志向して行われたためとされている（大塚 1965, 177頁）。これにより，「利潤の大きさはそれだけ多数の人々の福祉に貢献したという事実を示す」（177頁）ことになり，営利は最高善（羅：summum bonum）の地位を獲得するとともに，客観的には私的な営利活動に専念しつつ，しかし利潤さえあれば，全体（社会，国家，世界）のために公的な貢献をするという倫理を確立した（177頁）のである。要するに，世俗内的禁欲（天職理念）の徹底は，職業における利己的な考えを遠ざけ，公共福祉に寄与するための職業生活の組織的合理化を指向し，それが近代資本主義の成立を促した（Weber［1920］2009, 大塚訳 1989年）ということである。

　「プロテスタントの世俗内的禁欲は，自由奔放な所有物の無頓着な悦楽（快楽）に対して全力を上げて反対し，消費を，とりわけ奢侈的な浪費を圧殺した」（S. 154. 大塚訳 1989年，342頁，カッコ内は筆者追記；cf. 阿部訳 1954年，310-311頁）ことは，満足の延期は，快楽的な満足を即時的に得たいという衝動と対になっており，後者の性質は前者のそれに対置されることで立ち現れると考える

第**9**章　プロテスタント的満足を梃子にして顕在化する快楽

ことができる。宗教的な意味において卓越して清い生活を送る人間が，世俗から隔離された修道院で神に仕える修道士に限られたことは，「世俗内的道徳を凌駕することこそが独自の聖い生活だということにならざるをえない。そのために，禁欲が個々人を強く捉えれば捉えるほど，ますます彼ら（修道士）を日常生活から引き出す」（S. 106. 大塚訳 1989年，206頁，カッコ内は筆者追記；cf. 阿部訳 1954年，278頁）ことになった。その推進力となった，中世以来，修道士に課せられた貞潔，清貧，従順という伝統的な世俗外的禁欲として知られる「福音的勧告（独：consilia evangelica）」が徹底されるほど，修道士たちはますます快楽を意識せざるを得なくなったことは，プロテスタント的な深い満足に対置される快楽とは，すなわち，忍耐，努力，労力のいずれも必要としない行為または活動において即時的に促される浅い満足であることを示していると言えよう。

　以上のとおり，M. ウェーバーは，近代資本主義が成立する仕組みを解明する過程において，快楽の，忍耐，努力，労力のいずれも必要としない行為または活動において即時的に促される浅い満足という性質を浮き彫りにした。一方，プロテスタント的な満足を快楽に対置させた M. ウェーバーの視点を踏襲しつつ，独自の切り口で1920年代の米国社会を批判的に論じたのが，『イデオロギーの終焉』（原題：*The End of Ideology*）で世界的にその名を知られるようになった D. ベルである。次章では，M. ウェーバーとは異なるアプローチによって快楽の新しい側面を明らかにした D. ベルの『資本主義の文化的矛盾』を，その研究史を含めて紐解くこととする。

注

(1)　雑誌 *Archiv für Sozialwissenschaft wissenschaft und sozialpolitik* に 2 回に分けて掲載され，1920年に「宗教社会学論集（*Gesammelte Aufsätze zur Religionssoziologie*）」の第 1 巻に収録された（大塚 1972, 131頁）。

(2)　原著の頁は，ドイツ語文献の引用において一般的な「S.」の表記を用いる。また，『プロテスタンティズムの倫理と資本主義の精神』には誤読が多いとされているため（大塚 1964, 56頁），邦訳引用については，大塚久雄訳（1989）のほかに阿部行蔵訳（1954）の該当箇所を併記する。なお，大塚（1964）によれば，同書の誤読に基づく批判は，ドイツの経済学者 L. ブレンターノ（Lujo Brentano, 1844-1931）の

第Ⅲ部　快楽価値概念の再検討

所見——すなわち「資本主義の精神」の担い手を，企業家または資本家とみなした（大塚 1965, 103頁；1972, 135-136頁；1989, 391頁）——を原型としており，わが国における事情もその例外ではないとされている（56-58頁）。詳細は，大塚（1965, 87-185頁）を参照されたし。なお，大塚久雄は，一般に，わが国におけるウェーバー研究の第一人者として認知されている。

(3)　大塚（1989, 376頁）の現代語訳では，「近代資本主義の萌芽は，オリエント（中国，インドを含む）や古典古代（ギリシャ，ローマ）とは違って，徹底的に資本に敵対的な経済学説が公然と支配してきた地域に求めねばならない」（カッコ内は筆者追記）とされている。

(4)　ここで言う資本主義とは，近代資本主義を指している。M. ウェーバーによれば，資本主義は中国にも，インドにも，バビロンにも，古代にも，中世にも存在したが，近代資本主義が最初に成立したのは近世初期の西ヨーロッパとされた。（S. 41. 大塚訳 1989年，45頁；cf. 阿部訳 1954年，234頁；Weber［1920］1988, SS. 8-13. 大塚・生松訳 1972年，13-15頁；大塚 1972, 115頁；1989, 376-383頁）。

(5)　大塚（1972）は，「エートス（独：Ethos）」について，次のとおり解説している。すなわち「一定の客観的諸条件が与えられた場合に，人々がそうした倫理的規範にしたがっておのずから一定の方向にむかって行動するような精神的雰囲気と申しますか，ともかく何らかの倫理的規範が民衆の血となり肉となっていて，無意識的にさえ彼らの『行動への実践的機動力』として働く，そうした社会的心理とでもいうべきものが考えられているわけです。ただ，単なる社会心理と違うのは，それが何らかの倫理的規範と深層において堅く結びあっている，そういうふうに捉えられている点だといってもよいでしょう」（142頁，cf. 大塚 1989, 387-388頁）。

(6)　大塚（1965）によれば，M. ウェーバーは，産業的中産者層の「裕福な上層は産業企業家の主力に転化し，貧乏な下層は賃金労働者の中核を形作るにいたった。そして，この産業的中産者層に属する小商品資産者たちの営みが，歴史上，そうした革新的な方向に作用するかぎりにおいて，それに照応したエートスこそが，『資本主義の精神』だった」と述べている（154頁）。

(7)　大塚の邦訳に見られる「洗礼派」は，宗教改革期のプロテスタント急進派のなかで，幼児洗礼を否定し，成人洗礼を行ったいくつかの教派の「再洗礼派」を指していると思われる。「再洗礼派」は，幼児洗礼した者は，ふたたびバプテスマ（baptesuma）を受けることを主張したという理由でアナバプティスト（anabaptist）と呼ばれる。アナ（ana）は，ギリシャ語で「ふたたび」の意。再洗礼派に分類される教派には，「スイス兄弟団」「H. フートを創始者とする教派」「フーター派」「メルヒオル派」「メノー派」がある。詳細は，山折（1991, 708頁）；須藤（2004, 399頁）；Simpson and Weiner（1989a, p. 425）に詳しいのでそちらを参照されたい。

(8)　大塚（1977）は，《Beruf》（ベルーフ）という用語の起源について，次のとおり解説している。すなわち「このベルーフ（職業）という語が，はじめてこういう意味合いに使われるようになったのは，マルティン・ルッターが，旧約聖書外典のイエス・シラク書をドイツ語に翻訳するさいに，そういう意味を与えたのがはじまり

で，その思想内容も，あの修道院生活をまっこうから否定した彼の信仰の深みから生み出されてきたものだ，というふうにウェーバーは考えております。もっとも，彼自身が保留をつけているように，14世紀後半の英国におけるあのロラーズの運動のなかに，すでにそういう思想が見られるようにも思われますが，ともかく，ルッターが，ベルーフ（職業）という訳語を作り出したのをきっかけとして，この語とそれに含意されている思想とが，プロテスタント，とりわけ禁欲的プロテスタンティズムの信徒たちのあいだにぐんぐん広がっていった，ということは確かでしょう」（149頁）。なお，「イエス・シラク書」とは，一般に，旧約聖書（Old Testament）と新約聖書（New Testament）の中間に位置づけられる「旧約聖書続編」と呼ばれる一群の文書を指す。簡易的に「外典」と呼ばれることもある。「ロラーズの運動」とは，一般に，14世紀中頃から宗教改革の時代にかけて，英国で起こったローマ・カトリック教会の改革を主張する宗教運動として理解されている。

(9)　今野（1981）は，禁欲生活を徹底する修道院において，古来より魂の純化を導く手段として労働が重視されてきたとしている（viii 頁）。

(10)　M. ウェーバーによれば，ルッター派の生活態度への禁欲の浸透は，合理的生活の組織的実践には不十分であった（S. 113. 大塚訳1989年，219頁；cf. 阿部訳1954年，283頁）。

(11)　新村（1991）によれば，「快楽にふけり楽しむこと」（678頁）とされている。

(12)　こうした「時間の消耗への禁欲主義が芽ばえたとき，それがはじめて真に生産優位の社会を生み出したといふのは，我々の生産の概念にとって示唆深い」と，山崎（1987）は述べている（169頁）。

(13)　大塚（1965）は，「倫理的義務」について，次のとおり解説している。すなわち「『貨幣利得』は人々が倫理的諸徳目を現実に実践したことの果実であり，またその証明であると考えられており，そこで，その限りにおいて，『営利』そのものが倫理的義務といういでたちをとって立ち現れている，ということである」（139頁）。

(14)　「世俗からの隔離」という修道院の歴史的性格を顕著に示している例として，たとえば世界遺産（world heritage）に登録されているギリシャ北西部の“天空の修道院”と呼ばれる「メテオラ（Μετέωρα）」がある。14世紀に岩山の頂上に建設されたこの修道院では，現在でもギリシャ正教の修道士は隣接する岩山からロープウェイで生活物資を運んでいる。東方教会に分類されるギリシャ正教は，M. ウェーバーが論じた西方教会に区分される（福音的勧告を実践する）カトリック教会とは組織が異なるものの祖を同じくし，世俗から隔離された伝統的な修道院生活を今に伝えている。近年，メテオラの修道士は，世俗からの隔離をさらに徹底させるため，ギリシャ北東部のエーゲ海に面した海抜330m の断崖絶壁の頂上にあるシモノペトラ修道院に移りはじめているという（Braunfels 1985, 邦訳 2009年）。修道院生活の歴史的発展は，今野（1981）に詳しいのでそちらを参照されたい。

第10章

社会的視点に媒介された認知によって理解する快楽

1　プロテスタントの倫理の終焉と快楽的社会の台頭

　米国の社会学者として知られる D. ベル（Daniel Bell, 1919-2011）の『資本主義の文化的矛盾』（原題：*The Cultural Contradictions of Capitalism*）では，20年代の米国社会は，プロテスタントの倫理（the Protestant ethic）とピューリタン的な気風（the Puritan temper）——すなわち，堅実な労働，節制，倹約，性的な自制を強調し，人生に対して禁欲的であることを要求する価値観[1]（Bell 1976, p. 55. 邦訳 1976年，125-126頁，以下，本章内では，本書からの引用は頁数のみを示す）——が崩壊し[2]，消費中心主義の倫理（a consumption ethic），快楽主義の倫理（an ethic of hedonism），遊びと楽しみの倫理（an ethic of pleasure and play）が定着した時代として描かれている。表題の「文化的矛盾（the cultural contradictions）」は，プロテスタントの倫理が崩壊したこの時代の米国を，能率，コスト・パフォーマンス，極大化，最適化を標榜する経済化（economizing）に支配された社会の機能的合理主義（functional rationality）」（p. 11. 邦訳，38頁）と，その対極に位置づけられた廃退的精神構造としての非合理的な快楽主義という相矛盾するものどうしが，資本主義という合理的な経済システム上に共存している様を表している[3]。

　前章で見たとおり，プロテスタントの倫理やピューリタン的な気風は，自己を抑制し，労働の報いを未来に託して黙々と努力することを強調するものであった（p. 37. 邦訳，85頁；cf. Weber［1920］2009, 大塚訳 1989年）。だが，欲望の充

第Ⅲ部 快楽価値概念の再検討

足を先に延ばす、欲望を自己制御するといった倫理あるいは気風は、慢性的に物資が不足しているような時代には受け入れられる（p. 75. 邦訳, 171頁）かもしれないが、必需品が充分に行き渡り公然と贅沢が求められる時代には逆に敬遠されるかもしれないことを、以下で述べる社会変化は示している。

第一次世界大戦（1914-1918）の後、21年まで深刻な恐慌に見舞われた米国経済は、23年に景気が急速に好転すると、29年まで「永遠の繁栄」を謳歌した。好景気に支えられた20年代の米国では、新聞・雑誌の広告にカラー印刷が登場し、都会の夜を彩るネオンサインが現れ、新しい広告媒体としてラジオが注目されるようになった（p. 68. 邦訳, 154頁）。また、メーカーは、それまで単色だった製品のカラー・バリエーションを取り揃えることで、消費者の購買意欲を巧みに駆り立てたとされる（Allen [1931] 2000, pp. 139-141. 邦訳 1993年, 217-219頁）。

Allen（[1931] 2000）は、この時代を象徴する、製品カタログとサンプルを手に売り込むセールスマンは、業績によって待遇に大きな差が出たため、しばしば高圧的とも言える販売手法で消費者を当惑させたとしている（pp. 144-148. 邦訳 1993年, 224-229頁）。こうして、企業のマーケティング活動——ここでは「商業化活動（commercialization activities）」を指している——が極端に推し進められた結果、生活のテンポ（tempo of living）が早まり（Copeland 1929, p. 322; 薄井 1999年, 145-146頁）、大量消費体制を基盤とする「大量消費文化（mass consumption culture）」が定着した（薄井 1999年, 145-146頁）。それを可能としたのが、この時代にはじめて導入された分割払い販売法（installment plan）であり、自動車、電気冷蔵庫、ラジオといった工業製品（耐久消費財）を分割払いで購入する購買行動が一般化したとされている（Allen [1931] 2000, p. 145. 邦訳 1993年, 225頁）。

2　即時的な満足を容認する社会

20年代の米国では、倹約し、自己を抑制し、衝動を抑えることで満足の享受をできるだけ延期するプロテスタントの倫理は失われ、浪費と物質的所有欲が

第**10**章　社会的視点に媒介された認知によって理解する快楽

人々の心を捉えたとされている（pp. 64-65. 邦訳，147-148頁）。Allen（[1931]
2000）では，そのあり様は，「すでにパンを確保した人びとは，今度はサーカ
スを欲しがった(4)」（p. 164. 邦訳 1993年，253頁）というよく知られた言葉で風刺さ
れている。この場合，欲望の即時的充足というサーカスを提供したのが，先の
分割払いであった。かつて，人々は「なにかを買うためには，金銭を蓄えなく
てはならなかった。しかし，クレジット・カード（credit cards）を持っていれ
ば，即座に満足が得られる」（p. 21. 邦訳，57頁，カッコ内と傍点は筆者追記）よう
になったのである。

　当時の人々は，すでにショッピングを現金の所持高に限定するのは旧弊と考
えるようになり，いわゆる「信用を買う」ことは当然のこととなった。当時の
ある経済学者は，20年代後半の，小売の売上高のうち15パーセントは分割払い
によるもので，未払いの分割払い証書は60億ドルに達すると試算している（Al-
len [1931] 2000, p. 145. 邦訳 1993年，225頁）。特筆すべきは，こうした購買行動が，
それまでプロテスタントの倫理を維持するうえで中心的役割を担っていた中産
階級の間に色濃く見られたことである（pp. 64-65, 84. 邦訳，147-149, 189頁）。

　大量消費社会における浪費と物質的所有欲の充足に関心を向けるようになっ
た中産階級（pp. 64-65. 邦訳，147-149頁）の購買行動を示すものとして，たとえ
ば顕示的な消費を上げることができる。ここで言う顕示的消費（conspicuous
consumption）とは，Fiske（1991）のいう，個人が社会関係に入り込む手段とし
て，たとえば，アパレル製品によって自身が社会（他者）から見られたい自己
像（外面）を主体自ら操作することで快楽を享受する（pp. 34-42）という自己顕
示（self display）のための消費を指している。当時，こうした消費行動がすで
に一般化しつつあったことは，たとえば，1923年に典型的な米国都市のミドル
タウン（Middletown）で行われた調査では，自家用車を所有する60世帯のうち，
26世帯は非常にみすぼらしい家に住み，そのうち21世帯には風呂がなかった
（Allen [1931] 2000, p. 141. 邦訳 1993年，219頁）ことに示されている。

　こうして手に入れた乗用車の消費行動は，しばしば，プロテスタント的な倫
理の崩壊を加速させた。20年代の中頃までには，若者たちの間で20マイル（約

139

第Ⅲ部　快楽価値概念の再検討

32km）のドライブをしてダンスを楽しむことは一般的となった。それだけ地理的に離れれば，隣人たちの目を気にする必要もなくなった。こうして若者たちは，乗用車をそれまでタブー（taboo）とされてきた性行動の禁制を破る「特別室（cabinet particulier）」として利用するようになったのである（pp. 66-67. 邦訳，152頁）。若者たちのこうした行動様式に権威を与えたもの，親世代からすればそうした行動を許容せざるを得なくなったものに映画の存在がある[5]。連日，老若男女が映画館に押し寄せ，それまで想像の世界だった「外の世界」について学び，進んで古風な倫理観を棄てた。白昼夢の既成品であり，ファンタジーであり，欲望の投射でもある映画は，「行動の自由」を派手に宣伝することで，人々の欲望を大いに駆り立てたとされる（pp. 67-68. 邦訳，152-154頁）。

　プロテスタントの倫理が崩壊するなか，労働から得た財貨は人びとにとって贅沢な暮らしを実現するための手段と化し，「今という瞬間の楽しみを至上のものとする」（pp. 71-72. 邦訳，163頁）ための快楽的な消費は，即時的な満足の一般化をいっそう推し進めた。こうして資本主義は文化的な正当性を失い，快楽主義ないしは生活様式としての快楽の思想だけが残された。自由主義的な倫理観によれば，「文化的成熟のモデルは，衝動の探求は一つの行動様式であるという観念的な倫理的根拠を伴った，近代主義的衝動であることになってしまった」（pp. 21-22. 邦訳，58頁，傍点は筆者追記）のである。衝動的な欲望を満たすことに積極的な快楽至上主義の世界では，未来からの「来るべきものは努力なしで得られなければならない」（p. 70. 邦訳159頁）とされ，このことがそれまで反社会的とみなされてきた即時的に欲望を満たす消費行動を容認するようになったのである。

3　「快楽」とは何か

　この時代の米国を，プロテスタントの倫理と資本主義の精神が快楽主義に取って替わられた時代として描いている Bell（1976）は，20年代の米国を指して「快楽主義の時代はマーケティングの時代である（A hedonistic age is a mar-

第**10**章　社会的視点に媒介された認知によって理解する快楽

keting age.)」（p. 73. 邦訳 1976年, 165頁[6]）と評している[7]。そこでは，快楽のディスコース（discourse）――つまり，快楽ということばが想起させる意味に影響を与える特定のコンテクスト（文脈）――は社会的に好ましくないものとされ，M. ウェーバーによって世俗内的禁欲に基づく満足に対置された快楽的な満足は，D. ベルによってネガティブな意味を与えられた。これにより，Bell（1976, 邦訳 1976年）では，快楽概念を踏み込んで理解する機会は失われ，このことが議論の発展に限界をもたらしたと考えられる[8]。こうした問題は，Weber（［1920］2009, 邦訳 1989年）の延長線上に位置づけられる Bell（1976, 邦訳 1976年）の，倫理の問題を社会学的分析に先行させる研究方法に起因すると考えられ，そこでは Weber（［1920］2009, 邦訳 1989年）の「即時的な満足を志向する快楽の性質」[9]をそのまま受け止めて，20年代の米国社会が批判されたと見ることができる。

　Weber（［1920］2009, 邦訳 1989年）の土俵のうえで自説を展開する Bell（1976, 邦訳 1976年）では，Weber（［1920］2009, 邦訳 1989年）において語られなかった快楽の新たな性質の発見には至らなかった。しかしながら，Bell（1976, 邦訳 1976年）は，即時的な満足を指向する快楽の社会的側面に言及することで，快楽を社会的に媒介された認知によって理解される概念として見ることを，Weber（［1920］2009, 邦訳 1989年）とは異なる切り口で示したことの意義は大きいと思われる。

注
(1)　禁欲的であることを要求する規範は，同時に，道徳的な行為とはなにか，尊敬される人物とはどんな人かを規定していたとされる（Bell 1976, p. 55. 邦訳 1976年, 125-126頁）。
(2)　D. ベルは，プロテスタントの倫理とピューリタンの気風に替わる倫理が生まれなかったことが，現代社会の方向喪失と混迷の原因であるとしている（Bell 1976, p. 55. 邦訳 1976年, 125頁）。
(3)　D. ベルは，資本主義の矛盾の起源について，次のとおり解説している。すなわち，「経済の領域において必要とされている組織の種類と規範に対して，いまや，文化の中心を占めている自己実現という規範が，分裂を引き起こしているためである。歴史的には，経済と文化という２つの領域は，結合して単一の性格構造を構成して

第Ⅲ部　快楽価値概念の再検討

いた。すなわち，ピューリタンの信念とその天職という見方であった。これが，いまやまったく分離してしまった。経済領域の法則と，文化の法則は，いまや人々を相反する方向に導いている」（Bell 1976, p. 15. 邦訳 1976年，46-47頁）。

(4)　古代ローマの詩人・弁護士であったユウェナリス（Decimus Junius Juvenalis, 60-130A. C.）が，自身の著作『風刺詩（*Sstvrae*）』のなかで当時の世相を風刺した表現としてよく知られている。藤久による邦訳を一部修正して引用。詳細は，右記の書を確認されたし。Juvenalis（[around 100 A.C.] 1817, p. 225. 邦訳 2012年，240頁）。なお，国原吉之助の翻訳版では，パンは「穀物」，サーカスは「催し物」と邦訳されている。

(5)　1923年12月のミドルタウンの映画館における観客動員数は，市民の 4 倍半に達した。同市民は，性別，世代，所得格差を問わず，週に平均 1 回以上の割合で映画鑑賞に出かけたとされる（Allen（[1931] 2000, p. 144. 邦訳 1993年，223頁）。

(6)　林雄二郎訳では，「この時代はマーケティングの時代である」（Bell 1976, p. 73. 邦訳 1976年，165頁）とされているが，これは前後の文脈を考慮したうえでの邦訳と思われる。翻って，当該の引用に当たり，「快楽主義の時代はマーケティングの時代である」とする薄井（1999, 146頁）の邦訳が適していると判断したためそれを採用した。

(7)　Bell（1976）によれば，贅沢な暮しのための富の蓄積を抑制するのに役立っていたプロテスタントの倫理観は，ブルジョア社会の台頭によって崩壊し，いまや快楽主義だけが残された。これにより，資本主義はその超越的な倫理を失った（p. 21. 邦訳 1976年，57頁）。

(8)　Bell（1976, 邦訳 1976年）にかぎり，そのように評価され得るという意味である。

(9)　D. ベルによる分析の背景には，「現代社会においては，欲望の道具は，生活水準の向上と，生活に素晴らしく色どりをそえる生産物の多様性である。しかしそれはまた，見てくれを強調することによって，諸資源を無謀に浪費することでもある」という社会批判が見られる（Bell 1976, p. 22. 邦訳 1976年，59頁）。

第11章

マーケティングにおける快楽

1 消費における快楽的満足

　第9章では，Weber（[1920] 2009, 邦訳 1989年）を手がかりとして，忍耐，努力，労力のいずれかを必要とする行為または活動において非即時的に促される深い満足（プロテスタント的な満足）に対置された快楽の，忍耐，努力，労力のいずれも必要としない行為または活動において即時的に促される浅い満足という性質が示された。続く第10章では，Weber（[1920] 2009, 邦訳 1989年）の議論を基礎として20年代の米国社会について検討した Bell（1976, 邦訳 1976年）を手がかりとして，快楽は社会的に媒介された知覚によって理解される概念であることが示された。

　以上のとおり，M. ウェーバーが論じたプロテスタント的な満足または世俗内的禁欲に基づく満足を，忍耐，努力，労力のいずれかを必要とする行為または活動において非即時的に促される深い満足として，それに対置される快楽的な満足を，忍耐，努力，労力のいずれも必要としない行為または活動において即時的に促される浅い満足として見ることができることを指摘したが，マーケティングにおける深い満足と浅い満足の関係も，この概念装置による説明が可能であると思われる。すなわち，忍耐，努力，労力のいずれかを必要とするプロテスタント的な消費において非即時的に促される深い満足に対置される快楽は，広範な満足概念のうち，忍耐，努力，労力のいずれも必要としない消費において即時的に促される浅い満足であり，快楽価値とは，こうした種類の満足

143

第Ⅲ部　快楽価値概念の再検討

から得られる価値として見ることができる。なお，ここで言う「プロテスタント的な消費」とは，プロテスタントの信徒らが実践した天職や世俗内的禁欲の宗教的ないし歴史的文脈から切り離された人間行動一般の忍耐または努力，もしくは労力をともなう消費を指している。以後，現代消費社会の文脈においてプロテスタント的な消費と言うときは，この理解にしたがうものとする。

　以上の検討結果と「経験」に焦点を当てた既存研究のレビューを手がかりとして，経験的消費の「経験」とは，主体がある瞬間または限られた時間内に身をもって見たり，聞いたり，行ったり，感じたりすることであり，消費者は忍耐，努力，労力のいずれも必要としないこうした消費経験において即時的に促される浅い満足から経験価値を得ると考えられる。

　ここで，本研究において示されたことを手がかりとして，既存研究においてこれまで快楽的とみなされてきた消費の再分類を試みる。はじめに，M. ホルブルックとE. ハーシュマンによって快楽的消費に分類された文化的消費のうち，理想的に消費するために専門知識や経験を必要とする芸術鑑賞はプロテスタント的な消費に[1]，一方の即時的に浅い満足が促される娯楽は，ホルブルックらが仕分けたとおり快楽的消費に類別できると思われる。ただし，近年，メディアにおいて注目されている競技としての将棋やeスポーツはこの限りではない。また，石井（1990）において快楽的消費の対象になり得るとされた車や食料品（95頁）は，それらの消費の仕方によって快楽的消費にもなれば，ならない場合もある。たとえば，車のケースでは，ドライブとして利用すれば快楽的消費に，モータースポーツとして消費すればプロテスタント的な消費に分類できるかもしれない。堀内（2001）において快楽的消費に類別された寒い日の一杯の暖かい飲み物や温泉で癒されることは，忍耐，努力，労力のいずれも必要せず，即時的に浅い満足を促すため快楽的消費に分類できると思われる。Crowley et al.（1992）では，消費者は，アイスクリーム，パソコン，スポーツ・シューズ，バケーションのリゾート地をはじめ，さまざまなプロダクトの消費において快楽を志向する態度を形成するとされたが，本章の結論は，アイスクリームとバケーションのリゾート地は快楽的消費に，パソコンとスポー

ツ・シューズは消費の仕方によって快楽的消費にもなれば，ならない場合もあることを示している。Scitovsky（1976）において，快楽的感情を促す消費として区分された芸術活動，趣味，娯楽，性的営み，学術研究，晩餐，祭礼の供物のうち，芸術活動と学術研究はプロテスタント的な消費に，それ以外は快楽的消費に分類できると思われる。Campbell（1987）において，快楽的消費とみなされたドレス，アクセサリー，リムジン，三つ星レストラン，オペラ鑑賞のうち，オペラ鑑賞はそれを楽しむために大卒程度の教養を必要とするという理由からプロテスタント的な消費に，それ以外は快楽的消費に分類できるかもしれない。

　翻って，本研究では，経験的消費と経験価値を，快楽的消費と快楽価値からそれぞれ峻別する要素を特定することはできず，双方とも忍耐，努力，労力のいずれも必要としない消費において即時的にまたは衝動的に享受される浅い満足から得られる価値であることを示すことに留まった。

2　異なる種類の満足を組み合わせたプロダクト戦略

　最後に，本研究で明らかにされたことがプロダクト戦略の検討に有用であることを示すことで，本研究の意義を確認する。そのために，本研究では，これまで，消費にかかる労力と満足の関係の分析対象にされたことがないと思われるエデュテインメントを導入する。

　「エデュテインメント（edutainment）」とは，一般に，娯楽のなかに教育的要素を取り入れた教育プログラムまたはソフトウェアの総称とされており，エデュケーション（education）とエンターテイメント（entertainment）を融合した造語とされている。遊びながら学ぶ，または楽しみながら学ぶエデュテインメントは，子どもが興味を持って学習することを本来の目的としているが，今日では，その対象は大人にも拡大されている。

　一方，エデュテインメントを教育と娯楽からそれぞれ区別する要素は明確にされておらず，それぞれの境界は曖昧である。また，教育と娯楽とがバランス

第Ⅲ部　快楽価値概念の再検討

よく融合しているコンテンツもあれば，教育と娯楽のいずれか一方にウエイトが偏っているコンテンツもある。一口にエデュテインメントと言っても，その種類は，テレビ番組から，コンピュータ・ソフトウェア，ウェブサイト，ゲーム・アプリケーション，体験型の博物館・科学館・水族館・動物園，教育を意図した遊戯施設，ガイド付きツアーで野生動物の生態や自然について学ぶグリーン・ツーリズムまで多岐にわたる。このようななか，近年の英語学習に対する関心の高まりを受けて注目されているのが，楽しみながら英語が学べるOsaka English Villege である。

　Osaka English Villege（以下，「OEV」で統一する）とは，2015年11月に大阪府吹田市にある国内最大級の大型複合施設「エキスポシティ」内にオープンした国内初の本格的な体験型英語教育施設であり，英語を学ぶ意欲を育てることを目的として建設されたエデュテインメント施設である。入場料は年齢に関係なく一律500円（税抜），レッスンチケットは，1レッスンあたり1,000円（税抜），3レッスン1枚のチケットから割引対象（税抜2,200円）となる。

　OEV の館内は，米国の日常，歴史，文化をテーマにした23のシチュエーションルームに分かれており，それぞれのルームでは，英語を母国語とするインストラクターとゲスト間でシチュエーションに沿った内容の本格的なロールプレイが行われる。「ロールプレイ（role-play）」とは，一般に，現実に起こり得る場面の疑似体験によって，そうした場面が実際に起こった場合に適切な対応がとれること目的とした学習方法の一つとされている。たとえば，OEV のゲストは，キャビン・アテンダント，入国審査官，銀行員，郵便局員，警察官，トラベル・エージェンシーのスタッフとのさまざまなシチュエーションにおけるロールプレイを通じて実践的な英語を学ぶことができる。また，OEV には，恐竜の化石発掘，農家の収穫・乳搾り，砂金採り，北米のネイティブアメリカンの生活，クッキング・スタジオにおける料理，サイエンスルームにおける実験，絵本を読んで物語の主人公になる演劇，スポーツ（バスケットボール，フットボール，ベースボール）とチアリーディング等の各体験コース（一部は疑似体験）があり，米国の文化や日常を身近に感じながら英語を学ぶことができる。

第**11**章　マーケティングにおける快楽

それぞれのロールプレイまたは体験学習にかかる時間は，おおむね30分ほどである。

　OEV における学習は，ゲストの英語力に合わせて 3 段階に分けられている。A レベル（初級レベル：幼児〜小学 3 年生）は，アルファベットや簡単な英単語を知っていること，英語による簡単な指示が理解できることを認定要件としている。B レベル（中級レベル：小学 4 年生〜中学 2 年生）は，基本的な英会話ができること，自分の感情や欲求を簡単な英語で説明できることを認定要件としている。C レベル（上級レベル：中学生〜高校生）は，日常的なトピックを英語で伝えることができること，指示されたトピックについて英語でディスカッションができることを認定要件としている。たとえば，衣料品店におけるロールプレイの場合，インストラクターとゲストは，カスタマー，ショップ店員，スタイリスト役を演じ分けながらゲストの英語力に合わせたロールプレイを行う。このとき，初級レベルのゲストには簡単な質問と受け答えが，中級レベルのゲストにはカスタマーやショップ店員に扮して簡単なロールプレイが，上級レベルのゲストには欲しいモノを店員に聞いて購入するロールプレイが行われる。この他にも，OEV には，海外旅行前に語学力をチェックしたい，英語の学習をやり直したい，英語に興味があるが毎週教室に通う時間がないといった細かなニーズにも応える大学生または社会人を対象とした「ADULT コース」も用意されている。

　OEV のゲストは，消費するためにそれなりの努力または忍耐，もしくは労力を必要とする英語学習を，非日常的な疑似体験によって楽しみながら消費している。ここで言う「楽しみながら」というのは，即時的な満足を促すそれではなく，興味を持って学ぶことでプロテスタント的な消費に充実感を覚えることを指している。そこでは，非日常的な体験が英語学習に対する好奇心を駆り立てることで，ゲストは意欲的に英語を学ぼうとする。OEV によるこうした試みは，同じようにメニュー化された疑似体験によって即時的に浅い満足を促すアミューズメント施設とは異なり，消費者満足を深くしていると考えられる。

　以上の検討から，プロテスタント的な消費の典型とも言える学習に疑似体験

第Ⅲ部　快楽価値概念の再検討

という要素を組み合わせることによってゲストに深く満足してもらおうとする
OEV の試みは，エデュテインメントに限定されず，B２C のプロダクト戦略
の検討にさまざまな示唆を与えることができると思われる。

3　快楽的消費と快楽価値

　本研究では，快楽の諸概念に見られる曖昧性を払拭するために，以下のとお
り論を進めた。はじめに，快楽的消費をめぐるホルブルックらの一連の研究，
既存研究を批判的に検討したうえで独自の快楽論を展開した堀内の研究，感情
心理学を手がかりとして快楽を掘り下げた井上の研究をそれぞれ検討すること
によって，以下のことが示された。

　最初に，ホルブルックらによって提唱された快楽的消費の概念には，必ずし
も共通した理解が得られているとは言えない状況が存在すること，その原因と
して上位概念の「快楽」の意味が明確化されていないことが確認された。次に，
消費者価値の分類では，分析対象となる価値が多元的に検討されていないこと
が確認された。そのうえで，こうした問題が，ポストモダン・アプローチない
しポストモダンに見られる相対主義を標榜し個別的真理を重視する見方に起因
する可能性が示された。また，ポストモダンの消費文化において想定された消
費経験は，予測できない即自的満足を促すことが示された。さらに，消費者の
「経験」に焦点を当てた研究では，文化的プロダクトに限定されない幅広い消
費経験を対象とする経験的消費やこうした消費において即時的に満たされる満
足から得られるとする経験価値に共通した理解は存在せず，こうした問題が，
「経験」の意味が曖昧なままにされてきたことに起因する可能性が示された。

　一方，先行研究のレビューをマーケティングの周辺領域にまで広げた堀内は，
J. ベンサムの快楽論を独自の視点で発展させた Sidgwick（[1907] 1981）の快楽
論を拠り所として，快楽とは主観的に望ましい感情経験であり，消費者は，本
人にとって望ましい感情を経験する快楽的消費において促される満足から快楽
価値を得るとした。だが，快楽を普遍的に捉えることによって満足との違いが

148

第**11**章 マーケティングにおける快楽

曖昧になり，このことが共通理解を妨げる新たな問題となる可能性が示唆された。

　快楽的消費に関する研究の多くは快楽の内容に踏み込まず，消費経験から得られる漠然とした感覚や楽しみを快楽とみなしていることに警鐘を鳴らす井上は，快楽を構成する要素（内容）を明らかにすることによって「快楽とは何か」という問いに答えることができるとした。だが，そのために導入された感情心理学は，快楽感情の構成要素を詳らかにしているが，それは必ずしも「快楽とは何か」という問いに答えているとは言えない可能性が示された。

　快楽の諸概念をめぐって共通した理解が得られていない原因は既存研究によってさまざまであるが，共通しているのは「快楽」を規定する要素を人の内面に探索していることである。これに対して，本書では，行為または活動の根拠を人の内的状況に求めるよりはむしろ外的状況に求める方がより説得的で有益であるとする K. ポパーや堀越の指摘を拠り所として，快楽を明確化する手がかりを求めて社会学に着目した。かくして，社会経済学的視点から近代資本主義の成立について論じた Weber（[1920] 2009, 邦訳 1989年）を検討した結果，プロテスタント的な満足に対置されることで顕在化する快楽の，忍耐，努力，労力のいずれも必要としない行為または活動において即時的に促される浅い満足という性質が浮き彫りにされた。また，独自の視点から1920年代の米国社会を分析した Bell（1976, 邦訳 1976年）を検討した結果，快楽は社会的に媒介された認知によって理解される概念であることが確認された。そのうえで，こうした概念装置が消費における深い満足と浅い満足の関係にも適用できるとされた。すなわち，プロテスタント的な消費において非即時的に促される深い満足に対置される快楽的な満足は，忍耐，努力，労力のいずれも必要としない消費において即時的に促される浅い満足であり，消費者はこうした満足から快楽価値を得ることが示された。また，経験的消費の「経験」とは，主体がある瞬間または限られた時間内に身をもって見たり，聞いたり，行ったり，感じたりすることであり，消費者は，忍耐，努力，労力のいずれも必要としないこうした経験において即時的に促される浅い満足から経験価値を得ることが確認された。な

149

第Ⅲ部　快楽価値概念の再検討

お，本研究では，経験的消費や経験価値を，快楽的消費や快楽価値からそれぞれ区別する要素を特定することはできず，双方とも忍耐，努力，労力のいずれも必要としない消費において即時的にまたは衝動的に享受される浅い満足から得られる価値であることを示すことに留まった。

　最後に，本研究で示されたことが，プロダクト戦略の検討に有用であることを示すことで，本研究の意義を確認した。

4　快楽の文学的・哲学的考察

　脳科学には，快楽的な満足を得てから時間を空けずに新たな欲望充足を志向する態度は，快楽の享受において欲望が十分に満たされていないことに起因するという考え方があり，広義の依存症（dependence）[2]として理解されている「嗜癖（addiction）[3]」は，その一つとされている。嗜癖という症状に共通する特徴は，依存対象から距離を置くことで促された強い不快感がしばしば禁断症状（abstinence symptom）を引き起こすことである。

　脳科学では，薬物依存者は，満足を感じることができないから薬物に依存すると考えられており（廣中 2003, 92頁），近年では，こうした傾向が「行動プロセスへの嗜癖」として食事，ギャンブル，買い物行動においても見られることが確認されている（依田他 2009, 18-19頁）。一方，日常生活に支障をきたすほどロールプレイング・ゲーム（role-playing game: RPG）[4]に熱中する消費行動が社会問題化したこと，またチャット（Chat）と呼ばれるインターネット上のリアルタイム・コミュニケーションへの過度の依存によって，家庭生活や社会活動に支障をきたす人が増えていることがメディアで大きく取り上げられたことは記憶に新しいが，このように繰り返し消費されるハイパーリアルな消費もまた，行動プロセスにおける嗜癖の一つとして見ることができる。こうしてみると，ハイパーリアルな消費において浅い満足を繰り返し享受し続ける消費者は，少しでも欲望を満たそうと苦しみもがいているようにも見える。

　哲学には，そもそも人間の欲望に終わりはなく，満足することはないとする

第**11**章　マーケティングにおける快楽

考え方がある。古代ローマの詩人で哲学者のルクレティウス（Titus Lucretius Carus, around 95–55 B.C.）は，自身の考察を叙事詩としてまとめた『物の本質について』（原題: *De rerum natura*）のなかで，快楽について次のとおり述べている。

　　「渇望する憧れは，達せられないうちは，これが他の何ものよりもすぐれたものであるかのように見えるにすぎない。その渇望も，いったん達してしまえば，また，そのあとから別なものをわれわれは渇望するようになり，生命に執着する変わらない渇望が，つねにわれわれを捕らえて，口を開かしめている」（Lucretius［around middle of the 1 st century B.C.］1952, p. 44. 邦訳1961年，157頁）。

　同様の指摘は，18世紀のドイツの哲学者・思想家として知られるI. カント（Immanuel Kant, 1724–1804）の著作『判断力批判』（原題: *Kritik der Urteilskraft*）における「人間の本性は，所有と享受のどこかで停止し満足するような類のものではない」（Kant［1790］1922, SS. 298–299. 邦訳2000年，108–109頁）とする一文にも見られる。

　他方，深い満足は新たな欲望を駆り立てないことを示唆する指摘もある。ドイツ文学の傑作とも評されるJ. W. ゲーテ著『ファウスト』（原題: *Faust*）の主人公（ファウスト博士）が，彼にとって最高の幸福（満足）を感じた瞬間に吐露する，もうなにも望みはしない，死んでもよいという意思表示の「（時間よ）留まれ，おまえはいかにも美しいと（独原文: Verweile doch, du bist so schoen!）。（中略）おれはいま最高の瞬間を味わうのだ」（Goethe［1831］1991, S. 203. 邦訳1996年，462頁，カッコ内は筆者追記）というこのあまりにも有名な台詞は，深い満足の享受は新たな欲望を遠ざけることを示唆している。理性の力で世界を認識しようとするヨーロッパ的人間の分身とされた主人公は，それまで悪魔メフィストフェレスの手を借りてあらゆる衝動的欲望を貪った末に取り組んだ干拓事業という忍耐または努力，もしくは労力をともなう活動において促された満足があ

151

第Ⅲ部　快楽価値概念の再検討

まりにも深かったために，悪魔と交わした契約に基づいてわが身を悪魔に委ねるときが来たことを意味する先の台詞を口にしたのである。

こうした議論を一歩進めて，深い満足によって「心の平静」に到達した人間は，快楽への関心を失うことを示唆する記述が，詩人であり，古代ギリシャ・ローマ哲学・文学の研究者としてルネッサンスにも影響を与えた F. ペトラルカ（Francesco Petrarca, 1304-1374）のことばにも見られる。すなわち，「研究をとおして私は大きな心配から自由になり，時代の惨めさを忘れ，充分に満足して，生きていることを喜び，普通の人たちの煩わしさをほとんど知らない。富，快楽，名誉を喜ぶ人は誰でもそうするがいい。私にとっては研究が富であり，名誉であり，喜びである」（Wilkins 1961, p. 168. 邦訳 1970年，188頁）としたペトラルカは，古代ギリシャの哲学者として知られるエピクロスの「心の平静（希：a ταραξια）」と呼ばれるある種の悟りの状態に達していたのかもしれない。こうした状況の究極の形が，古代中国の思想家・哲学者の孔子（552 B.C.-479 B.C.）の教えを編纂した『論語』におけるよく知られた「子曰。朝聞道。夕死可矣」（訓読：朝に道を聞かば，夕べに死すとも可なり。新訳：子曰く。真理を聞いて満足したなら，夕方に死んでも思い残すことはない）（宮崎 2000, 60頁）ということばに見られる。ここでは，修学の目的である事物当然の理を知るにいたれば死んでも悔いはないという，深い満足における無欲な心境が説かれている（後藤他 1963, 8頁）。

一方，20世紀の英国の哲学者として知られる B. ラッセル（Bertrand Arthur William Russell, 1872-1970）は，人は欲望を満たすために行う営みの過程に幸福（満足）を感じることについて論じた（Russell [1930] 1996, p. 27. 邦訳 1991年，30頁）。消費の視点からこのことに着目した山崎（1987）は，（目的的）消費とは充実した時間の消耗を真の目的とする活動であり，欲望の享受よりはむしろそれを得るまでの過程に関心を持つ行動とみなすことができる（167頁）としたうえで，消費とはなによりも消耗の過程を楽しむものであり，欲望の充足はそれがまだ成就されていない間にだけ成立し，完全に成就された瞬間に消滅するとしている（162頁）。山崎（1987）は，こうした消費行動の極端な例として「茶の

第**11**章　マーケティングにおける快楽

湯」を上げている。そこでは、ほんのひとつまみの緑茶の粉を消費するためにおびただしい時間、礼儀作法、手仕事の手業を費やすことで、できるだけ消費そのものを充実させようとする（163頁）。山崎（1987）の議論はモノの消費を想定しているが、消費のための「充実した時間」はむしろ無形財（サービス）の消費においてより多く見られる。たとえば、東京ディズニーランドやディズニーシーのビジターが、この非日常的空間において過ごす時間を少しでも有意義にしよとする消費行動——たとえば、成人女性のグループが当日しか使わないと思われるミッキーマウスの耳を模したカチューシャ（髪飾り）に1,000円以上支出したり、割高な土産品をいくつも購入したり、日曜日にもかかわらず閉園時間間際まで滞在し混雑する電車で帰路につく——は、その一例である。

　同じサービスでも、プロテスタント的な消費の場合は様相も異なる。こうした種類のサービスでは、消費を完了させるために継続的な「努力（effort）」（Arnould et al. 2002, p. 379）なり忍耐を必要とすることからおのずと消費に対する積極的な態度が求められる。このことは逆に、こうした消費に対する消極的態度がこうした消費からの離脱を促す。勉強が面白くないから授業を欠席する、退学するといった行動は、その一例と思われる。

　消費に積極性が求められるプロテスタント的な消費では、思うように消費することができないことが、しばしば主体の内面に苦痛（pain）を生起させる。哲学者のA. ショーペンハウアー（Arthur Schopenhauer, 1788-1860）は、主著の『意志と表象としての世界』（原題：*Die Welt als Wille und Vorstellung*）のなかで、「努力がいたるところで幾重にも阻止され、いたるところで戦闘しているさまを我々は目撃する。かくて、そのかぎりでは努力はつねに苦悩である」（Schopenhauer［1819］2009, S. 277. 邦訳 1975年, 556頁）としている。だが、「いっさいは空であるという感情は、自然の欲求があまりにもたやすく満たされるところから生まれる」（Russell［1930］1996, p. 27. 邦訳 1991年, 30頁）のであれば、苦痛から逃れようとすることは必ずしも賢い選択ではない。T. ベン＝シャハーは、「人は困難な時期があるからこそ、より大きな喜びを感じられるようになる」（Shahar 2010, p. 26. 邦訳 2010年, 33頁）と述べ、人間生活における苦痛と満足の

第Ⅲ部　快楽価値概念の再検討

間には，前者が大きいほど後者も大きく（深く）なるという正の相関関係が成立するとしているが，この関係は消費における労力と満足の関係にも当てはまると思われる。かかる問題は，消費者にできるだけ深い満足を享受してもらうために，マーケターには何ができるかということである。このことを検討するために手がかりになると思われるのは，W. シェークスピア（1564-1606）が『マクベス』（原題：Macbeth）の主人公に語らせた「楽しんでやる苦労は苦痛を癒してくれるものだ」[6]（Macbeth, Act Ⅱ, Scene 3 （『マクベス』第2幕第3場）：Shakespeare（[about 1606] 2003, pp. 64-65.）のセリフである。ここでの示唆は，プロテスタント的な消費を楽しむ，すなわち，興味を持って消費することに充実感を覚えてもらうことで消費を継続させ深い満足を享受してもらうことであり，前々節で検討した OEV のケースは，その一例になると思われる。

　プロテスタント的な満足を促すプロダクトの検討において重要になると思われることの一つは，消費者がこうした消費を楽しむ，または興味をもって消費することに充実感を覚えることである。この充実感という心の「豊かさ（abundance）」は，その原義をラテン語で（内面からじわじわと）「溢れ出る（to flood）」を意味する "abundantia" に遡るとされている（Simpson and Weiner 1989a, p. 58; Onions 1966, p. 6）ことは興味深い。これにしたがえば，深い満足とは，衝動的に促される快楽的な満足とは対照的に，幾重にも折り重なり重層化した充実感と引き換えに，深く静かに感受されるものと考えられる。

　哲学における快楽について考究した木原（2010）は，「幸福とは消極的なものである。煩わしいことを考えなくてよい。不満がない。不足しているものがない。痛みがない……。『ある』ではなく，『ない』という否定表現によって幸福は示され，生きているという実感にかかわり合う」（99頁）と述べ，個別の感覚から生じる快楽を部分的なものとすれば，幸福は全体的なものであり，前者は数限りなく存在するが，後者は一つしかないとしている。木原（2010）によるこうした指摘は，マーケティングにおける快楽の検討に示唆的である。

注

(1) このことについて，終章の第2節「価値共創時代のプロダクト戦略」のなかで補足する。

(2) アルコールやニコチン等の薬物（中枢神経系作用物質）に対する物質依存として明確に定義されている概念。近年では，本来の医学的な意味を超えて広く○○依存症という形で使われている（依田他 2009, 17-18頁）。

(3) ギャンブル，ショッピング，食事，性行為等への過度の依存をさす嗜癖を医学的な病気とみなすか否かは，研究者によって見解が分かれる。なお，嗜癖という概念は，医学や心理学だけでなく，行動経済学や社会学など意志決定や人間関係にかかわる幅広い分野で扱われている（中村・成田 2011, 37頁）。

(4) コンピュータ・ゲームの一種。一般に，プレーヤーは，各自に割り当てられたキャラクターを操作し，互いに協力しながらステージごとに与えられる架空のミッションを完了させ，目的の達成を目指すゲームのこと。

(5) 消費者価値の分類を試みた Holbrook (1999) では，「手段としての消費（extrinsic)」は充実感を促すとされている（p. 12）。だが，充実感は手段としての消費だけでなく目的としての消費においても享受されると思われる。芸術鑑賞は，その一例である。

(6) W. シェークスピアの原著では "The labor we delight in physics pain.", 現代表記では "The labor we delight in cures such pain." とされている。また，新潮文庫の邦訳では「喜んでする苦労は，みずから痛みを癒す」（邦訳 1969年，42頁），岩波文庫の邦訳では「楽しい骨折りは心労を癒してくれるものだ」（邦訳 1997年，52頁）とされている。本書では，原文（an original text）と現代英表記に照らしつつ，前者を手がかりとして独自の邦訳を付した。

　　ウェーバー（Weber [1920] 2009, 邦訳 1989年）によれば，J. W. ゲーテは『ファウスト』によって近代の職業労働に見られる禁欲的性格が失われつつあることを我々に教えようとしたとされており，このことは「彼（J. W. ゲーテ）にとって（ファウストの生涯の終幕は）ゆたかで美しい人間性の時代からの断念を伴う，そうした決別を意味した。そうした時代は，古代にアテナイ（古代ギリシャの都「アテネ」）の全盛期がくりかえし現れなかったのと同様に，我々の時代の文化的発展のなかでもう一度現れてくることはもはやないのだ」（S. 164. 大塚訳 1989年，364頁，カッコ内は筆者追記）という一文に示されている。他方，時代とともに廃れていったプロテスタント的な満足は，本来の歴史的・宗教的文脈から切り離された忍耐または努力，もしくは労力をともなう消費において非即時的に得られる深い満足として現代に受け継がれているように思われる。

第Ⅳ部

文化的使用価値が顕在化する仕組みの検討

第12章

文化的使用価値が顕在化する仕組み

近年，市場取引に焦点を当てた伝統的なマーケティングのあり方を見直す「価値共創（value co-creation）」に，実務家や研究者の関心が寄せられている。こうした背景には，価値は事前に企業によって創り出されるのではなく，交換後に消費者と共創されるという考え方が，マーケティングの現場で広く共有されるようになったという状況が存在する。

価値共創の研究では，有形財（goods）と無形財（services）の共通項である「知識（knowledge）」と「スキル（skill）」によって，購入した製品を自宅で消費する間接的消費も価値共創とみなすサービス・ドミナント・ロジック（Vargo and Lusch 2004a）が知られている。一方で，近年，こうした領域の問題に関心を持つ研究者の注目を集めているのは，顧客の消費プロセスにおいて企業と顧客の間に直接的な相互作用（interactions）が働く場合——たとえば，従来のサービス・マーケティング研究が扱ってきた無形財の消費——のみを価値共創とみなすことで，価値共創の概念をより明確化したとされるサービス・ロジック（Grönroos 2006）である。これに対して，村松（2015）は，相互作用を価値共創の根拠とするのであれば，「企業と顧客の関係の多くが価値共創ということになってしまい，改めて価値共創の議論をする必要はない」（133-134頁）と述べ，価値共創は，消費者特有の文脈——以下，「コンテクスト」で統一する——において認知される使用価値（value-in-use），または「文脈価値（value-in-context）[1]」を創造するために行われるとしている（144頁）。

第Ⅳ部　文化的使用価値が顕在化する仕組みの検討

1　文化的使用価値と価値共創

　村松（2015）のこうした指摘は，サービス・ロジックにおいて想定されている価値共創だけでなく，マーケティング研究者として知られる石井淳蔵の，売り手と買い手の関係を紐解く研究にも当てはまると思われる。

　その石井は，これまで，マーケターと個々の消費者のコミュニケーションにおける相互作用から，想定外の使用価値が顕在化する仕組みについてたびたび論じてきた（e.g. 石井 2007; 2008; 2009; 2010a; 2012, 176-181頁 ; 2014, 206-220頁）。ここで言う想定外の使用価値とは，その製品の「物理的属性に還元して説明できない使用価値」（石井 2007, 3 頁 ; 2008, 15頁）——以下，「文化的使用価値（cultural values-in-use）」で統一する——を指しており，チョコレート菓子の「キットカット」の消費において認知される御守りとしての価値は，その一例とされている（石井 2007, 2008, 2010b）。だが，石井の文化的使用価値が顕在化する仕組みには曖昧な点が存在しており，必ずしも明確にされているとは言えないようである。

　本研究では，文化的使用価値が顕在化する仕組みにおけるコンテクストの役割を明確化するために，以下の手続きにしたがって論を進める。はじめに，文化的使用価値の顕在化をめぐる石井の主張を確認する。次に，Wenger（1991）において提示された，コミュニケーションをテクスト（text）の意味をめぐる交渉として捉える視点から石井の文化的使用価値が顕在化する仕組みを検討し，そこで示されたことを手がかりとして，こうした仕組みにおけるコンテクストの役割について明確化を試みる。そのうえで提起される，文化的使用価値の顕在化を規定する要素は何かという問題を Wenger（1991）の文化的透明性の概念を手蔓として検討し，そこで明らかにされたことが価値共創の検討に有用であることを示すことで，本論文の意義を確認する。

第**12**章　文化的使用価値が顕在化する仕組み

2　「意味のズレ」で説明する文化的使用価値の顕在化

　わが国の製造業における収益性は，過去30年にわたり低下の一途をたどっている。実際に，製品機能や品質の改善による収益性の向上や市場の活性化は年々難しくなっており（石井 2008, 10頁），こうした傾向は，とりわけ中小企業において著しい。このようななか，石井が新たに着目したのが，従来の機能的使用価値と比較して必ずしも十分に注目されているとは言えない，消費者とのコミュニケーションから生まれるとされる文化的使用価値である。

　石井は，2009年の論稿の冒頭で，「日常会話の過程では，話し手の当初の意図には存在しなかった新しい現実が創発される」（石井 2009, 111頁）と述べ，このことを，次の日常会話の例を上げて説明している。

　ある夫婦は，朝食後，どこかへ出かける予定がある。その夫婦は，いま食卓で向かい合わせに座っている。ふと窓越しに外を見た。

　　夫：「雨が降ってきたようだね」
　　妻：「行くの，やめましょうか？」
　　夫：「……，そうしようか……」
　　妻：「ええ」

　石井（2009）によれば，上記の会話の要諦は，話を交わす以前の夫婦にはそもそも外出したくないという意図は存在しなかったにもかかわらず，結果として「外出しないことになった」という，夫婦にとって想定外の現実が生じたことである（111–112頁）。

　話し手の当初の意図には存在しない新しい現実が生まれる「この過程はマーケティングのモデルになりうる」（111頁）とする石井は，マーケティング・プロセスをコミュニケーション・プロセスとして捉えることで，自社製品に特別な意味を与えようとするマーケターと，その製品に特別な意味を見出そうとす

161

第Ⅳ部　文化的使用価値が顕在化する仕組みの検討

る個々の消費者との相互行為または両者間の相互作用から，双方の想定を超え
た文化的使用価値が顕在化する仕組みを説明できるとした（石井 2010a，4頁；
2012, 176-181頁；2014, 207-220頁）。こうした発想は，少なくとも榊原（1992）に
まで遡ることができる。同書において，榊原は，

　　　「製品の意味領域における『意味』という言葉は，本来主観的なもので
　　あり，相対的なものである。そのため，特定の製品の意味は，それをつく
　　る企業の手で一方向的に決められるものではない。むしろ買い手と企業と
　　の間のやりとりのなかからその意味は生まれてくる」（榊原 1992, 129頁）。

と述べ，製品の意味は両者間の相互作用のプロセスを経て形成されることを強
調している。翻って，石井の文化的使用価値が顕在化する仕組みの背後に存在
するのは，人間どうしのコミュニケーションにおいてコード（code）は共有さ
れていないため，話し手の意図はそのまま聞き手には伝わらないとする命題で
ある（石井 2012, 177頁）。

　石井によれば，コミュニケーションはそのままでは頭のなかから動かすこと
ができないメッセージをコードへと変換し，受け取った側はそれを解読するこ
とで達成されるとするシャノン＝ウィーバー・モデル（Shannon Weaver Model
raised in Shannon and Weaver 1949）――以下，「コードモデル（code model）」で
統一する――は，コンピュータ間の意味の伝達には当てはまるが，人間どうし
の場合はその限りではない……したがって，コミュニケーションから想定外の
結果が生じるのは自然の成り行きであるとしている（石井 2012, 177, 179頁）。石
井によるこうした主張の根拠として示されたのが，Sperber and Wilson（[1986]
1995, pp. 15-21. 邦訳 1999年，18-24頁）を手がかりとした大澤（1994）の次の所見
である。

　　　「このモデル（コードモデル）によってコミュニケーションを思考すると
　　き通常忘れられているのは，発信者も受信者も，世界に内属しているとい

うこと，この単純な事実である。この事実は，コードが存在するとしても，そのコードは，発信者と受信者のそれぞれに帰属する各『心』の内部におけるものとして存在するしかない，ということを含意している。言ってみれば，コードは，それぞれの心の内部に閉じ込められているのだ。したがって，たとえコードが第三者的な見地から見たとき事実として共有されていたとしても，この共有されているという事実自身は，世界に内属している発信者・受信者の心にあっては，さしあたって確実ではない」（279-280頁，カッコ内は筆者追記）。

　石井（2012）によれば，コードモデルは発信者の内面と受信者のそれを外部から捉える第三者の視点を前提としているが，人間どうしのコミュニケーションでは，発信者も受信者も，コミュニケーションの外部で両者に共通する知識内容を確認する立場にはない（177頁）。したがって，「コミュニケーションに参画しているある個人が，たとえなにがしかの意図を持って発話しようとも，その意図とはさしあたり無関係にそしてそのつど，受け手との間に意味が生成する。その意味で，コミュニケーションとは，個人の心理や意図とは別次元の創発的性質を持つ」（180頁）とされた。そのうえで，コミュニケーションの当事者にとって互いに相手のコードを確認する術がないという事実は，コミュニケーションは個人の内面には還元されない社会的プロセスであり，このことは，マーケティングにおける個々の消費者とのコミュニケーションを，文化的使用価値が顕在化するプロセスとして見ることを可能にするとされたのである（179-180頁）。要するに，コードが共有されていないコミュニケーションから「意味のズレ」が生じるメカニズムによって，文化的使用価値の創発現象を説明できるということである。

3　文化的使用価値は顕在化するのか

　一方，使用価値を規定する要素は消費者の側に存在することを標榜する石井

第Ⅳ部　文化的使用価値が顕在化する仕組みの検討

(e.g. 石井 2012, 179頁）は，これまで「価値は（消費者の）文脈に依存する」（石井
1999, 198頁，カッコ内は筆者追記）ことについて繰り返し強調してきた。そこでは，
製品は「新たな文脈に応じて，予想もできないさまざまの使用価値の可能性を
発現させる」（195頁）ため，製品の有用性にかかわる特定の定義，すなわち使
用価値に対応する製品属性はどれほど徹底されようとつねに覆される「不定
さ」（郡司 1998, 147頁）をその内に孕んでいるとされた。だが，石井のこうした
論点は，個々の消費者とのやり取りから文化的使用価値が顕在化するとされる
仕組みにどのように接続されるのであろうか。既存研究はこのことについて明
らかにしておらず，文化的使用価値が顕在化するとされる仕組みにおける消費
者のコンテクストの役割は不明確なままである。このことを検討するうえで，
既存研究では，これまで，マーケターのコンテクストに焦点が当てられてこな
かったことも重要な論点になると思われる。[4]

　以上の検討から，石井によって提示された文化的使用価値が顕在化する仕組
み（以下，「石井説」）では，製品の意味（使用価値）はマーケターと個々の消費
者との相互行為または両者間の相互作用に規定されることが強調される一方で，
コンテクストの論点が看過されていることが確認された。[5]一方，石井説のこう
したアプローチを突き詰めることで浮かび上がってくるのは，既存研究には，
「消費者は使用価値をどのように理解するのか」，また，これに対応する「消費
者反応を，マーケターはどのように理解するのか」という論点が存在しないこ
とである。文化的使用価値がこうした論点の基礎となるプロセスの応酬のなか
で顕在化することを想定してみると，「消費者が使用価値を理解する仕組み」
「マーケターが消費者反応を理解する仕組み」を明らかにしないまま文化的使
用価値が顕在化するプロセスを明確化することは難しいと思われる。

　こうした状況を踏まえ，次章では，Wenger (1991) において提示された，
コミュニケーションをテクストの意味をめぐる交渉として捉える視点から石井
説を検討し，そこで明らかにされたことを手がかりとして，文化的使用価値が
顕在化する仕組みにおけるコンテクストの役割の明確化を試みる。

注

(1) 村松 (2015) は,「……モノを顧客が使用すれば,それだけで価値共創の一端をなすと考えたなら,おそらく,マーケティングは,伝統的なマーケティングと同じように事前的な活動に焦点を置くことになりかねない」(8頁) と述べ,顧客との直接的な相互作用のみを価値共創として捉えた方が,マーケティングにとってより実り多い議論を生むとしている (10頁)。

(2) S-Dロジックの議論に合わせて読み替えられた,使用価値と交換可能な価値概念とされている (Vargo et al. 2008)。詳細は,Vargo et al. (2008) を参照されたし。

(3) 内閣府 平成25年度 年次経済財政報告 第2章「製造業企業の収益性と生産性」

(4) 注3に同じ。

(5) 石井の既存研究では,これまで,消費に先立ち使用価値を決めることはできない,使用価値を規定する要素は消費者の側に存在する,使用価値には無限の可能性がある根拠として (消費者の) コンテクストに着目してきたという経緯がある。一方,本章の第2章において詳しく論じたとおり,発話の意味解釈におけるコードモデルの不完全性をコンテクストで補う推論モデルは,コミュニケーションの当事者間でコードが共有されていることを前提とする。これにしたがえば,石井は,コードとコンテクストを同じ土俵 (文化的使用価値が顕在化する仕組み) で論じることはできないと思われる。

第13章

文化的使用価値が顕在化する仕組みにおけるコンテクストの役割

「発話の解釈において，言語形式とコンテクスト的要素がどのように相互作用するのかを研究する学問」（岡田 2009, 24頁）として知られる言語学の語用論において，「コンテクスト（context）」とは，「発話を解釈するために実際に使われる心的に表示された複数の想定」（岡田 2009, 30頁）であり，「手掛かり情報（cue information）」と呼ばるれることもある（松尾 1999, 5頁）。岡田（2009）によれば，手掛かり情報となる「想定（assumptions）」を構成する要素は，先行する文章の解釈，聞き手が話し手を観察した結果，その場の環境で起こっていることだけでなく，文化的知識，科学的知識，常識的想定もそれに含まれるし，聞き手がその場で思い出すことができる他人と共通の，あるいは聞き手独自の情報の場合もある。松尾（1999）によれば，コミュニケーションにおいて明示的なメッセージ（テクスト）として表示されない非明示的な情報のうち，解釈にともされるインフォメーションはすべてコンテクストに該当する（5頁）。

1　発話（テクスト）の意味形成と受容・理解の仕組み

語用論においてスペルベルとウィルソン（Sperber and Wilson［1986］1995, 邦訳 1999年）が提示した関連性理論（relevance theory）は，コミュニケーションにおける意味解釈のプロセスに上述したコンテクストの概念を組み込むことによって，意味の多義的で自由な解釈を説明するための理論的基礎を提供した。だが，西坂（1995）の「関連性は本質的に社会的である」（69頁）との指摘があるように，コミュニケーションをより踏み込んで理解するには，特定のコンテ

第Ⅳ部　文化的使用価値が顕在化する仕組みの検討

クストの選択を容易化し，社会的相互作用を捉える理論的枠組みが必要となる。

　その有力候補になると思われるのが，カルチュラル・スタディーズ（e.g. Willis 1977），シカゴ学派エスノグラフィー（e.g. Becker 1963），テクノサイエンス研究（e.g. Foucault 1975; Latour 1988）の流れを汲む「状況的学習論（situated learning）」（上野 2006, 3-6, 19-24頁）である。「人々が実践のなかでコンテクストをどのように組織化し，また，コンテクストへのアクセス可能性，あるいは不可能性をどのようにデザインしているかを分析する視点を与える」(83頁)とされる状況的学習論は，近年，マーケティングの現場を分析するための有力な理論を提供する研究として注目されている[2]。その代表的研究の一つとされるWenger（1998）は，「意味は辞書のなかに存在するのではなく[3]，人々が世界に関与していること，その行為を実践することによって意味の合意に向けたプロセスが生まれる」(pp. 51-52, 引用中の脚注は筆者追記) と述べ，意味はそれ自体として客観的に存在するのではなく，「意味の交渉（negotiation of meaning）」と呼ばれるプロセスの内部に存在する――つまり，発話（以下，「テクスト」に統一する）の意味は，コードの解読によって一意的に定まるのではなく，他者とのやりとり（意味の妥協点を指向して展開される交渉）のなかで形成される（Wenger 1991, pp. 111-116）――ことを強調している。

　その基礎となる，テクストの意味形成と受容・理解の仕組みを図解した図5-1（第5章）では，話し手による②の意味の形成は，話し手のコンテクストに取り残される①の意味の喪失（a loss of meaning）として脱コンテクスト化（de-contextualize）の過程であり，話し手のコンテクストを構成する要素のすべてが②の意味形成の対象となるわけではない[4]。

　ある事柄をテクストに置き換える過程では，コンテクストを参照しなければ理解できない言外の意味（implied meaning）は失われる。したがって，テクストは，話し手のコンテクストに1対1で対応するものではなく，話し手のコンテクストに残存するコード化されない要素に依拠した他でもある可能性を持つ。このことは，たとえば，思春期の女子が想いを寄せる男子に伝える発話は必ずしも「好きです」とは限らず，むしろ「嫌い！」という発話によってその恋焦

第**13**章 文化的使用価値が顕在化する仕組みにおけるコンテクストの役割

がれる想いを伝えることに見ることができる（川口 2014, 68頁）。これほど極端ではなくとも，ある発話が他の表現（テクスト）でもあり得ることは，我々の日常にはきわめて多い。

　一方，③の伝達を経てテクストを受容した聞き手は，コード（たとえば，日本語の生成文法）に照らしてテクストを理解するだけでなく，④のデコード化を経て自身のコンテクストを参照し，⑤の再コンテクスト化の過程を経て独自にその意味をとる。したがって，「いかなる再表象化でも，多義性（ambiguity）が生来の性格となる」（Wenger 1998, p. 114）。このように，聞き手による解釈の仕方は一つではなく，つねに他でもあり得る可能性を有することは，テクストの意味は伝達に先立ち仮定されることを示している。

2　テクストの意味はどのように形成されるのか

　テクストの意味形成と受容・理解の仕組みを図解した図5-1のコピーを上下左右に反転・接続したのが，「意味の交渉」を図解した図13-1である。そこでは，中央横枠の「不可視の場」を境に，上部では当事者Aが話し手に，当事者Bが聞き手になり，下部では反対に，当事者Bが話し手に，当事者Aが聞き手にそれぞれ入れ替わることでコミュニケーションを成立させている。

　その図13-1では，（図5-1の解説に続けて）図5-1⑤に対応する図13-1⑤の意味の再構成の過程を経て独自にテクストの意味をとった聞き手のBは，話し手に立場を変えて，⑤の再コンテクスト化を経て再構成された自身のコンテクストに依拠して⑦のコード化を行う。一方，⑥の脱コンテクスト化を経て行われるその手続き（⑦）によって形成された意味をコードに置き換えたテクストを，⑧の伝達を経て受容したAは，⑨のデコード化を経て自身のコンテクストを参照し，⑩の再コンテクスト化の過程を経て独自にその意味を理解する。ここで，ふたたび話し手に転じたAは，⑩の再コンテクスト化を経て再構成された自身のコンテクストに依拠して意味形成を行い，コード化されたテクストを，③のとおりBに向けて伝達する。

169

第Ⅳ部　文化的使用価値が顕在化する仕組みの検討

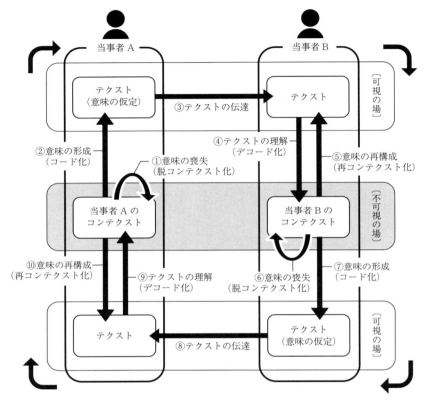

図13-1　「意味の交渉」としてのコミュニケーション
出所：第5章の図5-1をベースに筆者作成。

　上記①～⑩のプロセスは，一巡した後も，AまたはBのいずれか一方がコミュニケーションを止めるまで「意味の再交渉（renegotiation of meaning）」（Wenger 1991, p.122）として継続される。このようななか，AとBのコンテクストは，「意味の交渉」を通じて相互作用を繰り返し，このことによって両者間の乖離を段階的に埋めていく。かくして，テクストの意味をめぐって両者が合意できる程度にまでその乖離を埋めたとき，両者の「共有領域（shared repertoires）」に，テクストの意味をめぐるある想定（assumptions）が，両者のコンテクストに「相互に顕在的である（mutually manifest）」（Sperber and Wilson

第**13**章　文化的使用価値が顕在化する仕組みにおけるコンテクストの役割

[1986] 1995, pp. 41-42. 邦訳 1999年，49頁）可能性を高くする環境が形成される（Wenger 1998, pp. 73-85）。こうした状況のもとで，ＡとＢは，自身のコンテクストにそれぞれ顕在化したある想定を拠り所して社会的に形成されたテクストの意味を理解する。

　以上のとおり，テクストの意味はそれをめぐる交渉のなかで社会的に形成される（Wenger 1998, pp. 52-53）と考えられている。Hanks（1991）は，こうしたプロセスを「一般的構造には還元できない創発的過程（emergent processes which cannot be reduced to generalized structures）」（p. 16. 邦訳 1993年，9頁）とみなし，相互行為の持つ創発性を強調している。

3　「意味の交渉」のプロセスと石井説

　本節では，文化的使用価値が顕在化する仕組みにおけるコンテクストの役割を検討する手がかりを得るために，上述した「意味の交渉」のプロセスを石井説のそれと比較し，共通点と相違点を浮き彫りにする。

　川口（2013, 2014）では，「意味の交渉」の基礎となるテクストの意味形成と受容・理解の仕組み（図5-1）のテクストを製品に，テクストの意味を使用価値に置き換えることで，消費者が使用価値を理解する仕組みを説明できることが示されたが，この事実と前節で検討した「意味の交渉」を手がかりとして，図13-1の当事者Ａを「マーケター」に，当事者Ｂを「個々の消費者」に，テクストを製品とその消費に対応する消費者反応に置き換えたのが，マーケティングにおける「意味の交渉」を図解した図13-2である。

　その図13-2と石井説には，マーケターと個々の消費者の相互作用——図13-2では，③の製品の移転と⑧の消費者反応の伝達を基礎とするやりとり——という共通点が存在する。ただし，図13-2ではコードが共有されていることを前提としているのに対して，石井説ではコードは共有されていない。一方，石井説には，図13-2　①の使用価値の喪失（脱コンテクスト化）〜②の使用価値の形成（コード化）の過程と，⑥の消費者反応の意味喪失（脱コンテクスト化）〜

171

第Ⅳ部　文化的使用価値が顕在化する仕組みの検討

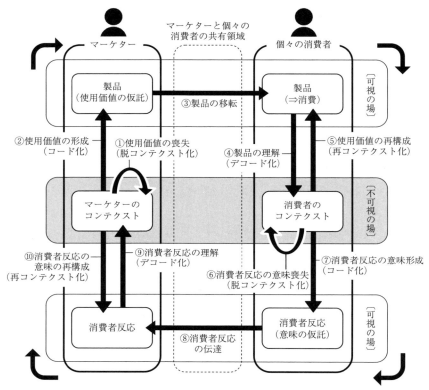

図13-2　マーケティングにおける「意味の交渉」（使用価値をめぐる交渉）
出所：本章の図13-1をベースに筆者作成。

⑦の消費者反応の意味形成（コード化）の過程が存在しない。このことは，石井説において形式化された製品には属性が，消費者反応には意味が，それぞれ仮定されていないことを示している。また，石井説には，④の製品の理解（デコード化）〜⑤の再コンテクスト化を経て独自に使用価値を認知するプロセスと，⑨の消費者反応の理解（デコード化）〜⑩の消費者反応の意味の再構成（再コンテクスト化）を経て独自に消費者反応を理解するプロセスが存在しない。このことは，コードが共有されていないコミュニケーションから「意味のズレ」が生じるメカニズムによって，文化的使用価値が顕在化する仕組みを説明

172

第**13**章　文化的使用価値が顕在化する仕組みにおけるコンテクストの役割

することは難しいことを示している。

　以上の検討から，コミュニケーションを「意味の交渉」として捉える視点による限り，コンテクストを拠り所とした意味の形成と解釈の過程がそれぞれ存在しない石井説では，使用価値（意味）をめぐる個々の消費者との交渉は成立せず，文化的使用価値は顕在化し難いことが示された。

4　マーケティングにおける「意味の交渉」

　本節では，上述した「意味の交渉」のプロセスと石井説との比較によって示されたことを手がかりとして，文化的使用価値が顕在化する仕組みにおけるコンテクストの役割について検討する。

　マーケティングにおける「意味の交渉」を図解した図13-2では，使用価値に対応する属性，デザイン，品質等の形式化の過程にあたる②のコード化は，マーケターのコンテクストに取り残される①の使用価値の喪失として脱コンテクスト化の過程であり，マーケターのコンテクストを構成する要素のすべてが形式化の対象となるわけではない。マーケターの思惑を製品に置き換える①〜②の過程では，マーケターのコンテクストを参照しなければ理解できない使用価値は失われる。したがって，製品は，マーケターのコンテクストを構成する要素をそのまま形式化したものではなく，マーケターのコンテクストに残存する，②の製品化（コード化）に反映されない要素に依拠した異なる属性またはデザイン，もしくは品質の製品でもある可能性を持つ。

　次に，販売チャネル（リアル店舗，ネットショップ等）をとおして③のとおり移転された製品を受容した個々の消費者は，その製品の消費から得たベネフィットと製品を，コードに対応する属性，デザイン，品質等に照らして評価するだけでなく，④のデコード化を経て自身のコンテクストを参照し，⑤の再コンテクスト化の過程を経て独自にその使用価値を認知する。

　そのうえで，個々の消費者は，⑤によって再構成された自身のコンテクストに依拠して⑦の消費者反応の意味形成（コード化）を行う。⑥の消費者反応の

173

第Ⅳ部　文化的使用価値が顕在化する仕組みの検討

意味喪失（脱コンテクスト化）を経て行われるその過程では，個々の消費者のコンテクストに照らさなければ理解できない言外の意味は失われる。このことは，個々の消費者のコンテクストに残存する要素に依拠した他の消費者反応でもあり得る可能性を持つ。

　一方，聞き取り調査やアンケート等に対応する⑧を経て個々の消費者反応を受容したマーケターは，⑨のデコード化を経て自身のコンテクストを参照し，⑩の再コンテクスト化の過程を経て独自にその消費者反応の意味をとる。ここで，マーケターは，⑩によって再構成された自身のコンテクストに依拠して，製品の機能またはデザイン，もしくは品質等の改良・変更を行う場合がある。これと並行して，広告・宣伝メッセージが見直されることもある[7]。

　その製品を③の移転によってふたたび受容した個々の消費者は，その消費から得た便益と製品そのものを，④〜⑤のとおり自身のコンテクストに依拠して再評価し，独自にその使用価値を認知する。これを受けて，個々の消費者は，⑤の再コンテクスト化の過程を経て再構成された自身のコンテクストを拠り所として，⑥〜⑦のとおり新たな消費者反応を形成し，⑧のとおりマーケターに向けてそれを伝達する。

　このように，使用価値をめぐるマーケターと個々の消費者の交渉は，①〜⑩を一巡した後も，個々の消費者がその製品の購買・消費を止めるか，あるいは企業がその製品の製造・販売を止めるまで続けられる。このようななか，マーケターと個々の消費者のコンテクストは，使用価値をめぐる交渉を積み重ねるなかで相互作用を繰り返し，このことによって，両者の共有領域に製品の使用価値をめぐるある想定が，両者のコンテクストに相互に顕在的である可能性を高くする環境が形成される。こうした状況のもとで，マーケターと個々の消費者は，両者のコンテクストに相互に顕在化した製品の使用価値をめぐるある想定を拠り所として具象化した文化的使用価値を認知する。

　前節では，コミュニケーションをテクストの意味をめぐる交渉として捉える視点から石井説を検討した結果，コンテクストを拠り所とした意味の形成と解釈の過程がそれぞれ存在しない同説では，使用価値をめぐる個々の消費者との

第**13**章　文化的使用価値が顕在化する仕組みにおけるコンテクストの役割

交渉は成立せず，これにより文化的使用価値は顕在化し難いことが示された。このことを手がかりとして提示された文化的使用価値が顕在化する仕組みでは，コンテクストに依拠した意味の形成・解釈の過程を個々の消費者との交渉プロセスに組み込むことで，文化的使用価値は，使用価値をめぐる個々の消費者との交渉を積み重ねるなかで，双方のコンテクストに相互に生成されたある想定を拠り所として顕在化することが示された。だが，使用価値をめぐる交渉から必ずしも文化的使用価値が顕在化するとは限らない。したがって，さらに検討が加えられるべき点は，文化的使用価値の顕在化を規定する要素は何かという問題である。章を改めよう。

注

⑴　本書の第 I 部第 3 章では，新井（2006, 82頁）を手がかりとして，使用価値を形成する特定のコンテクストは，関連性を（R），認知効果を（CE），処理労力を（PE）とした場合，「$R＝CE/PE$」の認知効率に基づいて選択されることが示された。文化的使用価値を形成するコンテクストについては，川口（2018）に詳しいのでそちらを参照されたい。

⑵　わが国では，埼玉大学大学院人文社会科学研究科の薄井和夫（現埼玉学院大学教授）を中心とする研究グループによって，知識経営学への導入が進められている。

⑶　次のケースは，テクストの意味は必ずしも辞書のなかに存在するとは言えないことを示唆している。米国の大学で学ぶ邦人留学生の A と B は，ある週末に「マック」で待ち合わせてからショッピングに出かける約束をした。当日，両者は約束の時間に「マック」に到着していたにもかかわらず，互いに相手が現れるのを待ち続けるという事態が起こった。事の真相は，次のとおりである。すなわち，A は，米国では MAC（Money Access Center）の呼称が一般化している ATM の付近で B を待っていたのに対して，B は日本人に「マック」の愛称で親しまれる McDonalds で A を待っていたのである（川口 2015, 374頁）。左記は，第 I 部第 2 章 2 節のテクストの再掲。

⑷　意味形成の過程は，意味喪失のそれでもあるという観点は，知識経営学において想定されている暗黙知（tacit knowledge）の形式知（explicit knowledge）への転換プロセスの「表出化（externalization）」は必ずしも容易に進まないことを示唆している（薄井 2013, 193頁）。

⑸　「聞き手による意味解釈の生成には，記号化における偶有性を払拭できない話し手のテクストと聞き手のコンテクストの双方が必要とされる」（川口 2014, 68頁）。

⑹　川口（2015）では，両者のコンテクストが完全に一致するというのは現実的では

175

第Ⅳ部　文化的使用価値が顕在化する仕組みの検討

　　ないとされている（374頁）。
　(7)　広告・宣伝施策では，販促ポスターやCM等も「意味の交渉」の対象になると思
　　われる。第14章注(1)を参照されたい。

第14章

文化的使用価値の顕在化を規定する要素

1 文化的透明性と文化的使用価値の顕在化

Wenger（1991）によれば，知識をその活動のコンテクストや状況から切り離して理解することはできないのは，知識は頭のなかに浮かぶイメージに還元されるのではなく，他者（×χ）との交渉のなかで社会的に再編されるためである。こうした問題は，人間の理解や学習は実践への社会的参加によって達成されることを標榜する，状況的学習論の実践コミュニティのなかで扱われている。

「実践コミュニティ（community of practice）」とは，「意味生成を，個々の発話者の頭のなかから離れ，社会的相互作用の場（fields）のなかに位置づけようとする試み」（Hanks 1991, p. 13. 邦訳 1993年，6頁）であり，ある目的を共有する者どうしが，コミュニティを形成し活動を実践するなかで行われる意味の交渉の相互関与を通じて，我々が共通の感覚（common sense）をつくりだすための最良のコンテクストを生み出す（Wenger 1998, p. 47）手段とされている。その最良のコンテクストの構成を規定する概念の「文化的透明性（cultural transparency）」とは，人工物（artifacts）——それは必ずしもモノに限定されない（ソーヤー 2006, 83頁[(1)]）——の意味を構成する文化的コンテクストにアクセスできる度合い（degree）とされている（Wenger 1991, p. 104; ソーヤー 2006, 51頁）。ここに，"文化的コンテクストにアクセスできる度合い"とは，テクストの意味をめぐるある想定がコミュニケーションの当事者のコンテクストに相互に顕

第Ⅳ部　文化的使用価値が顕在化する仕組みの検討

在化する程度のことを指し，ある想定が顕在化した状態を特に「文化的コンテクストにアクセスできる」または「文化的透明性が高い」，もしくは「コンテクストは文化的に透明である」と言う。E. ウェンガーは，文化的コンテクストが不透明なケースとして，南アフリカ制作の映画「ミラクルワールド ブッシュマン」（原題： *The gods must be crazy*, 1981）を取り上げ，そこに描かれているコカ・コーラ（Coca-Cola）の瓶を神聖なモノとして崇める未開人にとって，コカ・コーラの瓶の意味（使用価値）を構成するコンテクストは文化的に不透明な存在としている（Wenger 1991, p. 104）[2]。

　以上の検討を基礎として，文化的使用価値の顕在化を規定する要素の特定も可能であると思われる。すなわち，製品（人工物）の使用価値をめぐる交渉が積み重ねられることによってマーケターのコンテクストと個々の消費者のそれとの相互作用が進み，このことによって両者の共有領域の「可視の場」に明示的要素（the explicit）が，「不可視の場」に暗黙的要素（the tacit）が蓄積される。この場合，前者の明示的要素には，製品に関連する形式知または製品をめぐる共有された経験，もしくはその製品に関連する有形物等が，後者の暗黙的要素には，「意味の交渉」の担い手にとって当然視される「暗黙の慣行，暗示的な合図，ことばにならない勘や経験，判別可能な直観，特定の認識，常識的な感受性，身体化された理解，根本的な想定，共有される世界観」（薄井 2010, 107頁）といった暗黙知が対応する。その明示的要素と暗黙的要素の相互作用によって，マーケターと個々の消費者の共有領域に，製品の使用価値をめぐるある想定が，両者のコンテクストに相互に顕在化しやすい環境が形成される。マーケターと個々の消費者は，文化的透明性が高いとみなされるこうした環境のもとで共通感覚を生成する文化的コンテクストを組織化し，それを拠り所として顕在化した文化的使用価値を認知する。このことは，文化的コンテクストを，文化的使用価値の顕在化を規定する要素として見ることを可能とする。

2 カスタム・ハーレーの意味をめぐる交渉のなかで創発する文化的使用価値

本節では，第Ⅳ部の結論が価値共創の検討に有用であることを示すことで，その意義を確認する。このために，本章では，これまで，マーケティングにおける「意味の交渉」の視点から分析が行われていないと思われる，ハーレーダビッドソン（HD）の正規販売代理店と HD のオーナー——以下，「HD ディーラー」とその「顧客」で統一する——の価値共創について検討する。

（1）ハーレーを売る

1989年，国内における米国製オートバイの「ハーレーダビッドソン（Harley-Davidson）」の輸入・販売を目的として設立されたハーレーダビッドソン ジャパン株式会社（Harley-Davidson Inc. の日本法人）は，オートバイの販売・修理業を生業とする零細企業を「HD のある生活」を提案する HD ディーラーとして再教育し，これを束ねることで全国規模の販売網を築いた。

ここに，「HD のある生活」とは，顧客による「ハーレー・10の楽しみ」——たとえば，一目でそれとわかる独創的なデザインの車体に伝統的な OHV エンジン[3]を搭載した HD に乗る楽しみ，個性的なライディング・ファッションで装う楽しみ，カスタムパーツを組み合わせて世界に一台だけの HD を創る楽しみ，仲間と出会う楽しみ——の実践を通じて人生を豊かにするライフスタイルを指す。HD ディーラーは，「HD のある生活」の提案を，定期的なニューモデルへの買い替え，HD を自分仕様にカスタマイズするための継続的投資，新規顧客の継続的な獲得に結びつけることで，これまで国内の大型オートバイ市場をリードしてきたのである（奥井 2008; 水口 2008）。

現在，世界では110万人以上，国内では 4 万人の顧客が，ハーレーダビッドソン・オーナーズ・グループ（Harley-Davidson Owners Group: H. O. G.）に会員登録している。H. O. G. に登録した顧客は，チャプター（Chapter）と呼ばれる，数十人から100人程度で構成されるコミュニティ（H. O. G. の支部）に所属する

第Ⅳ部　文化的使用価値が顕在化する仕組みの検討

ことで,「HD のある生活」を満喫できるさまざまなプログラム——社会貢献活動, 慈善活動, 独自の企画を盛り込んだツーリング, アウトドア・レクリエーション等——に参加することができる。世界131ヵ国にこうしたコミュニティが1,400, 国内には HD ディーラーが運営する145のコミュニティが存在し, それぞれ独自の活動を展開している。

　コミュニティの運営の仕方は国や地域によって異なるが, 国内の場合, HD ディーラーは, コミュニティの中核メンバーと協力して, 顧客（コミュニティの平会員）が「HD のある生活」を楽しむための上述したプログラムを企画・運営している。国内では, 145のコミュニティによって年間1,000件を超えるプログラムが企画され, しばしばメンバーの家族や友人も招待される（奥井 2008, 45-46頁）。このような仕組みが滞りなく機能している背景には, コミュニティ活動の主体性は HD ディーラーにではなくコミュニティの側に存在する, コミュニティの運営にかかわる HD ディーラーのスタッフもまた「HD のある生活」の実践者である, 独自の行動理念にしたがって自律的に活動するコミュニティではメンバーの結束が固く仲間意識が強いという状況が存在する。

（2）カスタム HD の使用価値をめぐる交渉

　HD ディーラーは, HD の販売・修理だけでなく, 顧客が愛車を自分仕様にカスタマイズするためのコンサルティング, カスタムパーツの販売, カスタムパーツのセットアップ・サービスも提供しており, 製造業者の一面を併せ持つ。以下では, その HD のカスタマイズをめぐる HD ディーラーのスタッフと顧客の価値共創から文化的使用価値が顕在化する仕組みについて検討する（図14-1参照）。

　はじめに, 顧客のカスタムイメージを手がかりとして選択されたカスタムパーツを装着する過程にあたる②のコード化は, スタッフのコンテクストに取り残される①の脱コンテクスト化の過程であり, スタッフのコンテクストを構成する要素のすべてが, スペシャル・パーツの選択やこうしたパーツの取りつけによるカスタムに反映されるわけではない。

第 **14** 章　文化的使用価値の顕在化を規定する要素

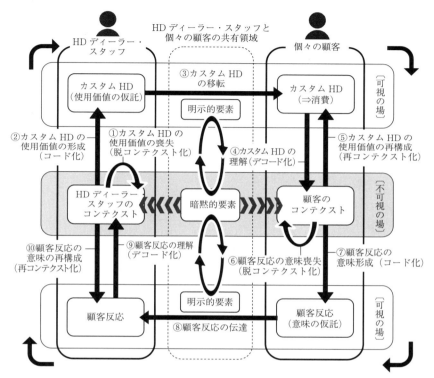

図14-1　カスタム HD の使用価値をめぐる交渉
出所：第13章の図13-2をベースに筆者作成。

　スタッフの思惑を HD のカスタマイズに置き換える①～②の過程では，スタッフのコンテクストを参照しなければ理解できない使用価値は失われる。したがって，カスタム HD そのものは，スタッフのコンテクストを構成する要素をそのまま形式化したものではなく，スタッフのコンテクストに残存する，②のカスタム化（コード化）に反映されない要素に依拠した他のカスタム HD でもある可能性を有する。
　一方，③のとおり移転されたカスタム HD を受容したそれぞれの顧客は，その消費から得たベネフィットとカスタム HD を，コードに対応する属性，デザイン，品質等に照らして評価するだけでなく，④のデコード化を経て自身のコ

第Ⅳ部　文化的使用価値が顕在化する仕組みの検討

ンテクストを参照し，⑤の再コンテクスト化の過程を経て独自にその使用価値
を認知する。

　そのうえで，個々の顧客は，⑤によって再構成された自身のコンテクストに
依拠して，⑦のとおり顧客反応の形成を行う。⑥の顧客反応の意味喪失を経て
行われるその過程では，それぞれの顧客のコンテクストに照らさなければ理解
できない意味は失われる。このことは，個々の顧客のコンテクストに残存する
要素に依拠した他の顧客反応でもあり得る可能性を有する。

　次に，チャプター活動を通じて⑧のとおり顧客反応を受容したスタッフは，
⑨のデコード化を経て自身のコンテクストを参照し，⑩の再コンテクスト化の
過程を経て独自に個々の顧客反応の意味を理解する。

　個人差はあるが，世界に一台だけのカスタム HD を製作するために，複数回
に分けて数百万円を投じる顧客も少なくない（奥井 2008）。このため，カスタ
ム HD の使用価値をめぐる交渉は，しばしば一巡した後も継続される。

　このようななか，スタッフとコミュニティのメンバーは，チャプター活動を
通じてカスタム HD の使用価値をめぐる交渉を積み重ね，このことによって両
者の共有領域に明示的要素——これに該当するものとして，たとえば，チャプ
ターごとに制定される基本理念・行動理念を明文化した「チャプター憲章[4]」が
ある——とこれに関連する暗黙的要素（スタッフと顧客間の暗黙の了解，共有され
る世界観・価値観等）が蓄積される。

　その明示的要素と暗黙的要素の相互作用によって，スタッフとコミュニティ
のメンバーの共有領域に，カスタム HD の使用価値をめぐるある想定が，両者
のコンテクストに相互に顕在化しやすい環境が形成される。両者は，文化的透
明性が高いとみなされるこうした状況のもとで，社会的に構成された文化的コ
ンテクストを拠り所として顕在化した「解放感」「自分らしさ」「生きる喜び」
「家族・仲間との絆」等（奥井 2008）の文化的使用価値を認知する[5]と結論づける。
このことは，使用価値をめぐる交渉の産物とみなされる文化的コンテクストを，
文化的使用価値の顕在化を規定する要素として見ることを可能とする。

第 **14** 章 文化的使用価値の顕在化を規定する要素

3 文化的使用価値の顕在化におけるコンテクストの意義

　第Ⅳ部では，文化的使用価値が顕在化する仕組みにおけるコンテクストの役割の明確化を目的として，以下のとおり論を進めた。

　はじめに，コードが共有されていないコミュニケーションを基礎とする石井の文化的使用価値が顕在化する仕組み（石井説）を検討した結果，同説には，「消費者は使用価値をどのように理解するのか」，また，これに対応する「消費者反応を，マーケターはどのように理解するのか」という論点が存在せず，このことが，文化的使用価値が顕在化する仕組みにおけるコンテクストの役割を看過している可能性が示された。次に，マーケティングにおける「意味の交渉」のプロセスと石井説を比較した結果，コンテクストを拠り所とした意味の形成と解釈の過程がそれぞれ存在しない後者では，製品の使用価値をめぐる個々の消費者との交渉は成立し難いことが示された。これにより，コードが共有されていないコミュニケーションから「意味のズレ」が生じるメカニズムによって，文化的使用価値が顕在化する仕組みを説明することは難しいことが確認された。

　以上の検討を手がかりとして提示された，マーケターのコンテクストと個々の消費者のそれに意味の形成・解釈の過程を組み込んだ文化的使用価値が顕在化する仕組みでは，使用価値をめぐる個々の消費者との交渉を積み重ねるなかで形成されたある想定を拠り所として文化的使用価値が顕在化することが示された。だが，製品の使用価値をめぐる交渉では必ずしも文化的使用価値が創発するとは限らず，このことは，文化的使用価値の顕在化を規定する要素は何かという問題を提起した。

　本章では，こうした問題を，E. ウェンガーの文化的透明性の概念を手がかりとして検討した結果，使用価値をめぐる交渉を積み重ねるなかで組織化された文化的コンテクストを，文化的使用価値の顕在化を規定する要素として見ることが可能であることが示された。最後に，本研究で明らかにされたことが価

183

第Ⅳ部　文化的使用価値が顕在化する仕組みの検討

値共創の検討に有用であることを示すことで，本書の意義を確認した。[6]

4　経営情報学における「創発」

　「創発 (emergence)」とは，「進化論で用いられる概念で，先行する諸与件によっては予見したり説明したりすることのできない新しい事態の発生や進化をいう」（森岡他 1993, 912頁）とされ，科学の俎上に載ったのは19世紀後半とされている。自然科学の分野で生まれた創発概念は，その後，諸分野において独自の発展を遂げていった。

　このようななか，経営情報システムの研究者として知られる國領二郎は，物理学，生物学，システム工学，経営学の各分野における創発概念を慎重に検討した結果，創発現象に共通した特徴として，①自律した個，②つながりと相互作用，③予期せぬアウトカム，④フィードバックの4点を上げている（國領2006, 30–33頁）。

　このうち，外部統制を受けない内発的に行動を律する①の「自律した個」は，文化的使用価値が顕在化する仕組みにおいて仮定されているマーケターと個々の消費者に対応すると思われる。次に，②の「つながりと相互作用」は，製品の使用価値をめぐるマーケターと個々の消費者との交渉を通じて相互作用する両者のコンテクストに，③の「予期せぬアウトカム」は，②の結果として偶発的に生まれる文化的使用価値に対応すると思われる。さらに，偶発的に生まれた意味が新たな意味を形成する初期条件となる④の「フィードバック」は，使用価値または消費者反応の認知によって再構成されたコンテクストが新たな消費者反応または使用価値を形成するための初期条件となるその過程に対応すると思われる。

　以上の検討から，國領 (2006) の創発プロセスは，マーケティングにおける「意味の交渉」のプロセスと多くの点を共有しているように思われる。

第**14**章　文化的使用価値の顕在化を規定する要素

注

(1)　Wenger（1998）によれば，人間が意味を感じ取ることができるコトやモノも「意味の交渉」の対象となる（p. 53）。

(2)　E. ウェンガーが強調しているのは，ソーヤー（2006）のことばをかりれば，「人工物の文化的透明性，あるいは不透明性は，まさに，人々の実践への参加，あるいは，実践のなかで人工物が用いられ，語られる場面へのアクセスのあり方に依存したもの」（51頁）ということである。「なにかを可視的にすることは，なにかを見えなくすることと表裏一体である。表象化（頭のなかにイメージが浮かぶこと）に際しては，もともとの実践の文脈が抹消される。モノに意味が賦与されるのは，実践に埋め直されるときにおいてである」とする伊藤他（2004, 111頁，カッコ内は筆者追記）の指摘のとおり，人工物は，それが使われ，語られる実践のなかに置かれていないと，当事者にとって断片的で不完全な道具となってしまう（ソーヤー 2006, 56頁）。かくして，ある人がある人工物を本来の仕方で消費するたには，その人工物が使われ，語られる実践のなかで構成された文化的コンテクストにアクセスしなければならないとされている（51-52頁）。

(3)　Over Head Valve の頭文字をとったエンジン形式の名称。バルブ機構をシリンダーヘッド上に備えたエンジン。一般に，エンジンのサイズをコンパクトにできる，エンジン構造が単純なため耐久性に優れるというメリットがある。

(4)　神奈川県茅ケ崎市の湘南チャプター（本部所在地：ハーレーダビッドソン湘南）の憲章は，次のとおりである。【基本理念】湘南チャプターはハーレーダビッドソンを通じて知り合えた仲間達と共にボランティア活動を積極的に行い地域社会に貢献すると同時に二輪車の社会的地位向上に努めます。【行動理念】１. ファーストエイド講習会を定期に受講し，チャプターメンバー全員が万が一の事故に備え行動する。２. 事故，災害時には積極的かつ組織的にボランティア活動に参加する。３. 地域のチャリティ活動に参加し社会貢献に努める。出所：https://www.hog.jp/hog/chapter/chapter_Intro/Index.php?dealerid=140301（July 1, 2017 at 14:24）

(5)　HD ディーラーの競合他社は，「ハーレー・10の楽しみ」の実践に埋め込まれた文化的コンテクストに依拠して認知されるこうした価値を，容易に模倣することはできないと思われる。

(6)　本研究において明らかにされた文化的使用価値が顕在化する仕組みは，村松（2015）において指摘された，Ｓ−ＤロジックとＳロジックの共通課題である価値共創の成果を企業にフィードバックする仕組みの理論的根拠は未だ示されていない（134-135頁）とする問題を検討するための手がかりになると思われる。

終　章

価値共創時代の新地平

1　価値共創時代における価値

　本書の議論は，これまで価値概念を自明としたうえで論じられてきた消費社会やマーケティングの批判的議論を，マーケティング研究により内在的なものとして理解し，マーケティングや消費社会のあり方をマーケティング研究の内部から論じることができるようにすることを目的として行われた。

　本書では，マーケティングにおける価値の概念を不鮮明にしているという問題は，人間の認知を主に表象プロセスの産物とみなす認知科学・認知心理学に依拠して展開されてきた従来の研究アプローチにあると考えた。これに対して，本書では，認知のための資源は主体を取りまく環境に埋め込まれていることを強調する分散認知論を基礎に，現代語用論の関連性理論を補足的に用いることで，現代マーケティングを代表する文脈価値，使用価値，快楽価値，経験価値の明確化を試み，そのうえで文化的使用価値が顕在化する仕組みにおけるコンテクストの役割と文化的使用価値の顕在化を規定する要素を示した。マーケティングにおける「価値」は状況依存的であることを強調するする本書は，消費者が認知する「価値」を，状況に埋め込まれた価値として主体と周辺環境との相互作用に焦点を当てて分析した。

　表終-1は，本書において取り上げた価値概念の曖昧な点と各論において示されたことを整理したものである。以下では，これに沿って各部の考察をまとめる。

（1） 文脈価値の可能性

　第Ⅰ部では，近年のマーケティング研究で関心が寄せられている，製品あるいはサービスが消費される消費者特有のコンテクストにおいて認知されるとする文脈価値を取り上げた。消費者のコンテクストに埋め込まれたさまざまな要素が，消費者が認知する価値の形成に大きな影響を与えていることは想像に難くない。だが，消費者がこうした価値の形成に寄与するコンテクストをどのように理解するのか明らかにされていないことは，文脈価値という概念の理解を妨げていると考えた。

　本研究では，認知のための資源は主体を取りまく環境に埋め込まれていることを標榜する分散認知の認識論を拠り所として，これまで主に表象プロセスの産物と考えられてきた人間の欲求や価値認知を，環境との相互作用の所産として見ることの重要性を論じた。一方，分散認知の認識論は，表象プロセスをややもすればブラックボックス化してしまうという問題に対して，本研究は，人間の認知は最小の処理労力で，より大きな認知効果を得ようとすること，すなわち関連性を最大にするように働く性格を有しているとされる語用論の関連性理論（第Ⅰ原理）を援用し，消費者が文脈価値を認知する場合も，この原理に依拠するものと考えた。これにより，文脈価値を形成するコンテクストは決して無限に広がる捉えがたいものではなく，知識・スキルの交換プロセスによってもたらされるベネフィットのなかから「より関連性の強い」コンテクストとして，「$R=CE/PE$」で求められる認知効率に基づいて選択されることを示した。

（2） 使用価値の可能性

　第Ⅱ部では，80年代初頭までのマーケティング研究が想定していた，経済学で「使用価値」と呼ばれている価値概念を取り上げた。マーケティング研究者の石井淳蔵は，従来のマーケティングにおける使用価値の議論において，それまで一部の研究者の間で論じられてきたコンテクストと呼ばれる側面に着目し，消費者による使用価値の認知にそれが大きくかかわっていることについて論じた。これに対して，使用価値はその歴史的沈殿によってマーケティングの側に

終 章 価値共創時代の新地平

表終-1 各部の考察のまとめ

	曖昧な点	本書において示されたこと
文脈価値	・消費者が文脈価値を認知する仕組みが明らかにされていない。 ・消費者が文脈価値を認知するために拠り所とする特定のコンテクストを規定する要素が明らかにされていない。	・文脈価値は，製品あるいはサービスがもたらす知識・スキルの消費プロセスにおいて，こうした知識・スキルがもたらすであろうベネフィットの集合のなかから，消費者が選択するコンテクストによって確定する。 ・文脈価値を形成するコンテクストはそれぞれの消費者に無限に広がっている捉えがたいものではなく，知識・スキルの交換プロセスによってもたらされるベネフィットのなかから，より強い関連性をもつベネフィットとして選択される。 ・文脈価値を形成する特定のコンテクストは，関連性を（R），認知効果を（CE），処理労力を（PE）とした場合，「$R=CE/PE$」の認知効率に基づいて選択される。
使用価値	・消費者が使用価値を認知する仕組みが明らかにされていない。 ・製品の物的可能性を規定する要素が明確にされていないことが，使用価値に無限の可能性を与えている。	・消費者は，製品の消費から得たベネフィットと製品そのものを自身のコンテクストに依拠して評価し，独自にその使用価値を認知する。 ・ある製品の消費の仕方は無限に広がっているのではなく，環境が主体に向けて提供する行為の可能性（アフォーダンス）に規定された「可能性の束」のなかで，他の消費の仕方もあり得る。
快楽価値	・「快楽」に共通理解が得られていない。 ・「快楽的消費」に共通理解が得られていない。 ・「快楽価値」に共通理解が得られていない。	・快楽とは，忍耐，努力，労力のいずれも必要としない行為または活動において即時的に促される浅い満足のこと。 ・快楽的消費とは，浅い満足を即時的に促す，忍耐，努力，労力のいずれも必要としない消費のこと。 ・快楽価値とは，忍耐，努力，労力のいずれも必要としない消費において即時的に促される浅い満足から得られる価値のこと。
経験価値	・「経験」に共通理解が得られていない。 ・「経験的消費」に共通理解が得られていない。 ・「経験価値」に共通理解が得られていない。	・経験的消費にいう「経験」とは，主体がある瞬間または限られた時間内に身をもって見たり，聞いたり，行ったり，感じたりすること。 ・経験的消費とは，忍耐，努力，労力のいずれも必要としない消費経験において即時的に浅い満足を促す消費のこと。 ・経験価値とは，忍耐，努力，労力のいずれも必要としない消費経験において即時的に促される浅い満足から得られる価値のこと。
文化的使用価値	・文化的使用価値が顕在化する仕組みにおけるコンテクストの役割が明確化されていない。 ・文化的使用価値の顕在化を規定する要素が明らかにされていない。	・文化的使用価値は，使用価値をめぐる個々の消費者との交渉を積み重ねるなかで形成されたある想定を拠り所として顕在化する。 ・使用価値をめぐる交渉を積み重ねるなかで組織化された文化的コンテクストを，文化的使用価値の顕在化を規定する要素として見ることができる。

規定されるとする立場をとるのが石原武政である。

　本研究では，Wenger（1991）において提示された「意味の交渉」の基礎となる「テクストの意味形成と受容・理解の仕組み」の視点から石原と石井の主張をそれぞれ検討した結果，両説はともにコミュニケーションを成立させるための要件を満たしていないことを確認した。また，そこで示されたことを手がかりとして，使用価値を規定する要素は，マーケティングと消費者自身のコンテクストの双方に存在することを示した。さらに，本研究では，消費者が使用価値を認知する仕組みに着目した。これは，石井と石原がそれぞれ論じた使用価値を消費者はどのように理解するのか明らかにされていないことが，使用価値の理解を妨げていると考えたためである。

　本研究では，石原説と石井説の分析によって示されたことを手がかりとして，消費者が使用価値を認知する仕組み――すなわち，消費者は，製品の消費から得た便益と製品そのものを自身のコンテクストに依拠して評価し，独自にその使用価値を認知する――を提示した。だが，使用価値は，製品の物理的限界を超えて認知されることはない。第Ⅱ部では，こうした問題を紐解くために，生体心理学の直接知覚モデルとして知られるアフォーダンス理論に着目した。アフォーダンスは，環境が認知主体に向けて提供する「行為の可能性」であり，モノの物的可能性はアフォーダンスの外には広がっていない。このことを手がかりとして，ある製品の消費の仕方は無限に広がっているのではなく，アフォーダンスに規定された「可能性の束」のなかで他の消費の仕方もあり得る可能性を示した。

（3）快楽価値と経験価値の可能性

　第Ⅲ部では，マーケティングにおける価値のなかでは，おそらく最も不明慮で捉えがたい概念の一つとされる快楽価値を取り上げた。80年代初頭，M. ホルブルックと E. ハーシュマンによって快楽的消費の概念が提唱された。だが，今日においてもなお快楽的消費やこうした消費において認知されるとした快楽価値に共通した理解が得られているとは言えない状況が存在する。本研究では，

190

終　章　価値共創時代の新地平

こうした問題が，上位概念の「快楽」を明確化しないまま快楽的消費を概念化し，かつ，後続の研究も曖昧さが残る快楽的消費に依拠してそれぞれの議論を展開してきたために生じたことを確認した。一方，ホルブルックらによる消費者価値の分類では，快楽価値は目的的消費から得られる利己的価値として分類された。だが，こうした価値分類に対してさまざまな批判・異論が提起されており，その原因として，消費者価値について多元的に検討していないないことを確認した。そのうえで，こうした問題が，ポストモダンないしポストモダン・アプローチを象徴する相対主義を標榜し局所的真理を重視する見方に起因する可能性を示した。また，ポストモダンの消費文化において想定された消費経験は，予測不可能な衝動的満足を促すことを確認した。このことを手がかりとして検討した消費者の「経験」に焦点を当てた研究では，芸術鑑賞や娯楽といった文化的プロダクトに限定されない幅広い消費経験を対象とする経験的消費やこうした消費において即時的に促される満足から得られるとする経験価値に共通した理解は存在せず，こうした問題が，上位概念の「経験」が明確化されていないことに起因する可能性を示した。

　一方，「快楽」に言及した多岐にわたる既存研究を検討した堀内（2001 and 2004），Horiuchi（2003）では，快楽とは主観的に望ましい感情を経験することであり，消費者が本人にとって望ましい感情を経験する快楽的消費において促される満足から得る価値を快楽価値として定義した。だが，「快楽」を，消費を規定する要素として普遍的に捉えたために「満足」との違いが曖昧になり，このことが共通理解を妨げる新たな問題になることを示した。

　快楽的消費に関する研究の多くは快楽の内容に踏み込まず，消費経験から得られる漠然とした感覚や楽しみを快楽とみなしていることを問題視した井上（2008）は，快楽の内容を明らかにすることによってこうした問題は解決可能であり，そのために心理学の感情研究に着目した。これに対して，本研究では，快楽の構成要素を示すことは，必ずしも「快楽とは何か」という問に答えているとは言えず，こうした問題の原因が，快楽の構成内容がある刺激に反応した心的状況を拠り所としていることを示した。

このようななか，既存研究は，これまで人の内面に「快楽」を規定する要素を探索することでさまざまな性質を浮き彫りにしてきたが，快楽とその諸概念に共通した理解が得られる兆しが見えない。本研究では，こうした事実と，K.ポパーと堀内の指摘を手がかりとして快楽の社会的側面に着目し，Weber（[1920] 2009, 邦訳 1989年）と Bell（1976, 邦訳 1976年）をその研究史を含めて紐解いた結果，プロテスタント的な満足に対置される快楽は，忍耐，努力，労力のいずれも必要としない行為または活動から即時的に促される浅い満足であり，消費者はこうした満足を促す消費から快楽価値を得ることを示した。一方，消費経験に焦点を当てた経験的消費における「経験」とは，主体がある瞬間または限られた時間内に身をもって見たり，聞いたり，行ったり，感じたりすることであり，消費者は忍耐，努力，労力のいずれも必要としないこうした消費経験において即時的に促される浅い満足から経験価値を得ることを示唆した。一方，本研究では，経験的消費と経験価値を，快楽的消費と快楽的消費からそれぞれ峻別する要素を特定することはできず，双方とも忍耐，努力，労力のいずれも必要としない消費経験において即時的に促される浅い満足から得られる価値であることを示すことに留まった。

（4） 文化的使用価値の可能性

第Ⅳ部では，消費者との価値共創において創発する文化的使用価値について論じた。マーケティング研究者の石井淳蔵は，これまで，製品の物理的属性に還元できない文化的使用価値が顕在化する仕組みについてたびたび論じてきた。だが，既存研究では，こうした仕組みにおけるコンテクストの役割について明らかにされておらず，文化的使用価値が顕在化するとされる仕組みには曖昧な点が存在する。

本研究では，こうした問題を，Wenger（1991）において提示されたコミュニケーションをテクストの意味をめぐる交渉として捉える視点から検討し，そこで示されたことを手がかりとして，文化的使用価値は，使用価値をめぐる個々の消費者との交渉を積み重ねるなかで形成されたある想定を拠り所として

終　章　価値共創時代の新地平

顕在化することを示した。そのうえで提起された，こうした価値の顕在化を規定する要素は何かという問題を Wenger（1991）の文化的透明性の概念を手がかりとして検討した結果，文化的使用価値の顕在化は，製品の意味（使用価値）をめぐる個々の消費者との交渉を積み重ねるなかで組織化された文化的コンテクストに規定されることを示した。

　以上のとおり，本書は，マーケティングにおける価値概念を不鮮明にしている問題が，主として表象プロセスの解明に関心を寄せる認知科学・認知心理学を拠り所とする従来の研究アプローチにあるという問題意識から出発し，分散認知の考え方に基礎を置きながら，関連性理論，アフォーダンス，禁欲と快楽に関する社会経済学的考察などを取り入れ，文脈価値，使用価値，快楽価値，経験価値を学際的なアプローチで明確化した。さらに，E. ウェンガーの「意味の交渉」「文化的透明性」の概念を手がかりとして，文化的使用価値が顕在化する仕組みにおけるコンテクストの役割と文化的使用価値の顕在化を規定する要素を示した。

　本書では，各論の最後にマーケティング実践へのインプリケーションとして実証作業を行ってきたが，次節では，各論で示されたことが，プロダクト戦略の検討に有用であることを「大地の芸術祭」のケースで確認することで本書の結びとしたい。

2　価値共創時代のプロダクト戦略

　文脈価値の概念を提起したS-Dロジックは，価値は，マーケターではなく，消費者が判断するものであることを示した。この考え方自体は，マーケティングの議論ではさほど新しいとは思われないが，現在，こうしたS-Dロジックに基づいて，マーケターと消費者の価値共創という問題が華々しく論じられている。だが，ここでは，文脈価値におけるコンテクストの概念が明瞭にされてこなかったため，コンテクストは消費者ごとに無限に広がっているように見え，マーケターと消費者との価値共創は，結局のところ消費者によって全く異なる

193

という無限に多様な世界に入り込み，このことが文脈価値とそれを創造する価値共創についての理解を限定的にしていると思われる。特に，プロダクト戦略を考える場合，マーケターと消費者との価値共創というのは，あまりに一般的すぎると思われる。

（1）　認知の分散とより強い関連性

　第Ⅰ部では，分散認知の認識論において仮定された消費主体が，コンテクストとの不断のやりとりのなかから決めていく自らの欲求は，マーケターが提供するベネフィットと自らのコンテクストのなかから，最小の処理労力で，より大きな認知効果を得るような，より強い関連性をもつコンテクストを選択することを示した。このことは，近年のマーケティング研究で関心が寄せられている消費プロセスのエスノメソドロジー的な観察と，それに基づくプロダクト戦略の検討に，一つの分析視点を提供するものと思われる。

　なかでも，マーケティング研究者の関心を集めている地域ブランドの問題は，こうした分析視点を生かすことができる研究の一つと思われる。そこでは，地域ブランド論のコンテクスト・ブランディングにおいて，ブランドとしての価値の源泉はコンテクストに存在するという有力な指摘が阿久津・石田（2002）によってなされているが，コンテクストについての理解が形式的・画一的であり，このことがコンテクストとそれを拠り所として認知される価値との関係を不鮮明にしているという問題がある。これに対して，第Ⅰ部の結論は，消費者が地域ブランドの消費から得る価値は，認知原理にしたがって特定されるコンテクストに依拠して独自に知覚される可能性を示したと言えるであろう。

　近年，コンテクストのこうした性質をうまく利用することによってマーケティングの現場で成果を上げているのが，過疎化が著しい地方において，地域に埋もれているさまざまな価値の原石を，現代アートを媒介として掘り起こし，その魅力を高めることによって地域を活性化している芸術祭である。なかでも，新潟の里山を舞台に開催される「大地の芸術祭　越後妻有アートトリエンナーレ（The Echigo-Tsumari Art Triennial）」は，いまや国内だけでなく，海外のアー

終　章　価値共創時代の新地平

ティストや文化人・知識人の間で広く認知されている。

　「大地の芸術祭」の会場となる越後妻有は，長野県との県境にほど近い新潟県十日町市と津南町からなる，魚沼産コシヒカリの産地として知られている。越後妻有の人々は，信濃川の恵みを享受しながら，1500年以上にわたり農業を介して大地と関わってきた。そこには，21世紀の今も，日本の原風景とも呼べる美しい里山，棚田，生活，コミュニティが残っている（北川 2010, 7頁）。だが，国内有数の豪雪地帯でもある越後妻有は，農作業の後継者不足・高齢化・過疎化(1)によって土地が荒れ，コミュニティも失われつつあった。越後妻有のこうしたあり様に，息子がつぎに帰ってくるのは自分の葬式の時ではないかと心配する高齢者もいるとされる（21頁）。

　こうした越後妻有の地において，2000年から3年に一度，現代アートの芸術祭が開催されており（北川 2010, 8頁），2012年7～9月にかけて開催された第5回芸術祭には，200の集落の住民，1,200人を超える国内外のボランティア，500人もの国内外のアーティストや文化人，地域行政，企業が参加し，国内外から延べ49万人のビジターが来訪した(2)。

　芸術祭のビジターは，草いきれの匂い，汗ばむ肌，頰をなでる風，小動物の鳴き声，虫の音を五感で感じながら，田畑，民家，廃校に分散して展示された現代アートを探し求めて里山を巡る（30-34頁）。彼／彼女らは，こうした過程で，都市生活の刺激・興奮・競争・効率性重視・大量消費で疲弊した心を癒す。自然の一部である「人間は自然に内包される」（10頁）存在である。その人間は，自然に背を向け合理的生活を求めてアーバンライフに慣れ親しもうとするが，自然と相容れない部分を数多く有する都市生活には人間を癒すことは難しいようである。このようななか，現代人の生き方や価値観に疑問を持った「大地の芸術祭」の総合ディレクターである北川フラムを中心とするメンバーは，衰退する地方を元気にするとともに，現代人が忘れかけている自然とのかかわり方について考えてもらうために芸術祭を企画したとされる（北川 2010, 2015）。

　その芸術祭の運営の主力として活躍しているのが，「こへび隊」と呼ばれるリーダーも規則も存在しない自主的なボランティアの集まりである（北川 2015,

195

118頁）。こへび隊には，首都圏を中心に全国から集まる中高生，大学生，主婦，会社員，シニア，作家とその家族まで多様な人々が参加する。彼／彼女らの役割は，地域住民に芸術祭への協力を呼びかける広報活動から，芸術作品の創作活動支援，ツアーガイド，受付業務（イベント・パスポートのチェックやインフォメーションブースにおける案内等），芸術作品の管理・メンテナンス，清掃，除雪作業，農作業，スタッフのための炊事まで，芸術祭のありとあらゆる作業に及ぶ。2000年に開催された第1回芸術祭のこへび隊は800人であったが，回を重ねるごとに増え続け，2015年の第6回芸術祭では，国内外から集まった延べ2,270人の老若男女がこへび隊として活躍した。2009年の第4回，2012年の第5回では，香港大学の多数の学生が交代で越後妻有に長期滞在し，こへび隊の一員としてさまざまな作業に従事した（北川 2015, 121頁）。北川（2010）によれば，こへび隊の活動は試行錯誤の連続であり，芸術祭をはじめた頃は，なまりの強い方言，芸術祭そのものに対する地域住民の不信感，よそ者（こへび隊としてやってきた都会の若者）に対する警戒心によってコミュニケーションさえ満足にとれなかったとされる（76-84頁）。

　本論に向けた準備的議論として序章で論じた Y. エンゲストロームの活動理論と第Ⅰ部の結論を手がかりとして，こへび隊のメンバーは，以下のプロセスを経てそれぞれの文脈価値を認知していると考えられる。すなわち，彼／彼女らは，基本的に言語とモノを媒介して芸術祭そのものにかかわっている。ここで言う「言語」は，言語的なコミュニケーション手段としての日本語を，「モノ」は「大地の芸術祭」にかかわる人工物を指している。こへび隊による言語とモノを媒介した芸術祭とのかかわりは，越後妻有で育まれた伝統・歴史的慣習，地域住民やアーティストとで構成される非公式コミュニティ，芸術祭のさまざまな活動における分業との関係においてユニークな行為として存在する。この例として，芸術作品の創作活動のなかで生まれたメンバー間で共有される合言葉やジェスチャー，こうした活動のなかで生まれ洗練された作業道具を挙げることができる。芸術祭の活動システムを構成する「媒介する人工物」「対象」「規則／習慣」「コミュニティ」「分業」は，芸術祭にかかわる人々の活動

終　章　価値共創時代の新地平

の結果や要因として恒常的に作り出され，更新され，変換されることで，こへび隊のメンバーは，知識・スキルの交換プロセスによってもたらされるベネフィットのなかから，最も処理労力がかからない認知効果の高い認知資源を「より強い関連性がある」ものとして選択する。第Ⅰ部の結論は，こうして選ばれたコンテクストに依拠して，こへび隊のメンバーはそれぞれの文脈価値を認知することを示している。

（2）　デザインのアフォーダンス

　一方，人の欲望を満たすためのモノがもつ有用性として理解されている経済学で「使用価値」と呼ばれている価値概念の場合，一見すると，消費者自身のコンテクストを拠り所として無限の可能性を有しているようにも見える。だが，消費者は物理的制約を越えてプロダクトを消費することはできず，したがって認知される価値も無限に広がっているとは考えられない。ここでの示唆は二面的である。すなわち，石原・石井論争で示されたように，消費者は歴史的に沈殿した基本的使用価値だけを認知するわけではない。だが，その一方では，アフォーダンスが示すプロダクトの物理的限界が存在することを忘れてはならない。プロダクト戦略においては，この二面性を考慮に入れて，消費者がプロダクトを消費する状況あるいは環境に着目し，つぶさに観察することが重要となる。こうして得られた知見を有形物のデザインやレイアウト（配置）に生かすことができれば，認知労力の削減によって認知主体に「より強い関連性」として選択されるであろう。こうした取り組みは，たとえば，芸術祭に関するあらゆる情報を集約した多目的施設，芸術祭のコンセプトをはじめさまざまな情報を集約したロゴマーク，ビジターにとって必要な情報を効率的にレイアウトした案内標識に見ることができる。

（3）　プロテスタント的満足

　一方，快楽的消費にはさまざまな解釈が存在するが，その多くは快楽的消費を消費経験において知覚される内面の心地よい状態と見なしている。このこと

197

は，あらゆる消費を，快楽を志向するものとして見る視点を提示することで，満足概念との違いを曖昧にしている。これに対して，本書では，快楽的な満足を，多岐にわたる満足概念のうち，忍耐，努力，労力のいずれも必要としない消費において即時的に促される浅い満足として限定的に捉え，消費者はこうした満足から快楽価値を得ることを示した。また，快楽的消費を概念拡張したとされる経験的消費の「経験」とは，主体がある瞬間または限られた時間内に身をもって見たり，聞いたり，行ったり，感じたりすることであり，消費者は，忍耐，努力，労力のいずれも必要としないこうした経験において即時的に促される浅い満足から経験価値を得ることを確認した。このことは，プロダクト戦略において，忍耐，努力，労力のいずれも必要としない消費において即時的に浅い満足を促すプロダクトと，これとは逆に，忍耐または努力，もしくは労力をともなう消費において非即時的に深い満足を促すプロダクトのいずれを開発・提供するのかという選択肢が存在していることを示している。現代マーケティングの主流は前者のプロダクトに傾斜してきているが，本書は，後者のプロダクトによって消費者に非即時的に深い満足を提供するプロダクト戦略が存在することを示した。

　現代消費社会では，消費するために忍耐，努力，労力のいずれも必要としないメニュー化された体験において促される即時的な満足から快楽価値または経験価値（体験価値）が得られるアミューズメント施設が数多く見られる。これに対して，近年，地域活性化の一つの試みとして注目されている芸術祭は，忍耐または努力，もしくは労力を必要とする活動または消費において非即自的に促される深い満足からプロテスタント的な価値が得られる，北川（2015）の言う「やらなければ何も動かない」（10頁）参加型イベントである。橋本（1997）によれば，こうした芸術プロジェクトを立ち上げることの意義は，「既定の『わかられた世界』で捉えられないモノのありよう，人間や社会のありようと出会うことにある。その仲介者，媒介するものとしてアートが存在する」（168頁）と述べ，現代アートのユニークな表現（テクスト）を理解するには，地域や人とかかわり，表現行為のプロセスそのもの，その場がもつ力を意識的に引

終　章　価値共創時代の新地平

き出すための時間を地域住民と共有することが重要になるとしている（69頁）。このことは，本書のコンテクスト（文脈）において，人間や社会のあり様を抽象的に表現した現代アートを理解するには，芸術プロジェクトへの参加をとおしてアーティストや地域住民のコンテクストと自分のそれとの乖離を縮小させることが重要になると理解することができる。

　総合ディレクターの北川フラムは，「集中は都市の特質であって，ここ（越後妻有）では『最新の情報を最大限に求め，最短でアクセスする』という都市の価値観の正反対であることが重要になる。都市での日常生活の姿が，携帯でインターネットをチェックし続けることに対して，越後妻有では作品を見ること＝探すことであり，五感全体で身体の生理をつなぐことになる」（北川 2010 32-33頁，カッコ内は筆者追記）と述べ，都市に生きる人々にとっては非効率で手間のかかる芸術祭の消費経験が，彼／彼女らの内面に深い満足を促しているとしている。芸術祭のこうした様相は，芸術祭のリピーターを増やし，新たな参加者やビジターを呼び寄せることで地域経済に還元されている[7]。また，このことが新たな雇用を生み出すことで若い世代が地域に留まり，Ｕターン転職組とともに地域の発展に貢献することが期待されている。

（4）「意味の交渉」と価値共創

　他方，マーケティング研究には，これまで，消費者との価値共創から製品の物理的属性に還元できない文化的使用価値が顕在化する仕組みにおけるコンテクストの役割と，こうした価値の顕在化を規定する要素が明確化されていないという問題が存在する。本書では，前者の問題を，Wenger（1991）において提示された「意味の交渉」を手がかりとして検討した結果，文化的使用価値は，使用価値をめぐる個々の消費者との交渉を積み重ねるなかで形成されたある想定を拠り所として創発することを示した。また，後者の問題を，E. ウェンガーの「文化的透明性」を手蔓として検討した結果，使用価値をめぐる交渉を積み重ねるなかで組織化された文化的コンテクストを，文化的使用価値の顕在化を規定する要素として見ることが可能であることを示した。以下では，本書のこ

199

うした結論を，芸術祭の創作活動の例を用いて検証する。

　2015年に開催された第6回芸術祭では，35の国と地域の343組のアーティスト，こへび隊，地域住民の協働によって378点の作品が制作され，110の集落の田畑，民家，廃校に分散して展示された[8]。北川（2010）によれば，芸術作品を屋内や屋外に展示するには，その「家や土地の持ち主，管理者だけでなく，その家族，近隣，自治会，行政，集落までの合意が必要となる。法律的な検討もある」（45頁，カッコ内は筆者追記）。このため，作品は，しばしば創作活動の直前までどこで制作されるのか（どこに展示されるのか）わからないという事態が起こる。一方，本書の序章で導入した分散認知の認識論は，作品は，それが展示される場所——ここでは，立体的な空間を構成するさまざまな要素を含めて「展示環境」と呼ぶことにする——によってまったく異なる意味を持つことを示している。また，既述のとおり，作品は，アーティスト，こへび隊，地域住民の協働によって制作される。これらの事実が示しているのは，（合意形成された）作品の意味は，アーティストによって，当初，仮定されたとおり理解されることはほとんどないということである。

　芸術作品は，それが展示される環境から独立して存在するのではなく，その作品がその展示環境に存在する限り互いに相手を切り離せない一体化した存在であり続ける。したがって，物理的な空間としての展示環境の意味（使用価値）は，それを包含した芸術作品の意味をめぐるアーティスト，こへび隊，地域住民との交渉のなかで顕在化すると考えられる。また，芸術作品の意味をめぐるアーティスト，こへび隊，地域住民との交渉のなかで組織化された文化的コンテクストを，展示環境の物理的属性に還元できない使用価値の顕在化を規定する要素として見ることが可能である。

　このことを検証するために，第Ⅲ部において論じた快楽的満足の性質を顕在化させる梃子として，こうした満足に対置された（プロテスタントの歴史的文脈から切り離された人間行動一般の）忍耐または努力，もしくは労力のいずれかを必要とする消費において促される満足から得られるプロテスタント的な価値を導入する（図終-1参照）。

終　章　価値共創時代の新地平

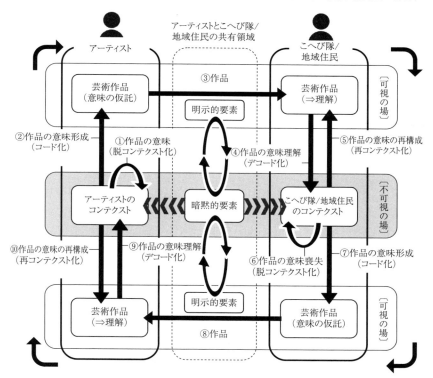

図終-1　芸術作品の意味（PV）をめぐる交渉
出所：第14章の図14-1をベースに筆者作成。

　はじめに，作品を制作するための材料の選択・加工・組み合わせの過程にあたる②のコード化は，アーティストのコンテクストに取り残される①の脱コンテクスト化の過程であり，アーティストのコンテクストを構成する要素のすべてが，形式化にともされるわけではない。

　アーティストのイメージを作品に置き換える①〜②の過程では，アーティストのコンテクストを参照しなければ理解できない作品の意味は失われる。したがって，作品は，アーティストのコンテクストを構成する要素をそのまま形式化したものではなく，アーティストのコンテクストに残存する，②の作品化（コード化）に反映されない要素に依拠した異なる材質またはデザインの作品で

201

もある可能性を持つ。

　次に，作品を自身の作業工程において受容したこへび隊または地域住民は，作品に仮託された意味を，その物理的な特徴を手がかりとして理解するだけでなく，④のデコード化を経て自身のコンテクストを参照し，⑤の再コンテクスト化の過程を経て独自にその意味をとる。そのうえで，こへび隊または地域住民は，⑤によって再構成された自身のコンテクストに依拠して，⑦のとおり作品に手を加える（創作活動を手伝う）。⑥の作品の意味の喪失を経て行われるその過程では，こへび隊または地域住民の各人のコンテクストに照らさなければ理解できない作品の意味は失われる。このことは，こへび隊または地域住民の各人のコンテクストに残存する要素に依拠した他の材質またはデザイン，もしくは手業を施した作品でもあり得ることを示している。

　こへび隊または地域住民によって手が加えられた作品を⑧のとおり受容したアーティストは，⑨のデコード化を経て自身のコンテクストを参照し，⑩の再コンテクスト化の過程を経て独自に作品の意味を理解する。ここで，アーティストは，⑩によって再構成された自身のコンテクストに依拠して，作業の内容または行程，もしくは材料を見直すこともある。

　①〜②によってアーティストの手が加えられた作品を，③を経てふたたび受容したこへび隊と地域住民は，④のとおり，作品の意味をその表面的な特徴を手がかりとして理解するだけでなく，⑤のとおり自身のコンテクストに依拠して再評価し，独自にその意味を認知する。これを受けて，こへび隊と地域住民は，⑤の再コンテクスト化の過程を経て再構成された自身のコンテクストを拠り所として，⑥〜⑦のとおり新たに手を加えた作品を，⑧のとおりアーティストに向けて移転する。

　かくして，作品の意味をめぐるアーティスト，こへび隊，地域住民の交渉は，作品が完成するまで続けられる。このようななか，アーティスト，こへび隊，地域住民のそれぞれのコンテクストは，作品の意味をめぐる交渉を積み重ねるなかで相互作用を繰り返し，このことによって，アーティスト，こへび隊，地域住民の共有領域に作品の意味をめぐるある想定が，三者のコンテクストに相

終　章　価値共創時代の新地平

互に顕在的である可能性を高くする環境が形成される。アーティスト，こへび隊，地域住民は，文化的透明性が高いと見なされるこうした状況のもとで，社会的に構成された文化的コンテクストを拠り所として顕在化したプロテスタント的な価値を認知する。このことは，作品の意味をめぐる交渉の産物とみなされる文化的コンテクストを，社会的に形成されるプロテスタント的な価値の顕在化を規定する要素として見ることを可能とする。こうして顕在化したプロテスタント的な価値には，既述のとおり，作品から切り離せない展示環境の物理的な属性に還元できない文化的使用価値も含まれるとみて差し支えないと思われる。

　事例研究自体は，言うまでもなく，より内在的なインデプス・ケーススタディとして行われる必要があるが，以上の検討が示しているように，本書において明らかにされたことは，プロダクト戦略の検討に有力な視点を提供することができると思われる。

注
⑴　東京23区の1.2倍に相当する762平方キロメートルに住む人口はわずか6万8千人（平成24年10月1日現在の十日町市・津南町の人口は67,928人），人口に占める65歳以上（平成24年10月1日現在の十日町市 =18,874人，津南町 = 3,969人）の比率（高齢化率）は33.6% に上る。電話インタビュー：新潟県十日町市観光交流課芸術祭企画係星野様，2013年1月28日11:50am。
⑵　http://www.echigo-tsumari.jp/about/history/（February 18, 2018 at 11:15）
⑶　Wenger（1991）では，「意味の交渉」の担い手としてこうした非公式コミュニティを想定している。
⑷　http://kohebi.jp/ideal/（February 11, 2018 at 14:06）
⑸　Ibid.
⑹　http://www.echigo-tsumari.jp/about/history/（February 11, 2018 at 14:16）
⑺　2012年7〜9月に開催された第5回「大地の芸術祭」の県内経済効果は，2009年同期に開催された第4回から10億9千万円増えて46億5千万円であった（新潟日報：2012年12月17日付）。
⑻　http://www.echigo-tsumari.jp/about/history/（February 11, 2018 at 14:16）

参考文献

Abbott, L. (1955), *Quality and Competition*, Columbia University Press.

Achrol, R. S. and P. Kotler (1999), "Marketing in the network economy", *Journal of Marketing*, Vol. 63, Special Issue, pp. 146–163.

———— (2006), "The service dominant logic for marketing: a critique", in R. F. Lusch and S. L. Vargo (eds.), *The Service-Dominant Logic of Marketing: Dialog, Debate, and Directions*, M. E. Sharpe. pp. 320–333.

Ahtola, O. T. (1985), "Hedonic and utilitarian aspects of consumer behavior: An attitudinal perspective", *Advances in Consumer Research*, Vol. 12, Issue 3, pp. 7–10.

Alderson, W. (1957), *Marketing Behavior and Executive Action*, Irwin.

Allen, F. L. ([1931] 2000), *Only Yesterday: An Informal History of the* 1920s, Harper Perennial Modern Classics. (藤久ミネ訳『オンリー・イエスタディ』筑摩書房, 1993年)

Ambler, T. (2006), "The new dominant logic of marketing: views of the elephant", in R. F. Lusch and S. L. Vargo (eds.), *The Service-Dominant Logic of Marketing: Dialog, Debate, and Directions*, M. E. Sharpe. pp. 286–295.

Andreasen, A. R. (1965), "Attitudes and customer behavior: a decision model", in L. E. Preston (ed.), *New Research in Marketing*, Institute of Business and Economic Research, University of California, pp. 1–16.

Arnould, E., L. Price and G. Zinkhan (2002), *Consumers*, McGraw Hill.

Assimakopoulos, S. (2008), "Logical structure and relevance", Ph.D. Thesis, University of Edinburgh.

Ballantyne, D. and R. J. Varey (2006), "Introducing a Dialogical Orientation to the Service-Dominant Logic of Marketing", in R.F. Lusch and S.L. Vargo (eds), *The Service-Dominant Logic of Marketing: Dialog, Debate, and Directions*, M.E. Sharpe, pp. 224–235.

———— (2008), "The service-dominant logic and the future of marketing", *Journal of the Academy of Marketing Science*, Vol. 36, Issue 1, pp. 11–14.

Barker, R. G. and H. F. Wright (1954), *Midwest and its Children: The Psychological Ecology of an American Town*, Row, Peterson.

Batra, R. and M. L. Ray (1986), "Affective responses mediating acceptance of advertising", *Journal of Consumer Research*, Vol. 13, Issue 2, pp. 234–249.

Batra, R. and O. T. Ahtola (1990), "Measuring the hedonic and utilitarian source of consumer attitude", *Marketing Letters*, Vol. 2, Issue 2, pp. 159–170.

Baudrillard, J. (1970), *La Société de Consommation: ses mythes, ses structures*, Planete. (今村仁司・塚原史訳『消費社会の神話と構造』紀伊国屋書店, 1979年)

———— (1972), *Pour une critique de l'economie politique du Signe*, Gallimard. (今村仁司・宇波彰・桜井哲夫訳『記号の経済学批判』法政大学出版局, 1982年)

———— (1976), *L'Échange Symbolique et la Mort*, Bibliothèque des sciences humaines. (今村仁司・塚原史訳『象徴交換と死』筑摩書房, 1982年)

———— (1981), *Simulacres et Simulation*, Débats. (竹原あき子訳『シミュラークルとシミュレーション』法政大学出版会, 1984年)

Becker, H. S. (1963), *Outsiders: Studies in the Sociology of Deviance*, Free Press. (村上直之訳『アウトサイダーズ——ラベリング理論とはなにか』新泉社, 1993年)

Bell, D. (1976), *Cultural Contradictions of Capitalism*, Basic Books. (林雄二郎訳『資本主義の文化的矛盾 (上)』講談社学術文庫84, 講談社, 1976年)

Bennett, P. D. (1989), *Dictionary of Marketing Terms*, Irwin Professional.

Bennett, P. D and H. K. Kassarjian (1972), *Consumer Behavior*, Prentice-Hall. (井関利明・青池慎一訳『消費者行動』ダイヤモンド社, 1979年)

Bettman, J. R. (1979), *An Information Processing Theory of Consumer Choice*, Addison-Wesley.

Booms, B. H. and M. J. Bitner (1981), "Marketing strategies and organizational structures for service firms", in J. H. Donnelly and W. R. George (eds.), *Marketing of Services*, American Marketing Association, pp. 47–52.

Braunfels, W. (1985), *Abendländische Klosterbaukunst*, DuMont Reiseverlag. (渡辺鴻訳『図解 西欧の修道院建築』八坂書房, 2009年)

Bronfenbrenner, U. (1979), *The Ecology of Human Development*, Harvard University Press.

Brooks, R. A. (1988), *Intelligence without Representation, Technical Report*, MIT Press. (柴田正良訳「表象なしの知能」『現代思想』青土社, 第18巻第3号, 1990年)

———— (1991), "Intelligence without representation", *artificial intelligence*, Vol. 47, Issue 1 – 3, pp. 139–159.

Brucks, M. (1985), "The effects of product class knowledge on information search behavior", *Journal of Consumer Research*, Vol. 12, Issue 1, pp. 1 –16.

Campbell, C. (1987), *The Romantic Ethic and the Spirit of Modern Consumerism*, Basil Blackwell.

Chandler, J. D. and S. L. Vargo (2011), "Contextualization and value-in-context: how context frames exchange", *Marketing Theory*, Vol. 11, Issue 1, pp. 35–49.

Clammer, J. (1997), *Contemporary Urban Japan: A Sociology of Consumption*, Blackwell.

Cole, M. (1991), "On socially shared cognitions", in L. Resnick, J. Lavine and S. D. Behrend (eds.), *Socially shared cognitions*, Erlbaum, pp. 398–417.

————— (1998), *Cultural Psychology: A Once and Future Discipline*, Belknap Press of Harvard University Press.（天野清訳『文化心理学——発達・認知・活動への文化・歴史的アプローチ』新曜社, 2002年）

Cole, M. and Y. Engeström (1993), "A cultural-historical approach to distributed cognition", in G. Solomon (ed.), *Distributed Cognition: Psychological and Educational Considerations*, Cambridge University Press, pp. 1–46.（森田愛子訳, 松田文子監訳「分散認知への文化・歴史的アプローチ」『分散認知——心理学的考察と教育実践上の意義』現代基礎心理学選書, 第9巻, 共同出版, 2004年, 19–67頁）

Collins, A., J. S. Brown and S. E. Newman (1989), "Cognitive apprenticeship: Teaching the craft of reading, writing, and mathematics", in L. Resnick (ed.), *Cognition and Instruction: Issues and Agendas*, Erlbaum, pp. 453–494.

Connor, S. (1992), *Theory and Cultural Value*, Blackwell.

Constantin, J. A. and R. F. Lusch (1994), *Understanding Resource Management: How to Deploy Your People, Products and Processes for Maximum Productivity*, The planning Forum.

Copeland, M. T. (1929), "Marketing", *Recent Economic Changes in the United States: Report of the Committee on Resent Economic Changes, of the President's Conference on Unemploymen*t, Volume 1, McGraw-Hill, pp. 321–424.

Crowley, A E., E. R. Spangenberg and K. R. Hughes (1992), "Measuring the hedonic and utilitarian dimensions of attitudes toward product categories", *Marketing Letters*, Vol. 3, Issue 3, pp. 239–249.

Day, G. S. and D. B. Montgomery (1999), "Charting new directions for marketing", *Journal of Marketing*, Vol. 63, Special Issue, pp. 3–13.

Derbaix, C. and M. T. Pham (1991), "Affective reactions to consumption situations: a pilot investigation", *Journal of Economic Psychology*, Vol. 12, Issue 2, pp. 325–355.

Dixon, D. F. (1990), "Marketing as production: the development of a concept", *Journal of Academy of Marketing Science*, Vol. 18, Issue 4, pp. 337–343.

Dubé, L. and J. L. LeBel (1999), "Accounting for pleasure: on the unitary and multi-dimensional nature of hedonic experiences", in E. J. Arnould and L. M. Scott (eds.), *Advances in Consumer Research*, Vol. 26, Issue 33, pp. 160–161.

Durning, A. (1992), *How Much Is Enough? The Consumer Society and the Future of the Earth*, Worldwatch Environmental Alert Series, W. W. Norton & Co.（山藤泰訳『どれだけ消費すれば満足なのか——消費社会と未来』ワールドウォッチ21世紀シリーズ, ダイヤモンド社, 1996年）

Engel, J. F., D. T. Kollat and R. D. Blackwell (1968), *Customer Behavior*, Holt, Rinehart and Winston.

Engeström, Y. (1987), *Learning by Expanding: An Activity-Theoretical Approach to Development Research*, Orienta-Konsultit Oy.（山住勝広・百合草禎二・庄井良信・松下佳代・保坂裕子・手取義宏・高橋登訳『拡張による学習——活動理論からのア

プローチ』新曜社，1999年）

Eysenck, M. W. (1991), *The Blackwell Dictionary of Cognitive Psychology*, Blackwell. （野島久雄・重野純・半田智久訳『認知心理学辞典』新曜社，1998年）

Farley, J. U. and L. W. Ring (1970), "An empirical test of the Howard-Sheth model of buyer behavior", *Journal of Marketing Research*, Vol. 7 , Issue 4 , pp. 427–438.

———— (1974), "Empirical specification of a buyer behavior model", *Journal of Marketing Research*, Vol. 11, Issue 1 , pp. 89–96.

Featerstone, M. (1989), *Consumer Culture and Postmodernism*, Sage Publications. （川崎賢一・小川葉子編著訳，池田緑訳『消費文化とポストモダニズム［上巻］』恒星社厚生閣，2003年）

Fiske, J. (1991), *Reading the Popular*, Routledge.

Foucault, M. (1975), *Discipline and Punish: The Birth of the Prison*, (A. Sheridan Trans.) Vintage Books (First published in 1975) （田村俶訳『監獄の誕生——監視と処罰』新潮社，1977年）

Gale, B. T. (1994), *Managing Customer Value: Creating Quality and Service that Customers can see*, Free Press.

Gardner, H. (1987), *The Mind's New Science: A History of the Cognitive Revolution*, Basic Books. （佐伯胖・海保博之監訳『認知革命——知の科学の誕生と展開』産業図書，1991年）

Gibson, J. J. (1950), *The Perception of the Visual World*, Houghton Mifflin. （東山篤規・竹澤智美・村上嵩至訳『視覚ワールドの知覚』新曜社，2011年）

———— (1966), *The Senses Considered as Perceptual Systems*, Houghton Mifflin. （佐々木正人・古山宣洋・三嶋博之訳『生態学的知覚システム——感性をとらえなおす』東京大学出版会，2011年）

———— (1979), *The Ecological Approach to Visual Perception*, Houghton Mifflin. （古崎愛子・古崎敬・辻敬一郎・村瀬旻訳『生態学的視覚論——ヒトの知覚世界を探る』サイエンス社，1985年）

Goethe, J. W. ([1831] 1991), *Faust, der Tragödie zweyter Theil*, Philipp Reclam Jun Verlag GmbH. （相良守峯訳『ファウスト 第二部』岩波書店，1996年）

———— ([1831] 1991), *Faust, der Tragödie zweyter Theil*, Philipp Reclam Jun Verlag GmbH. （高橋義孝訳『ファウスト』グラフ社，1979年）

Grayson, K. (1999), "The dangers and opportunities of playful consumption", M. Holbrook (ed.), *Consumer Value: A framework for analysis and research*, Routledge, pp. 105–125.

Grönroos, C. (2000), *Service Management and Marketing: A Customer Relationship Management Approach*, John Wiley & Sons.

———— (2006), "Adopting a service logic for marketing", *Marketing theory*, Vol. 6 , Issue 3 , pp. 317–333.

Gummensson, E. (1998), "Implementation requires a relationship marketing paradigm",

Journal of the Academy of Marketing Science, Vol. 26, Issue 3, pp. 242-249.

———— (1999), *Total Relationship Marketing*, Butterworth-Heinemann.

Hanks, W. F. (1991), "Foreword by William F. Hanks", in J. Lave and E. Wenger, *Situated Learning: Legitimate Peripheral Participation*, Cambridge University Press, pp. 13-26.（佐伯胖訳「ウィリアム・F・ハンクスの序文」『状況に埋め込まれた学習——正統的周辺参加』産業図書，1993年，5-20頁）

Hatch, T. and H. Gardner (1993), "Finding cognition in the classroom: an expanded view of human intelligence", in G. Solomon (ed.), *Distributed Cognition: Psychological and Educational Considerations*, Cambridge University Press, pp. 164-187.（森田愛子訳，松田文子監訳「教室における認知の発見——人間の認知を拡張する見解」『分散認知——心理学的考察と教育実践上の意義』現代基礎心理学選書，第9巻，共同出版，2004年，209-237頁）

Heath, S. (1983), *Ways with Words*, Cambridge University Press.

Hirschman, E. C. (1983), "Aesthetics, Ideologies and the Limits of the Marketing Concept," *Journal of Marketing*, Vol. 47, Issue 3, pp. 45-55.

———— (1986), "Humanistic Inquiry in Marketing Research: Philosophy, Method, and Criteria", *Journal of Marketing Research*, Vol. 23, Issue 3, pp. 237-249.

Hirschman, E. C. and M. B. Holbrook (1982), "Hedonic consumption: emerging concepts, methods and propositions", *Journal of Marketing*, Vol. 46, Issue 3, pp. 92-101.

Holbrook, M. B. (1980), "Some preliminary notes on research in consumer esthetics", *Advance in Consumer Research*, Vol. 7, Issue 22, pp. 104-108.

———— (1981), "Integrating compositional and decompositional analyses to represent the intervening role of perceptions in evaluative judgments", *Journal of Marketing Research*, Vol. 18, Issue 1, pp. 13-28.

———— (1986), "Emotion in the consumption experience: toward a new model of the human consumer", in R. A. Peterson, W. D. Hoyer and W. R. Wilson (eds.), *The Role of Affect in Consumer Behavior*, Lexington Books, pp. 17-52.

———— (1995), *Consumer Research: Introspective Essay on the Study of Consumption*, Sage Publications.

———— (1996), "Special session summary, customer value: a framework for analysis and research", *Advances in Consumer Research*, Vol. 23, Issue 1, pp. 138-142.

———— (1999), "Introduction to consumer value", in M. B. Holbrook (ed.), *Consumer Value: A Framework for Analysis and Research*, Rutledge, pp. 1-28.

Holbrook, M. B. and E. C. Hirschman (1981), "Symbolic consumer behavior: an introduction", in E. C. Hirschman and M. B. Holbrook (eds.), *Symbolic Consumer Behavior: Proceeding of the Conference on Consumer Esthetics and Symbolic Consumption*, Association for Consumer Research. pp. 1-2.

———— (1982), "The experiential aspects of consumption: consumer fantasies, feelings, and fun", *Journal of Consumer Research*, Vol. 9, Issue 2, pp. 132-140.

Holbrook, M. B. and J. Huber (1979), "Separating perceptual dimentions from affective overtones: an application to consumer esthetics", *Journal of Consumer Research*, Vol. 5, Issue 4, pp. 272–283.

Holbrook, M. B. and K. P. Corfman (1985), "Quality and value in the consumption experiences: Phaedrus rides again", in J. Jacoby and J. C. Olson (eds.), *Perceived Quality*, Lexington Books.

Holbrook, M. B. and J. O'Shaughnessy (1988), "On the Scientific Status of Consumer Research and the Need for an Interpretive Approach to Studying Consumption Behavior", *Journal of Consumer Research*, Vol. 15, Issue 3, pp. 398–402.

Holbrook, M. B. and R. Batra (1988), "Toward a standardized emotional profile (SEP) useful in measuring responses to the nonverbal components of advertising", in S. Hecker and D. W. Stewart (eds.), *Nonverbal Communications in Advertising*, Lexington Books, pp. 95–109.

Holbrook, M. B., R. W. Chestnut, T. A. Oliva, and E. A. Greenleaf (1984), "Play as a Consumption Experience: the Roles of Emotions, Performance, and Personality

in the Enjoyment of Games", *Journal of Consumer Research*, Vol. 11, Issue 2, pp. 728–739.

Horiuchi, K. (2003), "A new perspective on hedonic consumption", in D. Turley and S. Brown (eds.), *European Advances in Consumer Research*, Vol. 6, pp. 265–269.

Howard, J. A. and J. N. Sheth (1969), *The Theory of Buyer Behavior*, John Wiley & Sons.

Howard, J. A., R. P. Shay and C. A. Green (1988), "Measuring the effect of marketing information on buying intentions", *The Journal of Consumer Marketing*, Vol. 5, Issue 3, pp. 5–14.

Hunt, S. D. (1976), *Marketing Theory: Conceptual Foundations of Research in Marketing*, Grid. (阿部周造訳『マーケティング理論——マーケティング研究の概念的基礎』千倉書房, 1979年)

———— (1989), "Naturalistic, Humanistic and Interpretive Inquiry", *Modern Marketing Theory: Critical Issues in the Philosophy of Marketing Science*, South Western, pp. 412–434.

Hutchins, E. (1987), "Myth and experience in the trobriand islands", in D. Holland and N. Quinn (eds.), *Cultural Model in Language and Thought*, Cambridge University Press, pp. 269–289.

Jacoby, J. (1975), "Consumer psychology as a social psychological sphere of action", *American Psychologist*, Vol. 30, Issue 10, pp. 977–987.

———— (1978), "Consumer research: a state of the art review", *Journal of Marketing*, Vol. 42, Issue 1, pp. 87–96.

Joy, A. and J. F. Sherry, Jr. (2003), "Speaking of art as embodied imaginations: a multisensory approach to understanding aesthetic experience", *Journal of Consumer Re-*

search, Vol. 30, Issue 2, pp. 259–282.

Juvenalis, D. J. ([around 100 A.C.] 1817), *D. Junii Juvenalis Satvrae*, Druck und Verlag Von B. G. Teubner. (国原吉之助訳「風刺詩」『ローマ風刺詩集』岩波書店, 2012年)

Kant, I. ([1790] 1922), *Kritik der Urteilskraft*, Funfte Auflage. (牧野英二訳『カント全集 9 判断力批判 下』岩波書店, 2000年)

Kiel, G. C. and R. A. Layton (1981), "Dimensions of consumer information seeking behavior", *Journal of Marketing Research*, Vol. 18, Issue 2, pp. 233–239.

Klein, N. (2009), *No Logo*, Fourth Estate. (松島聖子訳『ブランドなんか, いらない』大月書店, 2009年)

Kotler, P. (1972), "A generic concept of marketing", *Journal of Marketing*, Vol. 36, Issue 2, pp. 46–54.

Kotler, P. and G. Armstrong (1996), *Marketing: An Introduction*, Prentice Hall. (月谷真紀訳『コトラーのマーケティング入門』トッパン, 1999年)

Kotler, P and J. Levy (1969), "Broadening the concept of marketing", *Journal of Marketing*, Vol. 33, Issue 1, pp. 10–15.

Kotler, P. and K. L. Keller (2006), *Marketing Management, 12th Edition*, Prentice-Hall. (月谷真紀訳『コトラー&ケラーのマーケティング・マネジメント 第12版』ピアソン・エデュケーション, 2008年)

Larsen, R. J. and E. Diener (1992), "Promises and problems with the circumplex model of emotion", in M. S. Clark (ed.), *Review of Personality and Social Psychology*, Vol. 13, Issue 13, pp. 25–59.

Latour, B. (1988), *Science in Action: How to Follow Scientists and Engineers through Society*, Harvard University Press. (川崎勝・高田紀代志訳『科学が作られるとき——人類学的考察』産業図書, 1999年)

Latour, B. and S. Woolgar (1986), *Laboratory Life: The Construction of Scientific Facts*, Princeton University Press.

Lave, J. (1988), *Cognition in Practice: Mind, Mathematics and Culture in Everyday Life*, Cambridge University Press. (無藤隆・中野茂・山下清美・中村美代子訳『日常生活の認知行動——ひとは日常生活でどう計算し, 実践するか』新曜社, 1995年)

Lave, J. and E. Wenger (1991), *Situated Learning: Legitimate Peripheral Participation*, Cambridge University Press. (佐伯胖訳『状況に埋め込まれた学習——正統的周辺参加』産業図書, 1993年)

Lehmann, D. R., T. V. O'Brien, J. U. Farley and J. H. Howard (1974), "Some empirical contributions to buyer behavior theory", *Journal of Consumer Research*, Vol. 1, Issue 3, pp. 43–55.

LeVine, S. (1979), *Mothers and Wives: Gusii Women of East Africa*, University of Chicago Press.

Levitt, T (1960), "Marketing Myopia," *Harvard Business Review*, Vol. 38, Issue 4, pp. 24–47.

Levy, S. J. (1959), "Symbols for sale", *Harvard Business Review*, Vol. 37, Issue 4, pp. 117-124

Levy, S. J. and J. Czepiel (1974), "Marketing and aesthetics", in R. C. Curhan (ed.), *Combined Proceedings*, Series 36, American Marketing Association, pp. 386-391.

Lewis, C. I. (1946), *An Analysis of Knowledge and Valuation*, Open Court.

Lucretius, C. T. ([around middle of the first century B.C.] 1952), *On the Nature of Things*, William Benton. (安藤貞雄訳『物の本質について』岩波書店, 1961年)

Lusch, R. F., S. L. Vargo and A. J. Malter (2006), "Marketing as service-exchange: taking a leadership role in global marketing management", *Organizational Dynamics*, Vol. 35, Issue 3, pp. 264-278.

Lyotard, J. F. ([1979] 1998), *La Condition Postmoderne*, Editions de Minuit. (小林康夫訳『ポストモダンの条件──知・社会・言語ゲーム』水声社, 1986年)

Macdonald, F. (1992), *Helen Keller*, Exley Publications. (菊島伊久栄訳『ヘレン・ケラー』伝記 世界を変えた人々 14, 偕成社, 1994年)

MacInnis, D. J. and B. J. Jaworski (1989), "Information processing from advertisements: Toward an Integrative Framework", *Journal of Marketing*, Vol. 53, Issue 4, pp. 1-23.

MacInnis, D. J., C. Moorman and B. J. Jaworski (1991), "Enhancing and measuring consumers' motivation, opportunity, and ability to process brand information from ads", *Journal of Marketing*, Vol. 55, Issue 4, pp. 32-53.

McCracken, G. (1988), *Culture and Consumption*, Indiana University Press. (小池和子訳『文化と消費とシンボルと』勁草書房, 1990年)

McGuigan, J. (1999), *Modernity and Postmodern Culture*, Open University Press. (村上恭子訳『モダニティとポストモダン文化──カルチュラル・スタディーズ入門』彩流社, 2000年)

Mackworth, A. K. (1993), "On seeing robots", in A. Basu and X. Li (eds.), *Computer Vision: System, Theory, and Applications*, World Scientific Press, pp. 1-13.

Mehrabian, A. and J. Russell (1974), *An Approach to Environmental Psychology*, MIT Press.

Meyer, R. J. (1981), "A model of multiattribute judgment under attribute uncertainty and information constraint", *Journal of Marketing Research*, Vol. 18, Issue 2, pp. 62-71.

Mitchell, A. A. (1981), "The Dimensions of advertising involvement", *Advance in Consumer Research*, Vol. 8, Issue 1, pp. 25-30.

Morris, C. (1964), *Signification and Significance*, MIT Press.

Morris, R. T. (1941), *The Theory of Consumer's Demand*, Yale University Press.

Mowen, J. C. (1987), *Consumer Behavior*, Macmillan.

Nickerson, R. S. (1993), "On the distribution of cognition: some reflections", in G. Solomon (ed.), *Distributed Cognition: Psychological and Educational Considerations*,

Cambridge University Press, pp. 229-261. （小嶋佳子訳，松田文子監訳「認知の分散についてのいくつかの考察」『分散認知——心理学的考察と教育実践上の意義』現代基礎心理学選書，第9巻，共同出版，2004年，287-325頁）

Nicosia, F. M. (1966), *Consumer Decision Processes*, Prentice-Hall. （野中郁次郎・羽路駒次訳『消費者の意思決定過程』東洋経済新報社，1979年）

Norman, D. A. (1988), *The Psychology of Everyday Things*, Basic Books. （野島久雄訳『誰のためのデザイン？——認知科学者のデザイン原論』新曜社，1990年）

Okada, E. M. (2005), "Justification effects on consumer choice of hedonic and utilitarian goods", *Journal of Marketing Research*, Vol. 42, Issue 1, pp. 43-53.

Olshavsky, R. W. and D. H. Granbois (1979), "Consumer decision making: fact or fiction?", *Journal of Consumer Research*, Vol. 6, Issue 2, pp. 93-100.

Onions, C. T. (ed.) (1966), *The Oxford Dictionary of English Etymology*, Clarendon Press.

Pea, R. D. (1993), "Practices of distributed intelligence and designs for education", in G. Solomon (ed.), *Distributed Cognition: Psychological and Educational Considerations*, Cambridge University Press, pp. 47-87. （高橋功訳，松田文子監訳「教育のための分散知能とデザイン」『分散認知——心理学的考察と教育実践上の意義』現代基礎心理学選書，第9巻，協同出版，2004年，68-118頁）

Perkins, D. N. (1993), "Person-plus: a distributed view of thing and learning", in G. Solomon (ed.), *Distributed Cognition: Psychological and Educational Considerations*, Cambridge University Press, pp. 88-110. （日下部典子訳，松田文子監訳「思考と学習における分散的見解」『分散認知——心理学的考察と教育実践上の意義』現代基礎心理学選書，第9巻，協同出版，2004年，119-145頁）

Petty, R. E. and J. T. Cacioppo (1983), "Central and peripheral routes to advertising effectiveness: The moderating role of involvement", *Journal of Consumer Research*, Vol. 10, Issue 3, pp. 135-146.

——— (1986), *Communication and Persuasion: Central and Peripheral Routes to Attitude Change*, Springer-Verlag.

Pine, J. and J. H. Gilmore (1999), *The Experience Economy: Work is Theatre and Every Business a Stage*, Harvard Business School Press. （岡本慶一・小高尚子訳『新訳 経験経済』ダイヤモンド社，2005年）

Popper, Karl [1945] (2013), *The Open Society and its Enemies*, Princeton University Press. （内田詔夫・小河原誠訳『第2部 予言の大潮』シリーズ：開かれた社会とその敵，未來社，1980年）

Punj, G. N. and R. Staelin (1983), "A model of consumer information search behavior for new automobiles", *Journal of Consumer Research*, Vol. 9, Issue 4, pp. 366-380.

Reed, E. S. (1996), *Encountering the World: Toward an Ecological Psychology*, Oxford University Press. （細田直哉訳『アフォーダンスの心理学——生態心理学への道』新曜社，2000年）

Regan, S. (1992), "Introduction: the return of the aesthetic", in S. Regan (ed.), *The Politics of Pleasure: Aesthetics and Cultural Theory*, Open University Press.

Reilly, M. D. and J. N. Conover (1983), "Meta-analysis: integrating results from consumer research studies", *Advances in Consumer Research*, Vol. 10, pp. 509–513.

Richins, M. L. (1997), "Measuring emotions in the consumption experience", *Journal of Consumer Research*, Vol. 24, Issue 2, pp. 127–146.

Russell, B. ([1930] 1996), *The Conquest of Happiness*, Liveright. (安藤貞雄訳『ラッセル幸福論』岩波書店, 1991年)

Russell, J. A. (1980), "A circumplex model of affect", *Journal of Personality and Social Psychology*, Vol. 39, Issue 6, pp. 1161–1178.

Sahlins, M. D. (1976), *Culture and Practical Reason*, University of Chicago Press. (山内昶訳『人類学と文化記号論——文化と実践理性』法政大学出版会, 1987年)

Schmitt, B. H. (1999), *Experiential Marketing: How to get Customers to Sense, Feel, Think, Act, Relate*, Free Press. (嶋村和恵・広瀬盛一訳『経験価値マーケティング——消費者が「何か」を感じるプラスαの魅力』ダイヤモンド社, 2000年)

Schmitt, B. H. and A. Simonson (1997), *Marketing Aesthetics: The Strategic Management of Brands, Identity, and Image*, Free Press. (河野龍太訳『「エスセティクス」のマーケティング戦略』プレンティスホール出版, 1998年)

Schopenhauer, A. ([1819] 2009), *Die Welt als Wille und Vorstellung*, Anaconda Verlag. (西尾幹二訳「ショーペンハウアー 意志と表象としての世界」西尾幹二編『世界の名著 続10』中央公論社, 1975年)

Scitovsky, T. (1976), *The Joyless Economy, An Inquiry into Human Satisfaction and Consumer Dissatisfaction*, Oxford University Press. (斎藤精一郎訳『人間の喜びと経済的価値——経済学と心理学の接点を求めて』日本経済新聞社, 1979年)

Scribner, S. and M. Cole (1981), *The Psychology and Literacy*, Harvard University Press.

Semenik, R. J. and C. E. Young (1980), "Correlates of season ticket subscription Behavior", *Advances in Consumer Research*, Vol. 7, Issue 1, pp.114–118.

Sexton, D. E. and K. Britney (1980), "A Behavioral Segmentation of the Art Market", Advances in Consumer Research, Vol. 7, Issue 1, pp. 119–120.

Shahar, T. B. (2010), *Even Happier*, McGraw-Hill. (成瀬まゆみ訳『ハーバードの人生を変える授業』大和書房, 2010年)

Shakespeare, W. ([about 1606] 2003), *Macbeth: Side by Side*, Prestwick House. (木下順二訳『マクベス』岩波書店, 1997年)

——— ([about 1606] 2003), *Macbeth: Side by Side*, Prestwick House. (福田恆存訳『マクベス』新潮文庫, 1969年)

Shannon, C. and W. Weaver (1949), *The Mathematical Theory of Communication*, University of Illinois Press.

Shanon, B. (1993), *The Representational and the Presentational*, Harvester Wheatsheaf.

Sheth, J. N. (1979), "The surpluses and shortages in customer behavior theory and research", *Journal of the Academy of Marketing Science*, Vol. 7, Issue 4, pp. 414–427.

Shostack, L. G. (1977), "Breaking free from product marketing", *Journal of Marketing*, Vol. 41, Issue 2, pp. 73–80.

Sidgwick, H. ([1907] 1981), *The Methods of Ethics, 7 th edition*, Hackett Publishing.

Simpson, J. A. and E. S. C. Weiner, prepared by (1989a), *The Oxford English Dictionary, 2 nd Edition*, Volume I, Clarendon Press.

——— (1989b), *The Oxford English Dictionary, 2 nd Edition*, Volume XIX, Clarendon Press.

Solomon, G. (1993a), "Editor's introduction", in G. Solomon (ed.), *Distributed Cognition: Psychological and Educational Considerations*, Cambridge University Press, pp. xi-xxi. (森田愛子訳, 松田文子監訳「編者のはしがき」『分散認知――心理学的考察と教育実践上の意義』現代基礎心理学選書, 第9巻, 協同出版, 2004年, 5-17頁)

——— (1993b), "No distribution without individuals' cognition: a dynamic interactional view", in G. Solomon (ed.), *Distributed Cognition: Psychological and Educational Considerations*, Cambridge University Press, pp. 111–138. (森田愛子訳, 松田文子監訳「個人の認知なくして, 分散認知はあるのか――ダイナミックな相互作用の観点から」『分散認知――心理学的考察と教育実践上の意義』現代基礎心理学選書, 第9巻, 協同出版, 2004年, 146-176頁)

Sperber, D. and D. Wilson ([1986] 1995), *Relevance: Communication and Condition, 2 nd Edition*, Wiley-Blackwell. (内田聖二・中逵俊明・宋南先・田中圭子訳『関連性理論――伝達と認知 第2版』研究社, 1999年)

Stoffregen, T. A. and B. G. Bardy (2001), "On specification and the senses", *Behavioral and Brain Sciences*, Vol. 24, Issue 2, pp. 195–261.

Taylor, P. (1961), *Normative Discourse*, Prentice-Hall.

Thagard, P. (1996), *Mind: Introduction to Cognitive Science*, MIT Press. (梅田聡・江尻桂子・幸島明男・開一夫訳, 松原仁監訳『マインド――認知科学入門』共立出版, 1999年)

Toffler, A. (1971), *Future shock*, Pan Books. (徳山二郎訳『未来の衝撃』中公文庫, 1982年)

Varey, R. J. and D. Ballantyne (2005), "Relationship marketing and the challenge of dialogical interaction", *Journal of Relationship Marketing*, Vol. 4, Issue 3, pp. 13–30.

Vargo, S. L. and F. W. Morgan (2005), "Services in society and academic thought: a historical analysis", *Journal of Macromarketing*, Vol. 25, Issue 1, pp. 42–53.

Vargo, S. L. and R. F. Lusch (2004a), "Evolving to a new dominant logic for marketing", *Journal of Marketing*, Vol. 68, Issue 1, pp. 1–17.

——— (2004b), "The four service marketing myths: remnants of a goods-based, manufacturing model", *Journal of Service Research*, Vol. 6, Issue 4, pp. 324–335.

————— (2006), "Service-dominant logic: what it is, what it is not, what it might be", in R. F. Lusch and S. L. Vargo (eds.), *The Service-Dominant Logic of Marketing: Dialog, Debate, and Directions*, M.E. Sharpe, pp. 43–56.

————— (2008a), "Service-dominant logic: continuing the evolution", *Journal of the Academy of Marketing Science*, Vol. 36, Issue 1, pp. 1–10.

————— (2008b), "Why services?", *Journal of the Academy of Marketing Science*, Vol. 36, Issue 1, pp. 25–38.

————— (2008c), "From good to service (s) : divergences and convergences of logics", *Industrial Marketing Management*, Vol. 37, Issue 3, pp. 1–6.

————— (2016), "Institutions and axioms: An extension and update of service-dominant logic", *Journal of the Academy of Marketing Science*, Vol. 44, Issue 1, pp. 1–19.

Vargo, S. L., P. P. Maglio and M. A. Akaka (2008), "On value and value co-creation: A service systems and service logic perspective", *European Management Journal*, Vol. 26, Issue 3, pp. 145–152.

Vargo, S. L., R. F. Lusch and F. W. Morgan (2006), "Historical perspectives on service-dominant logic", in R. F. Lusch and S. L. Vargo (eds.), *The Service-Dominant Logic of Marketing: Dialog, Debate, and Directions*, M. E. Sharpe, pp. 29–42.

Voss, K. E., E. R. Spangenberg and B. Grohmann (2003), "Measuring the hedonic and utilitarian dimensions of consumer attitude", *Journal of Marketing Research*, Vol. 40, Issue 3, pp. 310–320.

Vygotsky, L. S. (1978), *Mind in Society: The Development of Higher Psychological Process*, Harvard University Press.

Wallendorf M. and R W. Belk (1989), "Assessing Trustworthiness in Naturalistic Consumer Research", in Elizabeth C. Hirschman (ed.), *SV Interpretive Consumer Research*, pp. 69–84.

Weber, M. ([1920] 1988), *Gesammelte Aufätze zur Religionssoziologie I*, Auflage. (大塚久雄・生松敬三訳『宗教社会学論選』みすず書房，1972年）※邦訳版は，原著『宗教社会学論集』全3巻のうち，第1巻から「宗教社会学論集 序言」「世界宗教の経済倫理 序論」「世界宗教の経済倫理 中間考察──宗教的現世拒否の段階と方向に関する理論」を抜粋し邦訳したものである。

————— ([1920] 2009), *Die Protestantische Ethik und der Geist des Kapitalismus*, Anaconda Verlag. (阿部行蔵訳「プロテスタンティズムの倫理と資本主義の精神」『世界大思想全集 社会・宗教・科学思想篇21』河出書房，1954年）

————— ([1920] 2009), *Die Protestantische Ethik und der Geist des Kapitalismus*, Anaconda Verlag. (大塚久雄訳『プロテスタンティズムの倫理と資本主義の精神』岩波書店，1989年）

————— (1924), *Wirtschaftsgeschichte: Abriss der Universalen Sozial-und Wirtschaftsgeschichte*, Verlag Von Duncker & Humblot. (黒正巌・青山秀夫訳『一般社会経済

史要論（下巻）』岩波書店，1955年）

Weick, K. E.（1979）, *The Social Psychology of Organizing, 2 nd Edition*, Random House.（遠田雄志訳『組織化の社会心理学 第2版』文眞堂，1997年）

Wenger, E. C.（1991）, *Toward a Theory of Cultural Transparency: Elements of a Social Discourse of the Visible and the Invisible*（Ph.D. Dissertation, University of California, Irvine, 1990）, Institute for Research on Learning.

———（1998）, *Communities of Practice: Learning, Meaning, and Identity*, Cambridge University Press.

Westbrook, R. A. and R. L. Oliver（1991）, "The dimensionality of consumption emotion patterns and consumer satisfaction", *Journal of Consumer Research*, Vol. 18, Issue 1, pp.84–91.

Wilkins, E. H.（1961）, *Life of Petrarch*, University of Chicago Press.（渡辺友市訳『ペトラルカの生涯』東海大学文明研究シリーズ〈10〉，東海大学出版会，1970年）

Willis, P. E.（1977）, *Learning to Labour: How Working Class Kids get Working Class Jobs*, Columbia University Press.（熊沢誠・山田潤訳『ハマータウンの野郎ども』筑摩書房，1985年）

Wilson, D. and D. Sperber（2002）, "Relevance theory", *UCL Working Papers in Linguistics*, Vol. 14, pp. 249–290.

Winograd, T. and F. Flores（1987）, *Understanding Computers and Cognition*, Addision-Wesley.

Zajonc, R. B. and H. Markus（1982）, "Affective and cognitive factors in preferences", *Journal of Consumer Research*, Vol. 9, Issue 2, pp. 123–131.

Zeithaml, V. A. and M. J. Bitner（1996）, *Services Marketing*, McGraw-Hill.

青木幸弘（2006）「ブランド構築と価値のデザイン」『青山マネジメントレビュー』プレジデント社，第9巻，26-35頁。

秋葉原ボーカロイド研究会（2010）『初音ミクの謎』笠倉出版社。

阿久津聡・石田茂（2002）『ブランド戦略シナリオ──コンテクスト・ブランディング』ダイヤモンド社。

東浩紀（2000）「ポストモダン再考」『アステイオン』第54巻，203-217頁。

———（2001）『動物化するポストモダン──オタクから見た日本社会』講談社現代新書。

新井恭子（2006）「関連性理論における広告ことばの分析」『経営論集』東洋大学経営学部，第68号，11月，79-91頁。

安西祐一郎（1986）『知識と表象──人工知能と認知心理学への序説』産業図書。

石井淳蔵（1989）「製品・市場の進化」神戸大学経営学部ディスカッションペーパー#8913，石井・石原編著（1996）再掲。

———（1990）「新しい消費者行動研究の胎動」『国民経済雑誌』神戸大学経済経営学部，第162巻第6号，91-114頁。

─────（1992a）「マーケティングの神話」『研究年報』神戸大学経営学部，第38巻，45-79頁。

─────（1992b）「消費者需要とマーケティング──石原理論再考」神戸大学経済経営学部，Working Paper #9206, 5月，石井・石原編著（1996）再掲。

─────（1993a）『マーケティングの神話』日本経済新聞社，石井（2004）再掲。

─────（1993b）「消費者需要とマーケティング──石原理論再考」『国民経済雑誌』神戸大学経済経営学会，第167巻1号，1-23頁，石井・石原編著（1996）再掲。

─────（1996a）「製品の意味の創造プロセス」石井淳蔵・石原武政編著『マーケティング・ダイナミズム──生産と欲望の相克』白桃書房，103-120頁。

─────（1996b）「使用価値の恣意性論争と言語ゲーム」石井淳蔵・石原武政編著『マーケティング・ダイナミズム──生産と欲望の相克』白桃書房，209-218頁。

─────（1999）「競争的使用価値：その可能性の中心」石井淳蔵・石原武政編著『マーケティング・ダイアログ──意味の場としての市場』白桃書房，191-212頁。

─────（2004）『マーケティングの神話』岩波書店。

─────（2007）「マーケティング研究の新しい可能性を求めて」『マーケティングジャーナル』日本マーケティング協会，第27巻第2号，2-4頁。

─────（2008）「マーケティング研究から見た広告研究」『アド・スタディーズ』Vol. 23, Winter 2008（2月22日号），10-15頁。

─────（2009）「『誤解の連鎖』と価値創発のメカニズム」『PRESIDENT』プレジデント社，第47巻第3号，111-113頁。

─────（2010a）「価値の創発と創造的適応」『マーケティングジャーナル』日本マーケティング協会，第29巻第4号，2-4頁。

─────（2010b）「市場で創発する価値のマネジメント」『一橋ビジネスレビュー』東洋経済新報社，第57巻第4号，20-32頁。

─────（2012）『マーケティング思考の可能性』岩波書店。

─────（2014）『寄り添う力──マーケティングをプラグマティズムの視点から』碩学舎。

石井淳蔵・石原武政編著（1996）『マーケティング・ダイナミズム──生産と欲望の相克』白桃書房。

─────（1999）『マーケティング・ダイアログ──意味の場としての市場』白桃書房。

石黒浩・宮下敬宏・神田崇行，人工知能学会編（2005）『コミュニケーションロボット』オーム社。

石原武政（1976）「消費者需要とマーケティング──その準備的考察」『経営研究』大阪市立大学経営学会，第27巻第3号，49-68頁。

─────（1977）「マーケティングと競争的使用価値」『経営研究』大阪市立大学経営学会，第27巻第4・5・6号，231-247頁。

─────（1982）『マーケティング競争の構造』千倉書房。

─────（1993）「消費の実用的理由と文化的理由」田村正紀・石原武政・石井淳蔵編著『マーケティング研究の新地平──理論・実証・方法』千倉書房，1-22頁，石

井・石原編著（1996）再掲。

――――（1996a）「消費者需要とマーケティング――競争的使用価値概念の提唱」石井淳蔵・石原武政編著『マーケティング・ダイナミズム――生産と欲望の相克』白桃書房，121-149頁。

――――（1996b）「消費の実用的理由と文化的理由」石井淳蔵・石原武政編著『マーケティング・ダイナミズム――生産と欲望の相克』白桃書房，175-194頁。

井関利明（1969）「消費者行動の社会学的研究」『消費者行動の理論』丸善，113-178頁。

依田高典・後藤励・西村周三（2009）『行動健康経済学――人はなぜ判断を誤るのか』日本評論社。

伊藤崇・藤本愉・川俣智路・鹿嶋桃子・山口雄・保坂和貴・城間祥子・佐藤公治（2004）「状況論的学習観における『文化的透明性』概念について――Wenger の学位論文から示唆されること」『北海道大学大学院教育学研究科紀要』第93号，6月，81-157頁。

伊藤直史・赤穴昇・宇賀神貴宏（2004）「体験マーケティングの効果検証――五つの体験領域を刺激する TV-CM の広告効果」『日本広告研究所報』日本広告研究所，第38巻第1号，28-33頁。

井上綾野（2008）「プレミアム製品の快楽消費」『目白大学経営学研究』目白大学経営学研究編集委員会，第6号，53-62頁。

井上崇通・村松潤一編著（2010）『サービス・ドミナント・ロジック――マーケティング研究への新たな視座』同文舘。

今田高俊（1994）「近代のメタモルフォーゼ――混沌からの秩序形成」『ハイパーリアリティの世界』有斐閣，3-40頁。

岩下俊治（2005）「データ少佐の語用論的特徴――関連性理論に基づく研究」『明星大学研究紀要』明星大学人文学部，第41巻第8号，111-121頁。

上野直樹（1999）『仕事の中での学習――状況論的アプローチ』東京大学出版会。

――――（2006）「ネットワークとしての状況論」上野直樹・ソーヤーりえこ編著『文化と状況的学習――実践，言語，人工物へのアクセスのデザイン』凡人社，3-39頁。

上原聡（2008）『感情マーケティングの理論と選択』専修大学出版局。

――――（2010）「社会的判断における感情の機能と構造の分析」『嘉悦大学研究論集』嘉悦大学論集編集委員会，第53巻第1号，1-14頁。

薄井和夫（1999）『アメリカ・マーケティング史研究――マーケティング管理論の形成基盤』大月書店。

――――（2003）『はじめて学ぶマーケティング［応用編］マーケティングと現代社会』大月書店。

――――（2010）「マーケティングにおける状況特異的知識――関連性理論および実践コミュニティ論の検討」『同志社商学』同志社大学商学会，第61巻第6号，414-430頁。

――――（2013）「『実践としてのマーケティング』研究と実践コミュニティ――『実践論的展開』によせて（高橋由明教授古稀記念論文集）」『商学論纂』中央大学出版部，第54巻第3号，165-205頁。

大澤真幸（1994）『意味と他者性』勁草書房。

大塚久雄（1964）「ウェーバーの誤読は，なぜ，多いのだろう」『理想』理想社，第375号，56-59頁。

―――（1965）「マックス・ウェーバーにおける資本主義の『精神』」『マックス・ウェーバー研究』岩波書店，87-185頁。

―――（1972）「マックス・ウェーバーにおける資本主義の精神　再論」『日本学士院紀要』第30巻第3号，131-145頁。

―――（1977）『社会科学における人間』岩波書店。

―――（1989）「訳者解説」『プロテスタンティズムの倫理と資本主義の精神』岩波書店，373-412頁。

岡田聡宏訳（2009）「語用論の本質と目的」今井邦彦編『最新語用論入門』大修館書店，23-37頁。※原著は，ロンドン大学名誉教授のD. ウィルソン（*Relevance: Communication and Condition* におけるD. Sperber の共著者）とその弟子であるT. ウォートンによって書かれたロンドン大学の内部教科書（未刊行）。この辺りの経緯は，同書のiv頁を確認されたし。

岡本慶一（2004）「ブランドと経験価値――『経験』を中核としたブランド・デザイニング」青木幸弘・恩蔵直人編著『製品・ブランド戦略』現代のマーケティング戦略①，有斐閣アルマ，199-226頁。

奥井俊史（2008）『巨像に勝ったハーレーダビッドソン ジャパンの信念』丸善。

加藤正明（2010）『成功する「地域ブランド」戦略――九条ねぎが高くても売れる理由』PHP研究所。

樺山紘一・川本三郎・齋藤精一郎・澤地久枝・筑紫哲也・村上陽一郎編（1998）『人物20世紀』講談社。

河内俊樹（2010）「Ｓ－Ｄロジックに対する批判的見解」井上崇通・村松潤一編著『サービス・ドミナント・ロジック――マーケティング研究への新たな視座』同文舘，198-228頁。

川口高弘（2013）『マーケティングにおける「価値」の概念に関する研究――文脈価値，使用価値，快楽価値を中心に』埼玉大学大学院経済科学研究科，博士学位論文。

―――（2014）「使用価値概念の再検討――コミュニケーション・プロセスと直接知覚モデルを手がかりとして」『Conference Proceedings 2014』日本マーケティング学会，vol. 3，65-78頁。

―――（2015）「使用価値を形成するコンテクストの再考――分散認知論と関連性理論を手がかりとして」『Conference Proceedings 2015』日本マーケティング学会，vol. 4，369-379頁。

―――（2018）「文化的使用価値を形成するコンテクストの検討――関連性の認知原理を手がかりとして」柴田仁夫編『マーケティングにおける現場理論の展開』創成社，76-90頁。

菊池一夫（2011）「サービス・ドミナント・ロジックとサービシィーズ・マーケティングの接点」日本消費経済学会編『日本消費経済学会年報』第32集，3月，3-10頁。

―――――（2012）「サービス・ドミナント・ロジックの進展へのノルディック学派の対応」『佐賀大学経済論集』佐賀大学経済学会，第45巻1号，69-92頁。

北川フラム（2010）『大地の芸術祭』角川学芸出版。

―――――（2015）『ひらく美術――地域と人間のつながりを取り戻す』ちくま新書。

木原武一（2010）『快楽の哲学――より豊かに生きるために』NHKブックス。

國領二郎（2006）「創発しようぜ！――創発を誘発する空間の設計」國領二郎編『創発する社会――慶應SFC～DNP創発プロジェクトからのメッセージ』日経BP企画，28-44頁。

栗木契（2003）『リフレクティブ・フロー――マーケティング・コミュニケーション理論の新しい可能性』白桃書房。

―――――（2006）「消費とマーケティングのルールを成り立たせる土台はどこにあるのか」石井淳蔵・石原武政編著『マーケティング・ダイナミズム――生産と欲望の相克』白桃書房，255-289頁。

桑原武夫編著（1999）『ポストモダン手法による消費者心理の解読――ステレオ・フォト・エッセーで潜在ニーズに迫る』日本経済新聞社。

―――――（2001）「ポストモダン・アプローチの展開の構図」『DIAMONDハーバード・ビジネス・レビュー――特集 ポストモダン・マーケティング』ダイヤモンド社，6月号，118-122頁。

―――――（2006）「ポストモダン消費者研究」田中洋・清水聰編著『消費者・コミュニケーション戦略――現代のマーケティング戦略』有斐閣アルマ，203-230頁。

郡司ペギオ幸夫（1996）「生命と時間，そして（承前）原生―計算と存在論的観測」『現代思想』青土社，第24巻第6号，325-335頁。

―――――（1998）「不定さを担う――内部観測あるいは非同期同調の根源へ」『現代思想』特集 自己決定権―私とは何か，青土社，第26巻第8号，136-150頁。

―――――（2004）『原生計算と存在論的観測――生命と時間，そして原生』東京大学出版会。

児玉徳美（2005）「ヒトと言語と社会」『立命館文学』立命館大学人文学会，97-112頁。

後藤基巳・駒田信二・常石茂編（1963）『中国故事物語』河出書房。

駒田純久（2004）「マーケティングにおけるポストモダン・アプローチ再考」『流通研究』日本商業学会，第7巻第1号，15-31頁。

今野國雄（1981）『修道院――祈り・禁欲・労働の源流』岩波新書。

小林康夫（1986）「訳者あとがき」『ポストモダンの条件――知・社会・言語ゲーム』水声社。

佐伯胖（1986）『認知科学の方法』認知科学選書，東京大学出版会。

榊原清則（1992）『企業ドメインの戦略論――構想の大きな社会とは』中公新書。

佐々木正人（1994）『アフォーダンス――新しい認知の理論』岩波科学ライブラリー12，岩波書店。

塩野谷祐一（1983）「シジウィック功利主義の構造」『一橋大学研究年報 経済学研究』一橋大学，第24巻第4号，117-214頁。

清水聰（1999）『新しい消費者行動』千倉書房。

———（2002）「消費者の意思決定プロセスとマーケティング戦略」『一橋ビジネスレ
ビュー』東洋経済新報社，第50巻第3号，18-31頁。

スタジオ・ハードデラックス編著（2011）『ボーカロイド現象』PHP研究所。

須藤隆仙（2004）『世界宗教用語大辞典』新人物往来社。

関橋英作（2007）『チーム・キットカットの きっと勝つマーケティング——テレビCM
に頼らないクリエイティブ・マーケティングとは？』ダイヤモンド社。

———（2008）『ブランド再生工場——間違いだらけのブランディングを正す』角川
SSコミュニケーションズ。

ソーヤーりえこ（2006）「社会的実践としての学習——状況的学習論概観」上野直樹・
ソーヤーりえこ編著『文化と状況的学習——実践，言語，人工物へのアクセスのデ
ザイン』凡人社，40-88頁。

高岡浩三（2015）『ネスレの稼ぐ仕組み』KADOKAWA。

高橋郁夫（2011）「サービス・ドミナント・ロジックによるブランディングおよびブラ
ンド・コミュニケーションへの新視点」『日本広告研究所報』日本広告研究所，第
45巻第1号，12-18頁。

高橋広行（2010）「消費者行動とブランド論（1）——消費者行動研究アプローチの変
遷」『関西学院商学研究』第62巻，3月，1-16頁。

田口尚史（2010）「サービス・ドミナント・ロジック——間接的サービス供給における
4つの価値供創パターン」『横浜商大論集』横浜商科大学学術研究会，第43巻第2号，
90-121頁。

田村正紀（1971）『マーケティング行動体系論』千倉書房。

土橋治子（2003）「消費者情報処理理論における低関与行動研究——その系譜と展望」
『中村学園大学・中村学園大学短期大学部研究紀要』中村学園大学・中村学園大学
短期大学部，第35巻，3月，85-94頁。

寺本義也（2005）『コンテクスト転換のマネジメント——組織ネットワークによる「止
揚的融合」と「共進化」に関する研究』白桃書房。

ドラキア，ニクレシュ，A・ファト・フィラート，アラディ・ヴェンカテシュ（1994）
薄井和夫訳「消費者のいない市場，仕事のない職場」『社会科学論集』埼玉大学経
済学会，第83号，9月，51-71頁。

中島義明・安藤清志・子安増生・坂野雄二・繁桝算男・立花政夫・箱田裕司編（1999）
『心理学辞典』有斐閣。

中條和光（2005）「心的表象」『認知心理学キーワード』有斐閣，88-89頁。

中村春香・成田健一（2011）「『嗜癖』とは何か——その現代的意義を歴史的経緯から探
る」『人文論究』関西学院大学人文学会，第60巻第4号，37-54頁。

新村出編（1991）『広辞苑 第四版』岩波書店。

西坂仰（1995）「関連性理論の限界」『月刊言語』特集 関連性理論の可能性，大修館書店，
第24巻第4号，64-71頁。

朴修賢（2008）「Webコミュニティサイトにおける顧客『経験価値』の創出——『dcinside.com』事例を通じた考察」『日本情報経営学会』日本情報経営学会，第29巻第3号，14-22頁。

橋田浩一（2001）「情報の部分性と知能の設計」井上直樹編『状況のインターフェース』金子書房，241-264頁。

橋田浩一・松原仁（1994）「知能の設計原理に関する試論——部分性・制約・フレーム問題」日本認知科学会編『認知科学の発展 第7巻』認知科学の発展シリーズ，講談社サイエンティフィック，159-201頁。

橋本敏子（1997）『地域の力とアートエネルギー』学陽書房。

濱治世（2001）「感情・情緒（情動）とは何か」『感情心理学への招待——感情・情緒へのアプローチ』心理学ライブラリ17，サイエンス社，1-62頁。

原田保・三浦俊彦編著（2010）『ブランドデザイン戦略——コンテクスト転換のモデルと事例』芙蓉書房。

———（2011）『地域ブランドのコンテクストデザイン』同文舘。

原田保・三浦俊彦・高井透編著（2012）『コンテクストデザイン戦略——価値発現のための理論と実践』芙蓉書房。

東森勲・吉村あき子（2003）『関連性理論の新展開——認知とコミュニケーション』英語学モノグラフシリーズ，研究社。

廣中直行（2003）『快楽の脳科学』日本放送出版協会。

廣松渉・子安宣邦・三島憲一・宮本久雄・佐々木力・野家啓一・末木文美士編（1998）『哲学・思想辞典』岩波書店。

福島真人（1993）「解説　認知という実践——『状況的学習』への正統的で周辺的なコメンタール」『状況に埋め込まれた学習——正統的周辺参加』産業図書，123-165頁。（Lave, J. and E. Wenger（1991）, *Situated Learning: Legitimate Peripheral Participation*, Cambridge University Press.）

藤川佳則（2008）「サービス・ドミナント・ロジック——『価値供創』の視点からみた日本企業の機会と課題」『マーケティング・ジャーナル』日本マーケティング協会，第27巻第3号，32-43頁。

———（2010）「経営学のイノベーション サービス・マネジメントのフロンティア（新連載・第1回）サービス・ドミナント・ロジックの台頭」『一橋ビジネスレビュー』東洋経済新報社，第58巻第1号，144-155頁。

藤川佳則・竹内弘高（1994）「新製品の『予想外の成功』がもたらす競争優位」『季刊マーケティングジャーナル』第14巻第2号，47-58頁。

星野克美（1985）『消費の記号論』講談社。

堀内圭子（1997）「購買決定後の過程」杉本徹雄編著『消費者理解のための心理学』福村出版，73-88頁。

———（1998）「快楽の質——哲学および経済思想における快楽論の消費者行動研究への応用」『成城文芸』成城大学文芸学部，第164巻第5号，82-96頁。

———（2001）『「快楽消費」の追究』白桃書房。

———（2004）『快楽消費する社会——消費者が求めているものはなにか』中公新書。

―――――（2007）「消費者のノスタルジア――研究の動向と今後の課題」『成城文藝』成城大学出版，第201号，179-198頁。

堀越比呂志（2006）「消費者行動研究の展開と方法論的諸問題――行動科学的研究プログラムの帰結」『三田商学研究』慶應義塾大学商学会，第49巻第4号，231-248頁。

ボルツ，ノルベルト（1994）三島憲一訳「アンチ・モダン プロ・モダン ポストモダン」『現代思想14 近代／反近代』岩波書店。※一般ルートによる原著の入手はできないようである。

ホルブルック，モリス（2001）「3Dステレオグラムに見る消費観点の融合」『DIAMOND ハーバード・ビジネス・レビュー：特集 ポストモダン・マーケティング』ダイヤモンド社，6月号，141-145頁。

凡平（2004）『解剖！歩くASIMO――二足歩行ロボット・アシモ 歩行システムの秘密』技術評論社。

前田進（2010）「S-Dロジックとリレーション・マーケティング」『サービス・ドミナント・ロジック――マーケティング研究への新たな視座』同文舘，120-135頁。

益田一（2007）「ブランド体験の測定尺度EX-Scale――開発プロセスと活用事例の紹介」『日本広告研究所報』日本広告研究所，第40巻第6号，33-38頁。

松尾太加志（1999）『コミュニケーションの心理学』ナカニシヤ出版。

松尾洋治（2005）「マーケティング研究における解釈的アプローチの方法論的背景」『三田商学研究』慶應義塾大学商学部，三田商学研究，第48巻第2号，129-155頁。

―――――（2010）「消費者行動研究の系譜」マーケティング研究の展開シリーズ・歴史から学ぶマーケティング第1巻，同文舘。

松田文子「監訳者解説」Solomon et al. (1993), *Distributed Cognition: Psychological and Educational Considerations*, G. Solomon (ed.), Cambridge University Press.（『分散認知――心理学的考察と教育実践上の意義』現代基礎心理学選書，第9巻，共同出版，2004年）

間々田孝夫（2005）『消費社会のゆくえ――企業消費と脱物質主義』有斐閣。

三嶋博之（1997）「アフォーダンスとは何か」『アフォーダンス』青土社，7-25頁。

―――――（2000）『エコロジカル・マインド――知性と環境をつなぐ心理学』日本放送出版協会。

水口健次（2008）『なぜハーレーだけが売れるのか』日本経済新聞出版社。

水越康介（2009）「ブランド構築のマネジメント」石井淳蔵・廣田章光編著『1からのマーケティング 第3版』碩学舎，219-236頁。

水谷智洋編（2009）『Lexicon Latino-Japonicum Editio Emendata』研究社。

南智恵子（2002）「象徴的消費を理解する――消費行動への新たなパースペクティブと方法論的挑戦」『一橋ビジネスレビュー』東洋経済新報社，第50巻第3号，6-16頁。

―――――（2010）「サービス・ドミナント・ロジックにおけるマーケティング論発展の可能性と課題」『国民経済雑誌』神戸大学経済経営学会，第201巻第5号，65-77頁。

宮崎市定（2000）『現代語訳 論語』岩波現代文庫シリーズ，岩波書店。

参考文献

宮本英美（2001）「運動の回復——リハビリテーションと行為の同時性」佐々木正人・三嶋博之編著『アフォーダンスと行為』金子書房，7-45頁。

村松潤一（2010）「S-Dロジックと研究の方向性」『サービス・ドミナント・ロジック——マーケティング研究への新たな視座』同文舘，229-248頁。

————（2015）「価値共創の論理とマーケティング研究との接点」村松潤一編著『価値共創とマーケティング論』同文舘，129-153頁。

————（2017）「価値共創マーケティングの対象領域と理論的基盤——サービスを基軸とした新たなマーケティング」『マーケティングジャーナル』日本マーケティング学会，Vol. 37, No. 2，6-24頁。

森岡清美・塩原勉・本間康平編（1993）『新社会学辞典』有斐閣。

茂呂雄二（2005）「状況論的学習」『認知心理学キーワード』有斐閣，192-193頁。

山折哲雄（1991）『世界宗教辞典』平凡社。

山崎正和（1987）『柔らかい個人主義の誕生——消費社会の美学』中央公論社。

山住勝広（2008）「ネットワークからノットワーキングへ」『ノットワーキング——結び合う人間活動の創造へ』新曜社，1-57頁。

吉田満梨・水越康介（2012）「消費経験論の新展開に向けて——実践論的転回についての考察」『流通研究』日本商業学会，第14巻第1号，17-33頁。

レビー，シドニー（2001）「アレルギーと期待——ポストモダニズムが抱える矛盾」『DIAMOND ハーバード・ビジネス・レビュー：特集 ポストモダン・マーケティング』ダイヤモンド社，6月号，132-134頁。

渡邊隆之（2004）「90年代における消費者行動研究の動向——情報処理研究と店舗内購買を中心として」『創価経営論集』創価大学経営学会，第29巻第1・2号，71-89頁。

渡辺俊生（2010）「安全・安心の製品デザイン〈アフォーダンスを通して安全行動を導く〉」『藝』人間環境大学歴史文化環境専攻「藝」編集委員会編，人間環境大学，第7号，11-19頁。

渡邊芳之（1995）「心理学における構成概念と説明」『北海道医療大学看護福祉学部紀要』第2号，1-7頁。

和田充夫（2002）『ブランド価値共創』同文舘。

あとがき

　本書は，2013年3月に埼玉大学大学院から授与された博士（経済学）の学位論文を，書籍として出版するにあたり再編集したものである。

　本書は，マーケティングや消費社会のあり方をマーケティング研究により内在的なものとして理解し，これをマーケティング研究の内部から論じることができるようにするためには，これまでマーケティング研究においてさまざまに論じられ，提起されてきた「価値」の概念を再検討し，その内容を明確にする必要があると考えた。

　マーケティング研究にはさまざまな価値の概念が存在するが，今日においてもなおこうした価値の概念に共通した理解を得られているとは言えない状況が存在している。このようななか，「価値」というマーケティングにおいて中核となる概念の混乱は，マーケティング論全体の理解を曖昧なものとし，ともすれば学問としてのマーケティング論の健全な発展を妨げるといっても言い過ぎではないように思われる。こうした背景には，経営またはマーケティング実践への直接的な貢献ができないため外部資金調達が困難である，マーケティングの理論的研究は時間と労力がかかる，実証的研究と比較して査読をパスするのが難しい，したがって研究者（とりわけ若手の研究者）のキャリア形成には不向きであるいった理由により，こうした研究が以前のように注目されなくなったという状況が存在する。

　マーケティングにおける価値は状況依存的であることを標榜する本書は，消費者が知覚する価値を，人間の認知行為において表象プロセスを重視する従来の認知主義的な立場から解明しようとするのではなく，いわば状況に埋め込まれた価値として，主体と周辺環境との相互作用に焦点を当てて分析した。われわれは価値が状況依存的であることを経験的に知っているが，マーケティング

研究は，これまで，こうした問題に正面から向き合うことを慎重に避けてきたように見える。それには，少なくとも二つの理由があると思われる。一つは，使用する概念装置の複雑さによって議論の内部的整合性をとることが難しいこと，いま一つは，これまで，マーケティング研究において個別に検討されてきたそれぞれの価値を，「状況」ないしは社会的視点から捉え直すために時間と労力がかかることの2点である。

こうしたテーマにあえて取り組んだ本書において示されたことが，マーケティングにおける価値研究を進展させるための手がかりとなり，かつ，現代消費社会に対する批判的な議論を，マーケティングの内部から論じるための足がかりとなれば幸いである。

謝　　辞

はじめに，本書の出版にあたりお世話になった，ミネルヴァ書房東京の東寿浩氏に深謝申し上げる。

本書のベースとなる博士論文の執筆にあたり，埼玉大学大学院経済科学研究科における主指導教員の薄井和夫教授（前経済学部長，現埼玉学園大学経済経営学部教授），副指導教員の菰田文男教授，後藤和子教授，井原基教授には，ひとかたならぬお世話になった。ここに，拝謝申し上げる。また，本書の各論について，マーケティング史研究会，日本流通学会，日本商業学会，日本マーケティング学会の先生方から貴重なアドバイスを頂いたことについて厚く御礼申し上げる。

ところで，実務家として働く筆者のプランには，当初，博士課程に進学する計画はなかった。だが，明治大学大学院グローバル・ビジネス研究科（経営管理修士課程）に進学後，マーケティングにおける「価値」に興味を持ったことが，当初のプランを見直すきっかけとなった。そもそも「価値」に興味を持ったきっかけは，「価値とは何か」に対する答えが，子供のころから強い関心を持っていた哲学において究極の問いの一つとされる人生の普遍的目的を解明する手がかりになると考えたためである。

修士課程の二年目に，知人からマーケティング史を研究されている薄井先生のことを教えてもらい，留学時代に歴史学を専攻していたことから，「歴史」つながりで価値についての研究をご指導いただくことを期待して埼玉大学大学院博士後期課程の門を叩いた。

実務家である筆者が，博士論文のテーマに，マーケティングにおける価値概念の研究というきわめてアカデミックなテーマを選んだことは，今にして思えば無謀な挑戦であったのかもしれない。それでもどうにか形にすることができ

たのは，筆者にとっては誠に幸いなことに，薄井先生がこの分野の研究を指導できる数少ない研究者の一人だったからである。薄井先生は，主題の複雑さ，使用する概念装置の複雑さのために七転八倒する私の指導にさぞ御辛苦されたと思う。ここに，改めて深謝の意を表する。

　筆者には，ほかにも，筆者のアカデミック・キャリアを語るうえで欠くことのできない恩師がいるので紹介させていただきたい。新卒として日本電信電話株式会社（NTT）に就職する前，筆者は，ニューヨーク州立大学大学院（Graduate program, State University of New York）の博士前期課程において，戦前から終戦までの日米関係史（歴史学）を研究していた。修了時，主指導教員の M. バーンハート教授（Prof. Michael A. Barnhart; Ph.D. Harvard University in 1980, Research Interests: US foreign relations）から，博士後期課程の席を空けておくので検討するよう直筆の手紙で打診を受けたが，その前年にリンパ腫を発病し退職した実母と入れ替わる形で就職することになっていたため丁重にお断りした。時を経て，明治大学大学院修了時に，わが国を代表する流通論・マーケティング戦略論の研究者である主指導教員の上原征彦教授から明治大学大学院の博士後期課程へ進学し研究を続けるよう勧められた。しかしながら，当時の筆者には私学で研究を続ける資金を工面することができず，同大学院への進学を諦めた。

　バーンハート教授や上原教授のもとで研究を続けることは叶わなかったが，両先生との御縁が薄井先生との御縁につながり，このことが本書の出版として結実した。ここに，バーンハート教授と上原教授に感謝の意を表する。

　最後に，働きながら研究する環境を与えてくれた勤務先（NTT コミュニケーションズ株式会社）の上司・同僚に深謝の意を表する。

　本書を，亡き母，雪乃（平成29年 3 月18日没，享年80歳）に捧げる。

　平成30年 5 月16日

川 口 高 弘

索　引

（＊は人名・法人名）

あ　行

アイデア（ideas）　7, 98
アイデンティティ　48
アクセス可能性（accessibility）　82, 168
遊びと楽しみの倫理（an ethic of pleasure and play）　137
＊アッシュ，D.（Ash, Doris）　21
アフォーダンス（affordance）　77-86, 189, 190, 193, 197
　デザインの――　83, 197
　負の――　80
暗示的な合図　178
暗黙知（tacit knowledge）　175, 178
暗黙的要素（the tacit）　178, 181, 182, 201
暗黙の慣行　178
イエス・シラク書　134, 135
怒り（angry/upset）　118, 119
＊石井淳蔵　18, 33, 61, 63-65, 72-74, 84, 85, 95, 110, 144, 160-165, 171-174, 183, 188, 190, 192
『意志と表象としての世界』　153
＊石原・石井論争　18, 61, 62, 84, 197
＊石原武政　18, 61-65, 71-74, 85, 190
依存症（dependence）　150
一般的な文化的想定　43
逸話的記憶　43
意図（intentions）　7, 11, 43, 124, 161-163
意味の仮定　70, 170
意味の形成　70, 168, 170, 173-175, 183
意味の交渉（negotiation of meaning）　18, 62, 168-173, 177-179, 183, 184, 190, 193, 199
意味の再交渉（renegotiation of meaning）　170
意味の再構成　70, 170, 172, 181, 201

意味のズレ　161, 163, 172, 183
意味の喪失（a loss of meaning）　69, 70, 168, 170, 202
イングランド　127
インターフェース　13
＊ヴィゴツキー，L.（Vygotsky, Lev S.）　12
＊ウィットモア，K.（Whitmore, Kathryn F.）　21
＊ウィルソン，D.（Wilson, Deirdre）　41, 167
＊ウェーバー（Weber, Karl Emil Maximilian（Max））　127
うれしい驚き（pleasant surprise）　118
うれしくない驚き（unpleasant surprise）　118
＊ヴント，W.（Wundt, Wilhelm M.）　12
永遠に昨日的なるもの（独：das ewig Gestrige）　130
永遠の繁栄　138
エートス（独：Ethos）　128-130
エキスポシティ　146
エクスペリエンス・イノベーション　109
エクスペリエンスの時代　109
＊江崎グリコ　54
エスノグラフィ　98
エスノメソドロジー　52, 55, 194
エデュケーション（education）　145
エデュテインメント（edutainment）　145, 146, 148
円環モデル　119-121
＊エンゲストローム，Y.（Engeström, Yrjö）　16, 196
エンターテイメント（entertainment）　110, 145
大きな物語（仏：métarécit）　100, 108
＊大津正和　62

オペランド資源（operand resources） 31
思い出し（recall） 43
オランダ 127
オリジナルを持たないコピー 106

か 行

＊ガードナー，H.（Gardner, Howard） 10, 11
快 119-121
　——の活性 120, 121
　——の不活性 120, 121
外在的（extrinsic） 44, 54, 97
解釈主義的アプローチ（interpretive approach） 98-101, 117
外的要因 6, 8, 10, 11, 14
外部情報 9
快楽価値（hedonic value） i, ii, 4, 17, 18, 56, 91, 93, 97, 102, 105, 116, 122, 143, 145, 148, 149, 187, 189-192, 198
快楽至上主義 140
快楽主義の時代 140
快楽主義の倫理（an ethic of hedonism） 137
快楽消費研究 91-93, 95-98, 109, 110, 115, 117, 118
　感情研究としての—— 117, 118
快楽性 118
快楽的消費（hedonic consumption） 18, 91, 93-96, 99, 101, 102, 105, 109, 110, 114-117, 122, 123, 144, 145, 148, 149, 189-192, 197, 198
快楽的反応 91, 92, 95, 96
快楽の本質 96
快楽論 93, 97, 105, 115, 116, 148
価格（price） 8, 53, 110-112
価格設定 111
科学的仮説 43
科学哲学論争 99
学習（learning） 145-147, 177
覚醒 119-121
＊カシオッポ，J.（Cacioppo, John） 10
可視の場 70, 170, 178, 181, 201

カスタマイズ 111, 179-181
カスタムパーツ 179, 180
価値（values） i, ii, 2-5, 14, 17, 18, 25, 29-34, 63, 65, 79, 85, 97, 101, 107-111, 113-115, 118, 122, 144, 145, 148, 150, 159, 187, 188, 190-194, 197, 200, 203
　——の共創（co-creation of value） 29, 38
　——の共創者 29
　状況に埋め込まれた——（situated values） ii, 17, 187, 227
価値観 i, 2-4, 39, 100, 108, 131, 182, 195, 199
価値共創（value co-creation） i, ii, 4, 17, 18, 30, 31, 159, 160, 179, 192-194, 199
活性 120, 121
活動システムの概念図 15, 16
活動理論（activity theory） 15, 196
カトリックの信徒 131
可能性の束 81, 85, 189, 190
カラー印刷 138
カルヴァニズム 130, 131
＊カルヴァン，ジャン（Calvin, Jean） 128
カルヴァン派（独：Calvinistsichen） 129, 130
カルチュラル・スタディーズ 168
環境（environment） ii, 6, 9, 11, 12, 14, 25, 34, 39-41, 55, 56, 61, 62, 77-81, 84, 167, 171, 174, 178, 182, 187-190, 197, 200, 203
環境の性質 79
環境破壊 1, 2
感情 4, 10, 12, 95, 113, 115-122, 147, 149, 153, 191
感情研究 117-119, 123, 191
間接知覚モデル（indirect-perception model） 77, 78
完全情報 6
＊カント，I.（Kant, Immanuel） 151
関与（involvement） 10, 31, 43, 92, 117, 168
関連性の認知原理（cognitive principle of relevance） 44
関連性理論（relevance theory） ii, 18, 26,

索　引

34, 41, 43, 44, 51, 52, 55, 56, 167, 187, 188,
193, 227
記憶（memory）　2, 7, 40, 112, 150
記号化　70
記号論　98
疑似体験　146, 147
規則（rules）　14-16, 100, 195, 196
＊北川フラム　195, 199
キットカット（Kit-Kat）　52-55, 160
規定的関係　63
機能的合理主義（functional rationality）　137
＊ギブソン, J.（Gibson, James Jerome）　62,
77, 78, 82
基本単位（basis）　28
基本的使用価値（基本的属性）　63-65, 197
基本的前提（foundational premises）　28-30
嗅覚　95
教育　2, 13, 145, 146
競争的使用価値　63
共通の感覚（common sense）　177
共同体　1, 2
共有される世界観　178, 182
享楽（独：GenieBen, 英：enjoyment）　131,
132
局所的真理（local truths）　100, 101, 122, 191
局的状況（local setting）　13
キリスト教的禁欲　129
近代資本主義　93, 127, 128, 130, 132, 133, 149
近代主義的衝動　140
禁断症状（abstinence symptom）　150
禁欲（独：Askese）　2, 129-131, 133, 193
禁欲的思想　127
禁欲的プロテスタンティズム（独：aske-
tischen Protestantismus）　128-130
グーグル（Google Inc.）　106
空想（fantasy）　95
空想的快楽への欲望　96
偶発性（独：Kontingenz）　108
グラスボックス化　86
＊栗木契　62

クレジット・カード（credit cards）　139
＊郡司ペギオ幸夫　62
経営情報システム　184
計画（plans）　7, 40
経験（英：experience, 独：Erfahrung）　6,
7, 13, 17, 32, 92, 94, 95, 109-115, 117, 118,
122, 144, 148, 149, 178, 189, 191, 192, 198
経験価値（experience value）　i, ii, 4, 17,
56, 93, 109, 110, 112, 114, 115, 122, 144,
145, 148, 149, 187, 189-193, 198
　異なるタイプの――　114
経験価値マーケティング（experiential mar-
keting）　112
経験的消費（experiential consumption）
93, 105, 108-110, 115, 122, 144, 145, 148,
149, 189, 191, 192, 198
経験的側面　91, 92, 94, 110
経済的行為者　29, 30
形式知（explicit knowledge）　178
芸術活動　95, 115, 145
芸術鑑賞　17, 94, 97, 110, 115, 144, 191
＊ゲーテ, J. W.（Goethe, Johann Wolfgang
von）　151
＊ゲルツ, C.（Geertz, Clifford）　12
言外の意味（implied meaning）　69, 168, 174
言語　13, 14, 16, 43, 196
言語学　43, 167
顕示的消費（conspicuous consumption）　139
顕示的反応　8
現象学的に（phenomenologically）　29, 30
幻想　95
現代アート　194, 195, 198, 199
交換（exchange）　3, 4, 27-32, 159
交換価値（value-in-exchange）　32
工業製品（耐久消費財）　138
広告・宣伝メッセージ　174
＊孔子　152
行動経済学　11
行動主義（behaviorism）　5-7
行動的禁欲（独：Aktive Askese）　129, 130

高度大衆消費社会　98

購入後のプロセス　92

幸福／満足（happy/content）　118

功利　118

高利貸付業　132

功利性　118

合理的消費　94, 95

合理的生活　131, 195

コード（code）　41-43, 69-71, 83, 162, 163,
　168, 169, 171-173, 181, 183

コードモデル（code model）　41, 42, 71,
　162, 163

五感　95, 199

五感イメージ（multisensory）　95

顧客指向的　29

＊國領二郎　184

心の平静（希：Ἀταραξία）　152

個人差（individual differences）　94, 95, 98,
　182

コト（-ing）　110, 111, 114

ことばにならない勘や経験　178

＊コトラー, P.（Kotler, Philip）　4

個別的真理　102, 148

こへび隊　195-197, 200-203

コミュニケーション　41-44, 51, 62, 69-74,
　84, 85, 160-162, 164, 167, 169, 170, 172,
　173, 177, 183, 190, 192, 196

コミュニティ（community）　14-16, 177,
　179, 180, 182, 195, 196

コモディティ化　111, 112

語用論（pragmatics）　ii, 18, 43, 56, 167, 188

娯楽　17, 94, 95, 97, 110, 115, 117, 144, 145,
　191

コリント人への第一の手紙　131

コンシューマ・バリュー　65

コンティンジェンシー・アプローチ　11

コンテクスト（context, 文脈）　3, 4, 10-12,
　16, 18, 25, 26, 31-34, 40, 42-45, 51, 52, 54-
　56, 61-65, 69-74, 81, 82, 85, 92, 141, 159,
　160, 164, 167-171, 173-175, 177, 178, 180-
　184, 187-190, 192-194, 197, 199-203

コンテクスト・ブランディング　33, 194

コンピュータ　161

根本的な想定　178

さ 行

サービス（service）　3, 4, 17, 25-32, 52, 71,
　94, 98, 108, 109, 111, 112, 153, 188, 189

――・ドミナント・ロジック　17, 25, 159

最高善（羅：summum bonum）　132

再コンテクスト化　69, 70, 169, 170, 172-
　174, 181, 182, 201, 202

＊崔相鐵　62

最適な関連性　42, 51

財の購買意思決定　94

サブカルチャー（subcultures）　94, 95

差別化　109-112

差別化要素　109, 110

参加型イベント　198

参加者（participants）　199

産業的中産者層（独：gewerblicher mittel-
　stand）　128

サンプル　138

参与観察　98

＊シェークスピア, W.（Shakespeare, Wil-
　liam）　154

視覚　95

シカゴ学派エスノグラフィー　168

刺激（stimulus）　6-8, 10, 34, 41, 51, 77, 78,
　106, 112, 113, 121, 123, 191, 195

思考（thinking）　7, 10, 12, 39, 40, 43, 44,
　128, 162

――の可能性（possibilities of thinking）
　44

――の乗り物（vehicles of thought）　40

自己志向（self-oriented）　97

実証主義　99, 101

実証主義的アプローチ　98, 99, 117

実践コミュニティ（community of practice）
　117

索　引

実践的習得　16
実践理性（practical reason）　64
質問紙調査　98
嗜癖（addiction）　128, 150
資本家（独：Kapitalisten）　128
資本主義の精神（独：Geist des Kapitalis-
　mus）　128, 130, 140
『資本主義の文化的矛盾』　124, 133, 137
シミュラークル（仏：simulacres）　106-108
社会学　6, 13, 92, 98, 99, 124, 149
社会経済学的視点　18, 128, 149
社会心理学　6, 92, 99
社会的・人工的周辺要素　40
社会的活動　16
社会的行為者　29, 30
社会的参加　177
社会的相互作用の場（fields）　177
尺度開発　118
シャノン＝ウィーバー・モデル（Shannon
　Weaver Model）　42, 71, 162
自由回答形式のインタビュー　98
宗教改革（独：Reformation）　129
宗教的信仰　43
充実感　95, 116, 121, 147, 154
修道院　129, 133
修道士　133
周辺環境　ii, 14, 17, 187
主体（subject）　ii, 4, 6, 8-10, 12, 14, 15, 17,
　39-41, 77, 78, 80, 81, 84, 92, 95, 115, 123,
　124, 139, 144, 149, 153, 187-189, 192, 198
手段としての消費　97
受動的（reactive）　8, 97
＊シュミット，B.（Schmitt, Bernd H.）　110,
　112-114, 121
上演芸術　94
使用価値（value-in-use）　i, ii, 4, 17, 18, 33,
　56, 61-65, 71-74, 81-85, 159, 160, 163, 171-
　175, 178, 180-184, 187-190, 192, 193, 197,
　199, 200
　——の形成（コード化）　171, 172, 181

　——の恣意的性格　64, 84
　——の喪失　171, 172, 181
　——の歴史的堆積　72
　——を規定する要素　18, 71, 72, 74, 84,
　　85, 163, 190
状況依存的である（situated）　ii, 17, 187, 227
状況依存的認知（situated cognition）　16, 83
商業化活動（commercialization activities）
　138
状況的アプローチ　16
状況的学習（situated learning）　16
状況的学習論（situated learning）　168, 177
常識的な感受性　178
成就（accomplished）　41, 152
象徴（symbols）　7, 138, 191
情動（emotion）　12, 94, 95
消費過程　17, 29, 92, 94
消費経験（consumption expeience）　30, 92,
　94, 95, 97-99, 107-110, 112, 114, 115, 117,
　118, 122, 123, 144, 148, 149, 189, 191, 192,
　197, 199
消費経験論　93, 94, 101, 109
消費社会　i, 1-3, 5, 106-108, 187, 227, 228
消費者が使用価値を理解する仕組み　71,
　73, 74, 85, 164, 171
消費者価値（consumer values）　33, 93, 97,
　98, 101, 148, 191
消費者行動研究　5, 6, 8, 9, 11, 17, 39, 56, 91-
　94, 96, 98, 99, 110
消費者指向　29
消費者情報処理理論（consumer information
　prosessing）　8
消費者庁　87
消費者反応の意味形成（コード化）　172, 173
消費者反応の意味喪失（脱コンテクスト化）
　171, 172
消費者反応の意味の再構成（再コンテクスト
　化）　172
消費中心主義の倫理（a consumption ethic）
　137

235

消費の恣意的性格（使用価値の相対性）63, 64

消費の仕方の偶有性　81

情報処理パラダイム　110

情報処理プロセス　ii, 5

情報処理モデル（information processing model）5, 7, 9, 10, 77, 78

情報処理理論　8, 9

＊ショーペンハウアー，A.（Schopenhauer, Arthur）153

職業倫理（独：Berufsethik）128, 129

触覚　95

処理労力（processing effort）45, 51, 52, 54, 56, 188, 189, 194, 197

＊ジョワルスキー，B.（Jaworski, Bernard J.）10

自律した個　184

信号（signal）41, 77

新行動主義（neo-behaviorism）7

人工物（artfacts, mediating artfact）12, 14, 15, 39, 40, 82, 177, 178, 196

人工物のデザイン　82

身体化された理解　178

心的過程　9, 11

心的表象（mental representation）7, 20

人文主義的研究　98

新約聖書（New Testament）131

信用を買う　139

心理学　6, 77, 82, 92, 93, 96, 99, 115, 119, 123, 124, 191

心理学的属性　94

心理的構成概念（psychological construct）43

人類学　6, 99

推論（inference）7, 42-44

推論モデル（inferential model）43, 44

スキーマ（schemas）7

スキル（skill）16, 27-32, 52, 55, 159, 188, 189, 197

図式　7, 99

＊スペルベル，D.（Sperber, Dan）41, 44, 167

＊スリー・エム（3M Company）106

＊スワンク　82, 83

生体（organism）6-8, 62, 78, 79

生態学的視覚論（ecological approach to visual perception）78

生態心理学（ecological psychology）77-80

精緻化見込みモデル（Elaboration Likelihood Model：ELM）10

正の認知効果（positive cognitive effect）44

製品（product）3, 17, 18, 25, 27-32, 52, 53, 61-65, 71-74, 80-86, 91, 94, 95, 107, 109, 111, 112, 118, 138, 159-161, 164, 171-174, 178, 183, 184, 188-190, 199

──の意味　73, 162, 164, 193

──の有用性　63, 71-73, 164

──の理解（デコード化）172

製品カタログ　96, 138

製品カテゴリー　9

製品機能　32, 85, 96, 118, 161

製品シンボル研究　91

製品属性　63-65, 73, 109, 164

セールスマン　138

世俗外的禁欲　129, 130, 133

世俗内的（独：innerweltlich）129

世俗内的禁欲（独：Innerweltlichen Askese）127, 129, 130, 132, 141, 143, 144

世俗内的道徳　133

洗礼派（独：Täufertum）129

造形芸術　94

相互依存的　63

相互作用（interactions）ii, 6, 8, 12, 14, 16, 17, 39, 41, 51, 55, 56, 111, 159, 160, 162, 164, 167, 170, 171, 174, 178, 182, 184, 187, 188, 202, 227

相互に顕在的である（mutually manifest）170

想像（imagination）34, 43, 86, 108, 140, 188

想像力（imagination）7, 112

相対主義　64, 99-102, 122, 148, 191

索　引

想定（assumption）　3, 4, 14, 17, 32, 43, 51,
　　54, 71, 73, 74, 84, 85, 107, 110, 122, 148,
　　153, 160, 162, 164, 167, 170, 171, 174, 175,
　　177, 178, 182, 183, 188, 189, 191, 192, 199,
　　202
創発（emergence）　i, 161, 179, 183, 184,
　　192, 199
創発現象　163, 184
創発的過程　171
即時的満足　105, 107, 108, 122
＊ソロモン，G.（Salomon, Gavriel）　40

た　行

ターゲット　53
第Ⅰ原理（the First Principle of Relevance）
　　44, 52, 56, 188
耐久消費財　94, 138
体験（独：Erleben, Erlenis）　113, 147, 198
体験消費　113
大衆文化　94
対象（object）　9, 14-16, 27, 39, 69, 78, 94-96,
　　98, 110, 112, 114, 117, 122, 144, 145, 147,
　　148, 168, 173, 191, 196
怠惰　131, 132
大地の芸術祭 越後妻有アートトリエンナー
　　レ（The Echigo-Tsumari Art Trienni-
　　al）　18, 193-196
態度　10, 95, 96, 118, 144, 150, 153
大量消費社会　139
大量消費文化（mass consumption culture）
　　138
多義性（ambiguity）　69, 169
多元的・重層的構造　44
他者志向（other-oriented）　97
多属性態度モデル（multi-attribute attitude
　　model）　94
脱コンテクスト化（decontextualize）　69,
　　70, 168-174, 180, 181, 201
達成感　95
楽しさ　97, 116

＊タピア，J.（Tapia, Javier）　21
短期記憶　9, 39
地域ブランド　194
知覚（perception）　ii, 78, 97, 143, 194
知覚行為　78
知識（knowledge）　7, 9, 13, 16, 27-33, 52,
　　101, 159, 177, 189
知識・スキルの交換　29, 52, 55, 56, 188,
　　189, 197
知識経営学　229
チャット（Chat）　150
チャプター（Chapter）　179, 182
注意（attention）　120
中産階級　139
中枢神経システム　9, 11
聴覚　95
長期記憶　9, 39
直接知覚モデル（direct-perception model）
　　78, 81, 85, 190
賃金労働者（独：Lohnarbeiter）　128
つながりと相互作用　184
定性的手法　99
定量的方法　99
手掛かり情報（cue information）　167
テクスト（text）　18, 44, 62, 65, 69-74, 85,
　　160, 164, 167-171, 174, 177, 189, 192, 198
　　――の意味形成と受容・理解の仕組み
　　18, 62, 65, 69-74, 85
　　――の伝達　70, 170
　　――の理解　70, 170
テクノサイエンス研究　168
デコード化（コード解読）　43, 69, 70, 169,
　　170, 172-174, 181, 182, 201, 202
デザイン　14, 82-86, 168, 173, 174, 179, 181,
　　197, 201, 202
哲学　27, 150, 154
手続き（procedure）　16, 160, 169
デモグラフィック属性　94
天職（独：Beruf）　128-132, 134, 144
伝統的な商人　132

237

＊トインビー，A. J.（Toynbee, Arnold Joseph）　103
動機調査研究　91
到達の快楽　95
特定の認識　178

な　行

内観法（introspection）　6
内観報告　98
内在的（intrinsic）　i, 2, 5, 44, 97, 187, 203, 227
内部情報探索　9, 40, 41, 45, 51
内部要因　6
二次創作　106
ニッチ（niche）　79
人間の活動システム（activity system）　14
人間の精神（mind）　7
認知（cognition）　ii, 3, 4, 9, 11-14, 16, 17, 25, 26, 30, 32, 34, 39-41, 44, 51-56, 61, 62, 65, 71-74, 77-79, 83, 85, 93, 97, 99, 114, 141, 149, 159, 160, 172-174, 178, 182, 184, 187-190, 193-197, 202, 203
認知科学　ii, 5, 10-14, 39, 77, 79, 187, 193
認知科学的研究　11
認知革命（Cognitive Revolution）　5, 7, 14
認知活動　5, 13, 78
認知環境（cognitive environment）　44, 45, 51
認知行為（cognitive behavior）　7, 13, 40, 56, 78, 79, 227
認知効果（cognitive effect）　44, 45, 51, 52, 54-56, 188, 189, 194, 197
認知資源（cognitive resource）　44, 45, 197
認知心理学　ii, 5, 9-13, 39, 41, 56, 77, 79, 187, 193
認知的（cognitibe）　13
認知発達研究　13
ネオンサイン　138
＊ネスレコンフェクショナリー　54
＊ネスレマッキントッシュ　53, 54
眠気　119-121

ノイズ（noise）　42
脳科学　150
能動的（active）　8, 97
＊ノーマン，D.（Norman, Donald Arthur）　82, 83
ノルディック学派（Nordic School）　27

は　行

＊パーキンス，D.（Perkins, D. N.）　21
＊ハーシュマン，E.（Hirschman, Elizabeth C.）　4, 17, 33, 91, 93, 121, 144, 190
パーソナライズ　111
＊ハーレーダビッドソン（Harley-Davidson）　179
――・オーナーズ・グループ（Harley-Davidson Owners Group: H. O. G）　179
＊――ジャパン（Harley-Davidson Inc. の日本法人）　179
――の正規販売代理店　179
媒介された行為　16
媒介手段　16
廃退の精神構造　137
ハイパーリアリティ（hyperreality）　107
＊パインとギルモア（Pine and Gilmore）　93, 110, 111, 113, 114, 122
パソコンは人を殴る道具だ　61, 64, 81
8分割モデル　120, 121
パッケージ財　94
発話解釈　44, 51
話し手の心的状況に関する確信　43
パラダイム転換　25, 26
パラメータ　45
＊ハル，C.（Hull, Clark Leonard）　7
＊バルゴ，S.（Vargo, Stephen L.）　25, 27, 28
ハワード＝シェス・モデル（Howard-Sheth Model）　8
反営利的性格　132
反社会的な行動様式　132
『判断力批判』　151
反道徳的　131

反応（response） 4, 6-8, 41, 95, 96, 113, 121, 123, 191
販売チャンネル 173
反ブランド志向 2
判別可能な直観 178
非言語的コミュニケーション 72-74, 85
非合理的消費 94, 98, 110
ビジネス 128
非日常的 147
非日常的空間 153
ピューリタニズム（Puritanism） 127, 128, 130
ピューリタン 132, 142
ピューリタン的な気風（the Puritan temper） 137
表象（representation） 7-9, 11, 13, 39, 42, 45, 77, 78, 153
表象のレベル 9
表象プロセス ii, 5, 7, 9, 11-14, 17, 40, 41, 55, 56, 77, 187, 188, 193, 227
『ファウスト』 151
ファン（fun） 95, 108, 112
ファンタジー（fantasy） 95, 108, 112, 140
フィードバック 184
フィーリング（feeling） 95, 108, 112
フィレンツェ 127
不快 119-121
　——の活性 120
　——の不活性 120
不可視の場 70, 169, 170, 172, 178, 181, 201
不活性 120
副次的属性（副次的使用価値） 63, 64
＊不二家 53
ブッシュマン 80, 81
物理的環境に媒介された認知 85
普遍的真理（Universal Truth） 100
プラスの快楽 121
プラスの価値 79
ブラックボックス化 6, 7, 41, 52, 86, 188
＊フランクリン，B.（Franklin, Benjamin） 127

ブランド 1, 2, 33, 109, 110, 112, 114, 194
ブランド・マーケティング 112
ブランド戦略 2, 33
ブランド連想 109
ブリティッシュコロンビア大学（The University of British Columbia） 119
プロダクト 17, 25, 94-98, 107, 109-111, 115, 117, 118, 144, 154, 197, 198
プロダクト戦略 18, 52, 84, 86, 145, 148, 150, 193, 194, 197, 198, 203
　B2C の—— 148
プロテスタンティズム 127-129
『プロテスタンティズムの倫理と資本主義の精神』 124, 127
プロテスタント的な消費 143-145, 147, 149, 153, 154
プロテスタントの倫理（the Protestant etic） 137-140
文化・歴史的活動理論（cultural-historical activity theory：CHAT） 15
文化人類学 92, 98, 99
分割払い 138, 139
文化的使用価値（cultural values-in-use） i, ii, 4, 17, 18, 56, 160-163, 171-175, 177-180, 182-184, 187, 189, 192, 193, 199, 203
　——の顕在化を規定する要素 18, 160, 178, 182, 183, 187, 189, 193, 199
文化的消費 91, 98, 110, 144
文化的透明性（cultural transparency） 18, 160, 177, 178, 182, 183, 193, 199, 203
文化的な力（cultural forces） 13
文化的プロダクト 94, 114, 117, 122, 148, 191
文化的矛盾（the cultural contradictions） 137
分業（division of labor） 12, 14-16, 196
分散認知（distributed cognitions） 12, 34, 39, 40, 52, 55, 193
分散認知の認識論（分散認知論） ii, 12, 16, 18, 26, 41, 55, 56, 83, 187, 188, 194, 200
分散認知論 12, 16, 55, 56, 83, 187
文脈依存的 31, 99

文脈価値（value-in-context）　i, ii, 4, 17, 25, 26, 31-34, 41, 51, 52, 55, 56, 159, 187-189, 193, 194, 196, 197

米国心理学会（APA）　7

米国マーケティング協会（AMA）　3, 5

ベットマン・モデル（Bettman Model）　9

＊ペティ，R.（Petty, Richard E.）　10

＊ペトラルカ，F.（Petrarca, Francesco）　152

ベネフィット　27, 30, 32, 52, 56, 71, 72, 74, 81, 85, 109, 173, 181, 188, 189, 194, 197

＊ベル，D.（Bell, Daniel）　18, 124, 133, 137, 141

＊ベン＝シャハー，T.（Ben-Shahar, Tal David）　153

＊ベンサム，J.（Bentham, Jeremy）　115, 148

ペンシルバニア（Pennsylvania）　127

包括的モデル（comprehensive model）　7, 8, 10

＊ボードリヤール，J.（Baudrillard, Jean）　106

ポストモダニズム（postmodernism）　99

ポストモダン（postmodern）　99-102, 105-109, 114, 122, 148, 191

ポストモダン・アプローチ　101, 102, 122, 148, 191

ポストモダン消費者研究　4, 17, 101

ポストモダンの文化論　101, 105

ポッキー　54

＊ポパー，K.（Popper, Karl Raimund）　124, 149, 192

＊ボルツ，N.（Bolz, Norbert）　108

＊ホルブルック，M.（Holbrook, Morris B.）　4, 17, 33, 91-94, 96-99, 101, 102, 109, 110, 115, 121, 122, 144, 148, 190, 191

＊ホワイト，L.（White, Leslie A.）　12

ま 行

マーケット・シェア　92

マーケティング・マネジメント論　28

マーケティング・ミックス（marketing mix）　26, 35

マイナスからの快楽　121

マイナスの価値（負のアフォーダンス）　79

マグハグ（mug hug）　82-84

『マクベス』　154

＊マキニス，D.（MacInnis, Debbie）　10

味覚　95

ミッチェルのモデル　10

ミドルタウン（Middletown）　139

＊ミュンスターベルク，H.（Münsterberg, Hugo）　12

「ミラクルワールド ブッシュマン」　80, 178

無感情（unemotional）　118

無形財（services）　27, 28, 153, 159

無形財マーケティング　25, 27

明示的要素（the explicit）　178, 181, 182, 201

メッセージ　41, 43, 53, 54, 71, 162, 167

模擬（mimicry）　107

目的的消費（目的としての消費）　97, 98, 122, 191

目的論的消費観　63

モジュール　111

モダニズム　99

モダンの産業社会　106

モノ　1, 2, 26, 27, 61, 71, 84, 92, 111, 147, 153, 177, 178, 190, 196-198

『物の本質について』　151

や 行

有形財（goods）　27, 159

有形財マーケティング　25, 27, 159

ユーザビリティ　82, 85

予期せぬアウトカム　184

欲望　61, 62, 71, 95, 96, 106, 107, 109, 137, 139, 140, 150-152, 197

予測不可能　7, 107, 108, 115, 191

欲求（desires）　7, 41, 52, 55, 83, 188, 194

予定説（独：Prädestinations）　130

より関係の深い（more involving）　114

より関連性の強い（より強い関連性）　44, 45, 52, 54-56, 188, 189, 194, 197

より深い（deeper）　114	＊ロントリー・マッキントッシュ社（Rowntree
より本質的な（more substantial）　114	Mackintosh Confectionery）　53
4Ps モデル　26, 55	

ら 行

ライフスタイル　33, 179

ラジオ　138

＊ラッシュ，R.（Lusch, Robert F.）　25, 27, 28

＊ラッセル，B.（Russell, Bertrand Arthur William）　152

＊リード，E.（Reed, Edward S.）　80, 81

倫理的義務　132

＊ルクレティウス（Titus Lucretius Carus）　150

＊ルッター，M.（Ruther, Martin）　129

　ルッター派（独：Lutherischen）　129

＊ルリア，A.（Luria, Alexander R.）　12

＊レオンチェフ，A.（Leontiev, Alexis N.）　12

歴史的研究方法　98

歴史的沈殿　61, 63, 71, 85, 188

ロールプレイ（role-play）　146, 147

ロールプレイング・ゲーム（role-playing game: RPG）　150

『論語』　152

アルファベット

CDM（Consumer Dicision Model）　10

Coca Cola のビン　80

co-creater　37

FPs　28, 29, 113

HD のある生活　179, 180

HD のオーナー（HD ディーラー）　179, 180

Journal of Consumer Research　92, 99

Journal of Marketing　25, 26

Nestlé S. A.　53

Osaka English Villege　146

R＝CE/PE　52, 55, 188

S－D ロジック（Service Dominant Logic）　25, 27-32, 55, 113, 193

S－O－R モデル（Stimulus Organism Response Model）　7, 8

S－R モデル（Stimulus-Response Model）　6, 10

TVCM　53, 54

values（価値または価値観）　3, 4

《著者紹介》

川口高弘（かわぐち・たかひろ）

1967年　神奈川県生まれ。
1994年　ニューヨーク州立大学大学院歴史学研究科博士前期課程修了，Master of Arts。
1995年　日本電信電話株式会社入社。分社化により1999年，NTT コミュニケーションズ株式会社に移籍。現在に至る。
2009年　明治大学専門職大学院グローバル・ビジネス研究科経営管理修士課程修了。
2013年　埼玉大学大学院経済科学研究科博士後期課程修了，博士（経済学）。
　　　　東海大学情報通信学部非常勤講師（2014年より），群馬大学社会情報学部協力研究員（2016年より）。群馬大学の学生を対象とする講演活動（2009年より）や，群馬大学社会情報学部・茨城大学人文学部との産学連携授業の企画・運営にも携わる（2014～2016年）。
主　著　「文化的使用価値を形成するコンテクストの検討——関連性の認知原理を手がかりとして」柴田仁夫編著『マーケティングにおける現場理論の展開』創成社，2018年。
　　　　「使用価値概念の再検討——コミュニケーション・プロセスと直接知覚モデルを手がかりとして」『Conference Proceedings 2014』日本マーケティング学会，Vol. 3，2014年。
　　　　「使用価値を形成するコンテクストの再考——分散認知論と関連性理論を手がかりとして」『Conference Proceedings 2015』日本マーケティング学会，Vol. 4，2015年。
受　賞　「MBA 優秀賞」（明治大学専門職大学院グローバル・ビジネス研究科経営管理修士課程修了時），2009年。
　　　　「オーラルセッション／ベストペーパー賞」（日本マーケティング学会主催「マーケティングカンファレンス2014」にて），2014年。

MINERVA 現代経営学叢書㊼

価値共創時代におけるマーケティングの可能性
——消費と生産の新たな関係——

2018年7月10日　初版第1刷発行　　　〈検印省略〉

定価はカバーに
表示しています

著　者　　川　口　高　弘
発行者　　杉　田　啓　三
印刷者　　藤　森　英　夫

発行所　株式会社　ミネルヴァ書房
607-8494　京都市山科区日ノ岡堤谷町1
電話代表　（075）581-5191
振替口座　01020-0-8076

©川口高弘，2018　　　　　　亜細亜印刷・新生製本

ISBN978-4-623-08324-4
Printed in Japan

金 炯中 著	A5判・328頁
未来を創造する国際マーケティング戦略論	本 体 3600円

江上 哲 著	A5判・264頁
ブランド戦略から学ぶマーケティング	本 体 2800円

大石芳裕 著	四六判・268頁
実践的グローバル・マーケティング	本 体 2000円

水野由多加 著	A5判・352頁
統合広告論［改訂版］	本 体 2800円

間々田孝夫 著	A5判・528頁
21世紀の消費	本 体 4500円

陶山計介・鈴木雄也・後藤こず恵 編著	B5判・180頁
よくわかる現代マーケティング	本 体 2200円

高橋伸夫 編著	B5判・248頁
よくわかる経営管理	本 体 2800円

高橋伸夫 著	四六判・268頁
殻	本 体 2400円

牧野雅彦 著	四六判・264頁
マックス・ウェーバーの社会学	本 体 2800円

―――――― ミネルヴァ書房 ――――――

http://www.minervashobo.co.jp/